国家社科基金重大项目《"互联网 +"背景下的税收征管模式研究》（批准号：17ZDA052）

国家社科基金丛书
GUOJIA SHEKE JIJIN CONGSHU

税收征管数字化治理与转型研究

A Study on the Digital Governance and
Transformation of Tax Administration

李万甫　等著

人民出版社

目　　录

序　言

　　"互联网"堪称是 20 世纪最具影响力的伟大发明。目前,以"互联网+"催生的现代数字经济蓬勃发展,深刻改变着人类生产生活及行为方式,给世界各国社会发展、全球治理体系、人类文明进程带来了深远的影响,正在引领着人类社会进入崭新的信息文明时代。"互联网+"作为国家战略,已被普遍认同和接受,"互联网+"催生的数字经济正方兴未艾,已成为引领和支撑社会经济发展的重要力量。习近平总书记曾强调指出:以互联网为代表的信息技术日新月异,引领了社会生产新变革,创造了生活新空间,拓展了国家治理新领域,极大提高了人类认识世界、改造世界的能力。党的十九大报告指出"推动互联网、大数据、人工智能和实体经济深度融合""善于运用互联网技术和信息化手段开展工作"。党的二十大报告提出"加快发展数字经济,促进数字经济与实体经济深度融合,打造具有国际竞争力的数字产业集群"。这对数字经济与经济社会融合发展作出了重大战略部署和顶层设计。"互联网+税务"是将"互联网+"的思维理念和技术工具属性,与税收征管等深度融合并拓展应用,极大提升税收征管质效,有效推动税收治理能力建设,开启了税收征管数字化治理与转型发展的新时代。

　　呈现在大家面前的《税收征管数字化治理与转型研究》这部著作,是在国家社科基金重大项目《"互联网+"背景下的税收征管模式研究》课题成果基础上修改完善而成的。

2017 年 11 月,国家社科重大项目《"互联网+"背景下的税收征管模式研究》(批准号 17ZDA052)获准立项。该项目研究坚持战略思维、学术思维、技术思维,以"理念引领—现状分析—对策研究—发展前瞻"为研究路径,注重围绕"互联网+",特别是经济数字化背景下税收治理创新与模式转换、税收征管制度完善、税收征管风险管理、大数据与税收征管深度融合、电子税务局建设等五大方面问题展开研究。该项目在研究过程中,坚持以"互联网+"催生的数字经济下数字化治理与转型发展为背景,秉持问题导向、发展导向、创新导向、应用导向,依据大数据、云计算、区块链、人工智能等现代信息技术手段,构建智慧税务新生态,全力打造数据治税新型税收征管与治理模式,全面提升税收治理在国家治理中的支柱性地位。该项研究始终站在该领域的学术前沿,持续跟踪相关领域的学术研究进展;始终对标国际经验,消化吸收国际先进做法,植入本土;始终立足于创新实践,及时总结经验,寻求规律;始终对接征管改革,助力税收征管数字化转型发展。该项目注重从"治理"的视角来研究税收征管问题,试图实现国家税权与纳税人权利的程序性协调,立足为国家治理现代化作出税务思考与贡献。本项目研究打破既往的研究路径依赖,以践行新时代税收治理观为统领,以数据治税为研究逻辑主线,以新生态下税收征管模式创新为目标,持续探索提升税收治理质效,彰显出课题研究的时代性、前沿性、创新性。

自该项目立项以来,课题组成员精诚合作,锐意进取,聚力攻关,在资料收集、课题研究、实践调研、学术交流、成果推介等方面进展顺利,成果丰硕。课题组在学术期刊上发表相关学术论文近 40 余篇,部分成果获得省部级奖励,部分研究报告得到决策部门的认可和肯定。经过三年多的课题研究,坚持以国家治理视角,紧扣提升税收征管效能,紧密结合现代信息技术发展,着眼智慧税务建设愿景目标,形成了在学术思想、理论观点、应用研究等方面的重大创新成果。社科基金重大项目集成的这部研究成果,既有深入系统的学理阐述,也有紧密联系实际的对策研究,还有来自税收征管一线的探索性成果,契合了中办、国办印发的《关于进一步深化税收征管改革的意见》(以下简称《意见》)的相关措施,体现出研究成果与顶层设计的高度吻合性,展现出课题研究思路和方向与实践发展要求的高度一致性。同时,对现代信息技术与税收征管的融合创新进行了不懈的理论探求和实践探索,极大地丰富了课题研究的广度和深度,具有重大的学术引领和应用价值。

2017 年 12 月,课题组在北京举办了开题报告会,中国社会科学院财经战略研究院、中国人民大学、国家税务总局征管和科技发展司、中国税务学会等单位的 30 余位专家、学者和税收科研人员出席了开题报告会;2019 年 7 月,课题中期推进会在深圳举行,项目首席专家通报了课题的总体进展情况,各子课题负责人也进行了课题前期进展情况汇报,课题组成员就中期推进工作交换了意见和想法;2020 年 1 月至 10 月,项目课题组、华为技术有限公司、北京罗格数据科技有限公司联合主办了“‘互联网+’背景下大数据与税收征管的深度融合研究”专题征文和研讨活动,来自全国各地税务机关、财经院校、科研机构以及部分企业的 50 余位专家、学者就相关议题展开专题讨论;2021 年 2 月至 4 月,课题组开展结题研讨和结项准备工作。项目首席专家组织召开了线上视频会议,各子课题负责人对项目结题成果等有关事项进行了研讨交流,明确了后续任务,并汇总提交课题结项报告;2021 年 6 月,经全国哲学社会科学工作办公室审核批准,国家社会科学基金重大项目《“互联网+”背景下的税收征管模式研究》准予结项,结项证书号为 2021&J092;2021 年 9 月 15日,为贯彻落实《意见》,推动建立与经济社会数字化转型相适应的现代税收征管方式,国家税务总局《意见》落实领导小组办公室会同国家社科基金重大项目课题组在北京召开了“数字经济与税收治理”调研座谈会,专题学习借鉴国家社科基金重大项目《“互联网+”背景下的税收征管模式研究》课题研究成果。国家税务总局政策法规司、纳税服务司、征管和科技发展司、稽查局、税收大数据和风险管理局、电子税务管理中心、税收科学研究所、中国税务杂志社等相关部门的领导和研究人员参加了座谈研讨。

该项目研究一直循着既有的设计思路而展开,即"互联网+"背景下的税收治理模式创新研究、"互联网+"背景下的税收征管制度研究、"互联网+"背景下的税收征管风险管理研究、"互联网+"背景下大数据与税收征管的深度融合研究、"互联网+"背景下电子税务局应用探索等五个方面。在集成编辑出版本书的过程中,力求保持原有设计论证框架,适时跟踪充实研究内容,持续调整优化研究架构,确保项目成果与本书内容的高度匹配性。本书的逻辑进路可归纳为:第一章至第三章,注重强化税收治理观的研究引领作为研究的逻辑基点,阐析数字经济税收治理机理、价值意蕴和治理路径,并将数据增值能力建设作为提升税收治理质效的关键因素,从而为构建新型税收征管模式创新提供支撑,形成以税收征管数字化治理为核心的智慧税务新生态;第四章和第五章,注重阐释分析数字经济背景下税收征管制度与机制创新发展,强调税收征管制度改革的奠基性,并为税收征管机制再造提供制度层面的支撑,进一步拓展税收征管数字化、智能化建设新空间;第六章到第九章,注重研究现代信息技术在税收风险管理和优化纳税服务两大核心业务领域的应用,并构建"税务云+税务链"的信息化治理架构;第十章,重点阐析"非接触式"办税缴费的税务实践创新举措,着力提高纳税缴费的满意度,是税收征管数字化转型的典型案例。各个部分及章节安排,彰显出研究进路的逻辑自洽。

本项目首席专家李万甫为本书编写的总负责人,刘和祥负责本书的协调统稿工作。本书的写作分工如下:绪论,李万甫、刘和祥;第一章"数字经济背景下税收治理的机理和优化路径",李万甫、李平、刘峰;第二章"税收征管数字化转型的数据增值能力",李万甫、刘同洲;第三章"构建'以数治税'税收征管模式",刘和祥、赵舒婕;第四章"数字经济背景下税收征管制度完善",朱大旗、曹阳;第五章"数字化转型背景下的税收征管改革与创新",于子胜、崔景华、李鑫钊;第六章"大数据与税收征管的融合",鲁钰峰、彭启蕾;第七章"数字技术赋能税收风险管理",李伟、罗伟平、李荣辉、胡洪曙;第八章"基于'税务云+税务链'的信息化架构",李伟、罗伟平、李荣辉;第九章"数字化背景下电子税务局建设",周仕雅、林森;第十章"非接触式"办税缴费的调查与思考,李万甫、赖勤学、牛丽、丁芸。

本课题在研究过程中,得到了中国信息通信研究院、国家税务总局税收科学研究所、中国财政科学研究院、中国社会科学院大学、中国人民大学、对外经济贸易大学、首都经济贸易大学、中国税务学会等单位的专家学者给予指导并提出宝贵意见。国家税务总局税收科学研究所作为项目管理单位,提供了研究保障。人民出版社在本书的编辑出版过程中做了大量的工作,确保了本书文字的规范性和结构的严谨性。在此一并表示由衷的感谢!

当前,科技创新日新月异,税收征管模式也在不断变革,囿于我们的水平和资料有限,书中难免存在不足,恳请读者批评指正,我们将在以后的研究中不断改进完善。

国家社会科学基金重大项目

（17ZDA052）首席专家：李万甫

2022 年 10 月

绪　　论

第一节　研究背景

党的十八大以来,习近平总书记关于税收工作提出一系列重要论述,党的十八届三中全会确立"财政是国家治理的基础和重要支柱",税收制度是现代财政制度的重要组成部分。新时代以来,税收在国家治理中的基础性、支柱性、保障性作用逐步确立并日益增强。同时,国内外互联网+数字化浪潮风起云涌,给经济、社会、金融、税务等各领域带来重大挑战和新的发展机遇。就税收而言,如何面对"互联网+"与数字化变革等挑战,全面优化征管模式、深化税收征管改革、助力政府机构改革新目标成为重大时代命题。

经全国哲学社会科学工作办公室批准,李万甫任首席专家的国家社会科学基金重大项目《"互联网+"背景下的税收征管模式研究》获准立项。该项目研究的目的是:以"互联网+"催生的数字经济为背景,以数据为生产要素,以纳税人、税务人为应用主体,以优化税收治理、服务国家治理为基本目标,依托大数据、云计算、区块链和人工智能等现代信息技术手段,围绕税收现代化六大体系,全面构建智慧税务新生态,为高质量推进新时代税收治理现代化插上"金色翅膀",在更好服务国家治理体系和治理能力现代化中实现"金色梦想"。本书为该重大项目的研究成果集成,其研究方向紧扣提升税收征管效能,紧密结合现代信息技术发展,总结"互联网+税务"的实践创新探索,注重数字化背景下税收征管治理创新,着眼"智慧税务"建设的愿景目标,立足中国发展实际,借鉴域外先进经验,探索构建具有中国特色的现代税收征管模式。本书的研究意义重大:一是落实国家信息化战略和数字经济发展的新形势需要。党中央提出建设"网络强国""数字中国""智慧社会",为此,税务部门应深入贯彻落实党中央战略部署,加强税收治理数字化模式研究,着力提升税收征管质效;二是更好服务国家治理现代化的需要。新时代的税收治理在国家治理中发挥着基础性、支柱性、保障性作用,这就要求我们不能仅立足税收本身工作,更要站在国家治理和社会治理的高度,规划和实施新时代数字化税收征管模式变革;三是主动迎接税收征管职能转变带来的新挑战。建立顺应"放管服"改革的税收新秩序,承担好税费征缴职能的转变,实现税收治理现代化,迫切需要对当前的税收征管信息化体系及数字化治理进行前瞻性研究,以提供学理支撑;四是积极对接信息技术发展带来的新机遇。全球信息技术发展日新月异,新一代信息技术正在逐渐渗透到各行各业中,给优化税收执法方式、提升纳税服务带来更多可能,也要求重新思考设计税收征管运行模式和技术路径;五是有效回应纳税人的新期待。由社交媒体、移动设备、物联网和大数据引发的数字化趋势改变了人们的生活方式,社会公众正在形成通过互联网、移动终端进行工作和生活的习惯,纳税人对办税的便捷度有了更高期待。在当前新技术新业态快速发展的背景下,税收征管数字化治理与转型如何适应新经济、新技术升级带来的新挑战,如何站在信息技术领域的前沿,利用新技术进一步优化税收执法、服务和监管方式,是重大时代课题。

本书的研究以践行新时代税收治理观为统领,坚持问题导向、发展导向、创新导向、应用导向,以智慧税务建设为发展方向,以数据治税为逻辑主线,以构建"以数治税"新型现代税收征管模式为目标,梳理国内"互联网+税务"的成功经验,借鉴国际上"整体政府"理念与实践,以及 OECD 税收征管 3.0 版的设计思路,总结提炼、创新突破,本书契合了中办、国办印发的《关于进一步深化征管改革意见》的相关措施,并在理论和对策上具有更长远的前瞻性,体现出研究成果与顶层设计的高度契合性,展现出税收征管改革的研究思路和方向与实践要求的高度一致性。

第二节　研究的主要内容和重要观点

一、研究的逻辑思路

本书立足总结"互联网+税务"改革理论与实践,分析数字经济背景下税收征管模式的不足,提出解决问题的目标、思路、方法与创新举措,将大数据、云计算、区块链等先进技术与税收征管有机结合,推动税收征管数字化转型,推进税收征管模式进一步优化,探索具有中国特色的现代税收征管发展之路。

在保持原有设计论证框架基础上,适时把握研究动态,及时调整研究思路,充实完善研究架构,持续深耕研究内容。

一是注重以提升税收治理效能作为研究的逻辑起点。强化税收治理观的研究引领,基于治理视角展开课题研究,立足于"互联网+税收治理"的思维定式,深入探究提升税收在国家治理中地位的实现路径,以实现税收现代化指标体系建设为出发点和落脚点,构建经济数字化背景下税收治理创新模式,提升税收征管质效,提高税收治理现代化水平。强化税收领域由管理到治理的理念更新,重塑税收征管新秩序,通过科技赋能税收治理,推进征管数字化转型。优化税收执法方式,提高税收监管效能,其根本路径在于现代信息技术在税收征管实践中的广泛运用和创新发展。数字经济背景下税收治理的机理、机制都面临着前所未有的挑战,也孕育着很大的机遇,在数字经济时代,以智能物联网为支撑、以税收大数据应用为引擎、以税收法治建设为保障的现代税收治理格局正在逐步形成,数字经济背景下的税收治理结构、治理方式、治理生态都发生了巨大的变化。

二是注重把推动税收征管制度机制变革作为研究的底层逻辑。制度建设是提升治理效能的基础和前提。在数字经济背景下,现行税收征管制度面临着巨大的挑战,直接影响着治理效能的充分发挥。原有的税收征管法难以适应数字经济快速发展的需要,急需修正,"互联网+"思维应当有效体现在新型征管制度建设之中,税收征管流程需重新构建,税收征管程序需重新规范,税收征管机制需重新设计,这是从根本上提升征管质效的必要路径。税收征管制度上的反思与重构,征管理念上的更新与重塑,信息不对称,第三方涉税信息难以获取,税收共治机制尚不完备,税收征管资源配置不尽优化等等,都充分彰显出数字经济背景下税收征管制度和征管机制变革已迫在眉睫。同时现代信息技术在税收征管实践层面的广泛运用,也越来越受到制度建设的严重不足和征管流程的不相匹配而带来的困扰,受到的阻碍越来越大。平台经济、零工经济的税收征管制度建设应引起高度重视,避免造成现行征管规则对新业态发展的阻碍作用。因而,适时强化法治建设对制度效能的保障和促进作用已刻不容缓。

三是注重以加强现代信息技术在税务征管实践中的创新应用作为研究的逻辑脉络。本书的最初设计论证,依托"互联网+税务行动计划",将行动计划构建的各项目标作为研究的起点,深刻总结梳理各级税务机关的基层创新实践案例,从不同层面揭示数字化技术与税收征管的有机融合。研究自始至终都强调大数据、云计算、区块链、人工智能等与税收征管机制创新发展相融合,注重解决征管中的风险管控和征管质效。深入研究数字化治理在税务数据治理、技术支撑、征管应用平台和机构重置等方面的融合提升,利用税收征管大数据云平台结合前沿技术进行应用拓展的探索,有序推进税收征管数字化转型的前瞻性研究,构建出以现代信息技术应用为支撑的信息化架构系统,为全面打造"智慧税务"新生态提供技术支持。

四是注重将数据治税模式创新作为研究的逻辑主线。数据是生产要素,本身也能创造价值,数据也是数字经济的核心要素。税收数据具有重大的应用价值,不仅体现在组织收入、加强征管中,而且也体现在税收治理的各个方面,是彰显税收在国家治理中基础性、支柱性、保障性作用的重要元素。信息化逐步走向数字化,更贴切地说是走向数据化。企业交易活动信息、个人收入来源信息、社保缴费信息等将成为税务数据库的重要构成部分,由"信息管税"转变为"数据治税"是一种必然趋势,数据治税模式成为税收征管模式创新发展的必然选择。强化税收大数据在税收征管中的运用,有助于提质增效。税收数据作为数字经济时代的"公共产品",将同作为"私人产品"的企业数据有机融合,全面提升国家治理效能。税收数据增值潜能有待挖掘,税收数据资产价值有待提升,税收治理的新"三性"功效有待数据价值及增值能力的开发。

五是注重以电子税务局建设为载体,推动构建智慧税务新生态作为研究的逻辑内核。早期的电子税务局建设更多的还是在便利纳税人义务履行层面的制度安排,更多服务于纳税人缴税,运用现代信息技术提供便捷的纳税服务。当前应提升电子税务局的功能定位,更好的服务征纳双方,成为覆盖征纳全过程的新型平台。通过流程再造、跨界融合、管理创新、组织变革,形成集约共享的技术架构、资源整合的业务平台,真正成为规范税收执法的"主引擎",优化纳税服务"大平台",精准税收监管的"信息池",提升税收治理的"数据源",有效对接"精确执法、精细服务、精准监管、精诚共治"的基本要求,逐步发展成以税收大数据为驱动力的具有高集成功能、高安全性能、高应用效能的智慧税务新生态。

二、研究的重要观点

本书在研究过程中,始终站在该领域的学术前沿,持续跟踪相关领域的学术研究进展;始终对标国际经验,消化吸收国际先进做法,植入本土;始终立于创新实践,及时总结经验,探寻规律;始终对接征管改革,确保研究路径与改革目标有机衔接。本书研究的重要观点包括:

1.确立税收治理观作为构建"互联网+"税收征管模式创新发展的逻辑基础。立足税收在新时代国家治理中的基本定位,以税收大数据为依托,赋能税收治理质效,推动税收法治、制度、征管、服务、监管等与国家治理现代化相互匹配、相互融合、相互促进。突出强调税收治理观的核心价值功能,强化税收治理价值观的统领性和引导力,以及与数字经济的融合性和创新性。数字经济背景下税收治理创新的基本要素包括核心价值、制度体系、涉税主体、治理技术等方面,由于融合了科技和人类智慧,必将深刻地改变涉税主体及相关主体参与税收治理的方式、广度和深度,夯实税收治理体系的科学性,增强税收治理质效,从而提升税收治理现代化水平。构建数字经济背景下税收治理创新模式,注重税收征管领域的管理到治理的理念更新,注重现代信息技术在税收征管实践中的广泛运用和创新发展,通过科技赋能税收治理,促进税收数字化转型,推动数字化背景下税收治理理念、治理结构、治理方式、治理生态的深度变革。

2.全面构建"以数治税"税收征管模式。从"以票控税"到"信息管税"再到"以数治税",揭示出税收征管模式创新发展演变的基本脉络,持续打造"以数治税"分类精准监管,是新时期税收征管模式创新发展的方向。"以数治税"的基础逻辑体现其制度基础、共治基础、信用基础、技术基础、安全基础等层面,通过重构数字经济背景下税收法律关系及制度优化、健全税收共治体制机制、强化信用信息共享机制和奖惩机制、加强现代信息技术与税收征管的深度融合、完善税收数据安全相关制度规范建设等,为"以数治税"征管模式创新奠定基础,提供有力支撑。把"以数治税"的理念和模式构建融入税收治理的各个层面,特别是围绕税收现代化建设而展开,注重构建党务政务管理大数据融合平台,打通党政与业务数据链条,实现共融共通;注重打造法治体系基础平台,确保税收征管在法治轨道上运行;注重税费服务体系平台建设,实现精细化、智能化、个性化服务,逐步实现"线下服务无死角、线上服务不打烊、定制服务广覆盖";注重提升税费征管质效,着力推进数字化升级和智能化改造,加快纳税人端、税务人端、决策人端的平台建设;注重强化合作共赢的国际税收体系,积极应对经济数字化下的国际税收规则调整,加强国际税收合作与协调,打击国际逃避税;注重"以数治税"与"以数带队"联动,强化"以数治队"的乘数效应。

3.提升税收数据增值能力建设。数据治理能力是衡量国家治理现代化的重要标志。在繁杂数据中充分挖掘数据资源的价值是数据治理的首要目标。税收数据是天然富矿,充分利用和深度挖掘是推行数据治税征管机制模式创新发展的内在要求,提升涉税数据分析与挖掘能力是必由之路。数字价值体现在:初始价值在于记录或描述事实;基础价值在于提炼信息和知识;核心价值在于驱动创新;终极价值在于智慧治理。数据管理是实施数据治理的基础,包括数据标准管理、元数据管理、数据质量管理、数据生命周期管理、数据资产管理、数据集成交换管理、数据安全管理等方面。通过税收数据集成,构建数据生成机制,实现数据可知、可取、可联、可用;通过对税收数据挖掘与分析,助力推动税收征管模式变革与体制创新,从而实现技术功能、制度效能、组织机能的一体化深度融合;通过税收数据赋能,倾力打造"智慧税务"治理新生态,进而实现从"报税"到"算税"的目标。着力发挥数字技术"组合拳"的综合效应,利用大数据技术给数据扩源,利用隐私计算技术解决数据共享安全问题,利用区块链技术为数据"上锁保真",利用数据挖掘技术,归纳推理数据中被人忽视的信息和趋势,从而提升税收数据治理的质效。

4.着力推进大数据与税收征管的深度融合。大数据治税不仅是税收征管改革深化的技术革命,也是征管理念更新的实践写照。目前,大数据治税依然存在诸多短板:缺乏全面的数据采集和完善的大数据处理工具;缺乏与大数据相匹配的制度建设和程序规范;缺乏与大数据相匹配的成熟分析能力等。针对这些困惑,推动构建技术业务深度融合的工作体系,形成"业务处理智能化""系统运维扁平化""前台操作简单化""纳服全程便利化"。强化数据质量管理和监管,构建协同共治的工作机制并嵌入到业务运行板块。探索大数据赋能税收征管与技术创新的应用实践,诸如大数据算法应用、区块链技术应用、大数据云平台建设等,为税收风险管理提质增效提供了有效技术支撑,也为推动精准化税收监管提供了可行技术实现路径。通过税收大数据支撑"智慧税务"新生态建设,实现动态"信用+风险",让精准监管和精细服务成为可能,隐私计算让"以数治税"更安心,基于5G等技术的多样化"非接触式"办税服务等方面将实现新突破。

5. 全面升级数字化背景下电子税务局建设。总结提炼初始阶段电子税务局建设规范标准有序迭代、数据贯通步伐加快、实务制度稳步完善、一体融通区域试点等显著特点,深入归纳分析浙江省电子税务局建设的成功经验,吸收借鉴国外电子税务局建设的经验,提出当前电子税务局建设应当持续优化的路径选择:强化数据共享,对接"智慧政务",融入公共数据开放平台;实现规则制衡,形成权界清晰、刚柔并济、运转高效的电子税务规划体系;探索建立基于互联网的"数据—管理—数据"税收风险管理模式;优化用户体验,充分运用现代技术成果,将专业性税收业务处理嵌入亲和自洽的电子功能板块,搭建智能应用场景。应当逐步提升电子税务局的功能定位,切实成为智慧税务生态系统的主载体,推动形成以数据交互为核心、面向移动互联网、利用先进信息和网络技术构建的集成式、成长型智能平台,实现由服务型向综合型、由门户型向入口型、由机械型向智能型转变。

6. 构建基于"税务云+税务链"的信息化架构体系。回溯税收信息化发展历程,提出新时期数据治理阶段的税收信息化技术支撑架构,即数据安全可信、资源共享、协同工作、高算力的基于"税务云+税务链"的信息化架构体系,充分利用现代信息技术,建立起支撑"税务云+税务链"的平台。建立起以税务大数据中心为总枢纽,以数据治理体系和标准安全为保障,以"互联网+税收征管、纳税服务、综合治税"三个平台为核心,以"纳税人门户、税务人门户、领导与政府管理门户、综合治税门户"为支撑的一体化体系架构。着力打造"税务云+税务链"架构体系的生态系统和生态环境,构建税务机关与纳税人缴费人、政府各部门、金融机构、物流企业、平台企业等共同合作协同的数据共享生态体系,形成完善的税务模块业务功能与相关参与主体的应用需求和数据信息对接,最大限度整合"税务云+税务链"充分发挥作用的生态环境。坚持云链结合,着力把握"税务云+税务链"架构体系的关键节点,要夯实"税务云"的基础设施建设,要拓展"税务链"的业务应用和场景应用,要促进"税务云"与"税务链"的深度融合和有效衔接,在准确把握信息技术发展方向和税收征管现代化的客观规律基础上,有序推进,从而提升税收治理质效。

第三节　研究综述

一、"互联网+"背景下税收征管研究综述

(一)税收治理模式创新研究

税收治理是政府部门之间,政府、社会组织和公民群体之间,以及中央与地方政府之间对税权进行配置和运用,通过互动与合作,以达到管理、协调、控制和服务的目标。刘剑文、陈立诚[①](2015)认为治理型征纳关系以纳税申报为基础,重视纳税人的参与、合作和尊严,寻求国家利益与纳税人利益的平衡协调。吴西峰[②](2018)认为"互联网+"作为一种思维模式(认识模式)、路径模式(方法模式)和实践模式(基础设施、基本技能等),必将体现到税收治理体系和治理能力的现代化上。马蔡琛、赵笛[③](2018)认为在互联网时代,对信息流以及资金流的数据监测,存储与记录变得更加方便、智能,可对应税所得

---

① 刘剑文、陈立诚:《迈向税收治理现代化——〈税收征收管理法修订草案(征求意见稿)〉之评议》,《中共中央党校学报》2015年第2期。
② 吴西峰:《中国税收治理指导思想论要》,《税务研究》2018年第2期。
③ 马蔡琛、赵笛:《"互联网+"背景下的税收征管模式变革》,《财政科学》2018年第9期。

及应纳税额等进行更加客观准确的确定。在"互联网+"背景下税务机关和纳税人信息不对称的减弱、消失甚至倒置,从税收征管层面来看,"推送确认自动扣税"很有可能逐步取代现有的"申报缴纳"模式。柳光强、周易思弘①(2019)认为互联网时代,大数据的全领域整体数据,拓宽了税收治理的覆盖范围;大数据的全天候实时数据,赋予了税收治理新的内涵;大数据的海量全息性数据,对税收治理提出了更高的质量要求。大数据的数据特征驱动税收治理目标由专项管理向综合治理转变,大数据思维方式驱动税收治理由样本思维向整体思维转变,大数据技术方法驱动税收治理手段由传统实务方式向全息智能方式转变。焦瑞进②(2016)认为"互联网+"与传统产业相融合,一是经营模式复杂化税源难以分割,税务机关对税基的控制难度加大;二是常设机构和固定营业场所的关系变得模糊不清,税权划分复杂化;三是税源与价值创造分离,利润归属难辨,尤其是国际贸易和国际经营活动利润归属问题;四是尚未开展税源信息标准化基础工作,如何采集和掌握现实税源信息成了信息管税的最大难题。陈兵、程前③(2018)认为互联网带来的分享经济对税收的既有监督管理体系造成强烈冲击,对现行的"信息管税"系统和"税收征信"建设提出了新要求。周克清、李霞④(2018)认为解决互联网平台经济带来的涉税要素变化,税法"实体性"和执法"真空性"的矛盾,"税负公平性"和"税收转嫁影响"的两难选择是对税收治理现代化的重要挑战。杨金亮、孔维斌等⑤(2018)认为应以服务系统集成的职能体系为目标,以信息流动和提高信息的集成效率为手段,建立一套"自上而下"的信息集成框架设计以及流动规

① 柳光强、周易思弘:《大数据驱动税收治理的内在机理和对策建议》,《税务研究》2019 年第 4 期。
② 焦瑞进:《大数据时代深化税收改革的系列思考》,《财政经济评论》2016 年第 1 期。
③ 陈兵、程前:《分享经济对税收治理现代化的挑战与应对》,《东北大学学报(社会科学版)》2018 年第 9 期。
④ 周克清、李霞:《平台经济下的税收治理体系创新》,《税务研究》2018 年第 12 期。
⑤ 杨金亮、孔维斌、孙青:《人工智能对税收治理的影响分析》,《税务研究》2018 年第 6 期。

则,重塑税收治理的信息框架体系,推动税收信息获取、收集、加工、转化,通过顶层设计从法律层面明确涉税信息的申请、使用、流动、反馈及监督机制,建立信息的闭环管理机制。傅靖(2021)认为数据在经济活动中的地位越来越重要,并从经济、法律、征管三个层面分析了可税性的标准以及数据的可税性,认为数据资产的科学评估、高效运行和有序共享,需要从法律法规、政策和制度层面进行促导和推动。邵凌云(2021)将数字经济发展模式划分为数据经济、平台经济、物联经济和共享经济,在分析其主要特征的基础上,研究了数字经济迅猛发展所带来的税收治理结构不平衡、税收治理制度不完善以及税收治理方式单一等问题,提出通过整合和平衡现代税收治理结构、完善现代税收治理制度以及优化税收治理方式来重新构建一套适应于数字经济快速发展的现代税收治理新体系的建议。王桦宇(2021)围绕税务数据资产,探讨其概念、定位和法律完善,结合税务数据资产的权属分类,从数据技术进步、公共利益彰显和纳税人权利保护三个维度来思考税务数据资产的恰当定位。

(二)税收征管制度研究

"互联网+"时代经济活动所具有的主体多样化、创新常态化、交易网络化、数据电子化等特点都对现有的税收征管制度带来了挑战。高金平、李哲①(2019)认为,当前互联网经济相关主体的税法适用于线下实体并无差异。虽然现行税法基本能够实现公平、合理、效率的课税目标,但在某些特殊的互联网经济业务或商业模式中,由于税法本身的局限导致某些交易的税务处理存在模糊特征,易引发税收争议,乃至形成普遍性的漏征漏管。Zhu Fang②(2018)认为"互联网+"时代税收征管面临的主要问题有三个,一是

---

① 高金平、李哲:《互联网经济的税收政策与管理初探》,《税务研究》2019年第1期。

② Zhu Fang, "The Administration and Management Mode of Tax Collection Based on the Concept of 'Internet Plus'", *2018 International Conference on Economics Politics and Business Management (ICEPBM 2018)*, Francis Academic Press, UK, 2018.

税收要素难以认定,二是课税对象的性质难以确定,三是税收征管制度的缺陷。曹阳①(2021)认为,税务机关对新兴业态难以实施有效的税收征管,既有的部分税法概念已不再适用,随着互联网经济蓬勃兴起,交易各方订立合同已可摆脱实体介质束缚,转而借助云服务、第三方支付等虚拟介质来实现,物流、资金流和信息流等要素相互间易分离,传统的常设机构等标准已被边缘化和去实体化,进而使得纳税地点具有流动性和隐匿性等特点,相关交易活动也易被抹去痕迹而难以确认。龚永丽、叶巧红②(2018)认为要完善《税收征管法》,以法律形式明确税收机关有权要求政府部门、金融机构以及电子商务等第三方提供有关交易活动的涉税信息。同时,对第三方涉税信息交换过程所承担的职责、所要求的内容、所进行的程序、所使用的方式、所依照的标准和所规定的期限等进行规范。李万甫③(2014)认为,现阶段应该赋予税收现代化更鲜明的法治内涵,强化依法治税,用法治理念指导税制改革和税收征管,并注重规范税收执法权。刘剑文、陈立诚④(2015)提出迈向税收治理现代化,一是要转变相关法律观念。实现从"治民之法"到"治权之法"的转型,从强调税收管理的"对抗型征纳关系",转变为重视纳税服务的"合作型征纳关系"。二是要革新相关法律制度。以保护纳税人权利及规范征税行为两大主线,建立以纳税申报为基础,以税务救济为保障,以税务稽查为重点的现代税收征纳程序。三是要提升相关税收法律技术含量。特别是要增强税收法律的可操作性,在法律中直接规定基本的程序要求。

① 曹阳:《"互联网+"背景下我国税收征管制度改革的现存短板与具体应对》,《税收经济研究》2021年第26期。
② 龚永丽、叶巧红:《"互联网+"背景下我国税收征管改革研究》,《管理观察》2018年第33期。
③ 李万甫:《法治是通向税收现代化的必由之路》,《中国税务报》2014年11月19日。
④ 刘剑文、陈立诚:《迈向税收治理现代化——〈税收征收管理法修订草案(征求意见稿)〉之评议》,《中共中央党校学报》2015年第2期。

(三)税收风险管理研究

"互联网+"背景下税收风险管理面临新的挑战。陈耀华[1](2017)认为,目前税收风险管理大多依靠纳税人自行申报数据,第三方信息采集非常少,且只停留在税务登记等企业自主申报资料上,纳税人的生产经营等涉税数据比较少,也难以甄别和清理不实涉税数据,涉税信息采集的广度、深度和质量都不够,难以有效挖掘税收大数据。彭骥鸣等[2](2014)认为,实践中部分税务人员的税收风险管理观念仍较为落后,熟悉企业各种 ERP 财务软件,能深入掌握数据分析编程乃至具有数据创新思维的人才凤毛麟角,远远不能适应"大数据"发展的要求。张秋虹[3](2016)认为,税务部门应树立"开放、互联、共享""以数治税""信息管税"的理念,应重塑税收业务流程,促进"合作型"的纳税遵从,以实现在税收风险管理领域的突破。乔游[4](2016)认为,税收风险管理要围绕大数据的采集、整理、应用,搭建与"互联网+"相适应的新架构。一是加快修订《税收征管法》,以法律的形式赋予税务机关采集涉税信息的权力,为采集数据、分析风险提供支持;二是加强涉税数据质量管理,研发数据质量管理平台,对内部数据质量实施精准校验,对外部数据进行标准转化,为风险分析提供保障;三是构建基于"互联网+"的风险管理平台,开展宏观层面、微观层面的风险监控,通过调配征管资源、组织专项行动、实施个案管理等方式消除风险。提出风险应对协同化。充分发挥政府各职能部门、行业管理部门、金融机构等与经济活动有关部门的管理职责,联合开展税收风险应对。特

---

① 陈耀华:《基于大数据的税收风险管理问题研究》,首都经济贸易大学硕士学位论文,2017 年。

② 彭骥鸣、陈爱明、韩晓琴:《大数据时代强化税收风险管理的思考》,《税收经济研究》2014 年第 5 期。

③ 张秋虹:《大数据时代"互联网+税务服务"模式的新契机》,《山西煤炭管理干部学院学报》2016 年第 1 期。

④ 乔游:《浅析"互联网+"背景下的税收风险管理》,《税务研究》2016 年第 5 期。

别是要结合诚信体系建设,将信用管理作为风险应对的重要措施之一,通过信用信息交换共享,实现多部门、跨地区信用奖惩联动,使纳税失信者寸步难行。高金平①(2021)认为,"以数治税"下的税收风险管理,亟须专业型、复合型的人才培养与团队搭建,需要通过实训培养一批综合掌握各税种政策、熟悉各税种申报表与征管系统、擅长风险指标取数及撰写、知晓信息化的综合型高端人才。

(四)大数据与税收征管的深度融合研究

随着金税工程的全面推行以及大数据、云计算、物联网、移动互联网和人工智能等技术的应用发展,税务部门积累了海量涉税信息数据,大数据与税收征管的深度融合,为税收征管带来重要机遇与挑战。如果将大数据技术转化为生产力,在利用数据资源支撑决策、治理和创新等领域有大量潜力可挖掘。未来应借鉴国际先进技术与算法,消除企业对税务机关在数据采集时泄露自身商业机密与个人隐私的担忧,既能向税务机关主动提供风险筛查服务,也能协助纳税人及时发现风险予以自查自纠。税收数据的生成机制决定了税收数据的应用效率,未来如何完善多渠道多来源的数据采集体系,保障数据初始端口的真实性、全面性、多元化,为税收决策乃至国家经济社会发展提质增效,是我们面临的重要课题。周咏琦②(2016)认为,大数据环境下税收微观数据体系的生成渠道主要是:一是收集、清洗、整合非税务部门,非传统渠道(主要是网络分布数据)等第三方提供的结构化数据和其他来源的数据,实现数据互联;二是按照工作中不同的数据要求,对非结构化数据进行结构化转换;三是不同来源纳税人数据的匹配,形成相对完整的数据信息全图,最终形成大数据模式下的微观纳税人税收信息数据库。王曙光等③(2021)认为,应完善大数据下

---

　　① 高金平:《"以数治税"背景下加强税收风险管理的若干建议》,《税务研究》2021年第10期。

　　② 周咏琦:《大数据对电子商务税收征管的影响》,《经营与管理》2016年第4期。

　　③ 王曙光、章力丹、张泽群:《税收征管现代化的科学内涵与发展路径》,《税务研究》2021年第10期。

的税收征管模式。一是加强税务部门内部信息交流、合作与共享,提高税务部门对"以数治税"的认知和应用能力,确保全员参与税收征管信息化建设;二是借鉴大数据在金融和市政管理等领域的实时汇集、预测分析和精准管理等经验,设立专门的税收软件开发、数据处理和数据分析部门,加快形成数字化税收征管新模式;三是建立全国统一的大数据服务云平台,促进税务执法、纳税服务、税务监管和税收共治等环节与大数据技术深度融合、高效联动,推动"以数治税"科学化、精细化、规范化、专业化和质效化。

(五)电子税务局应用探索

1982 年我国税务部门首次应用计算机进行税收管理,1994 年国家税务总局开始实施金税工程,2016 年"金税工程"三期在全国全面实施,国家税务总局印发电子税务局建设的数据规范和安全规范,我国税务信息化建设从开端到逐渐成熟,已推出了功能完备、渠道多样的电子税务局产品。周仕雅[①](2018)认为电子税务局目前存在四个方面的突出问题:一是技术更新滞后。部分地区税务部门电子数据收集、处理能力与审计能力相对薄弱,平台应用还停留在初级阶段;二是业务局限较大。税务系统内部的工作流程还未完全按照信息化的规律和要求进行调整和再造;三是数据共享不足。税务部门与金融部门、其他支付中介、税务中介的关系尚未理顺,与企业及银行、工商、审计、财政、海关等部门的联网进度迟缓;四是风控能级不高。对数字化产品、电子货币等新兴经济形态还无法实施有效监管。陈勇至[②](2021)认为,电子税务局推广应用上仍有其局限性,年轻群体对互联网的接纳度极高、运用也非常熟练,但对于年纪较大、不熟悉计算机的人来说反而增加了难度。面对种类繁多的各类表格,错报、漏报等情况层出不穷,税务机关在审核的时候同样面临着

---

① 周仕雅:《"互联网+"背景下的电子税务局应用探索——以浙江省电子税务局建设为例》,《税收经济研究》2018 年第 5 期。

② 陈勇至:《"互联网+"背景下的税收管理模式转型》,《会计师》2021 年第 3 期。

不小的压力。这在很多情况下导致纳税人不得不进行纸质资料的报送或进行跨地区办理业务。郑升蔚①(2018)认为电子发票是通过税务机关的电子发票管理系统开具或收取的加载电子签章,以电子方式传输和存储的收付款凭证。作为网络信息时代下的新形态商事凭证,需要建立和完善电子发票信息网络平台,实现电子发票的网上审核、网上报销,实现电子发票的电子化、智能化。郭英②(2018)提出在借鉴国际经验的基础上,应重视电子发票系统统一获取渠道的建设,保证电子发票信息在跨区域传输方面的互联互通,从保障受票终端多元化和便利化角度出发进行设计,最大限度提升用票企业和受票方的用户体验。晨曦③(2014)认为,电子税务局是以纳税人为中心,以现代信息技术为支撑,以改善纳税服务质效为目的,对各项纳税服务进行整合优化。柏鹏等④(2017)认为要实施整体政府扁平化流程再造,将电子税务局完全融入一个政府公共管理平台,并建立大数据共享环境下的事项团队或节点组合的网状组织结构。

二、经济数字化语境下的税收征管研究综述

(一)智慧税务建设与税收征管数字化研究

随着大数据、云计算和人工智能等新技术的广泛运用,税务部门正在开启以数据的深度挖掘和融合应用为主要特征的税收征管智能化改造,逐步建成以税收大数据为驱动力的具有高集成功能、高安全性能、高应用效能的智慧税务,推进税收征管和服务流程全方位创新变革。张有乾⑤(2022)认为,智慧税务是一张万物互联、网格化形态的"神经"网络,要把所有的涉税要素通过传

---

① 郑升蔚:《"互联网+"背景下我国电子发票应用研究》,《中国总会计师》2018年第8期。
② 郭英:《电子发票管理的现状及国际借鉴探析》,《财会通讯》2018年第16期。
③ 晨曦:《信息化背景下发展电子纳税服务对策研究》,广西大学硕士学位论文,2014年。
④ 柏鹏、唐跃、臧桂芹、汪树强:《大数据背景下构建电子税务局的思考》,《税务研究》2017年第1期。
⑤ 张有乾:《智慧税务的构建与探索》,《税务研究》2022年第11期。

感器、网络、智能终端等多种形式联结在一起,用大数据使每一个涉税要素都成为这个"神经"网络的"神经细胞",实现涉税要素的互联、互通、互动,从而具备信息实时获取、实时反馈、随时随地智能服务的能力。谢波峰①(2021)认为,智慧税务的核心特征之一是实现数字化的管理模式,不仅要集技术之大成,而且要技术与业务融会贯通,以"数字+智能"实现"无形胜有形"。于嘉音②(2021)认为,智慧税务不只是一种技术的应用或是一个系统的上线,而是一个系统性、整体性工程;要实现具有高集成功能、高安全性能、高应用效能的智慧税务,其目标应当定位于简单、好用、稳定、节约;智慧税务应当要有"类人思维",系统要像人一样去思考,像人一样会分析,可以自己判断、科学决策;推进智慧税务建设,应着重把握好金税三期与金税四期、传统技术与新技术、外力与内力、安全与效率四个关系。包东红③(2022)认为,可构建"智慧风控"数字化转型样板间,将文本式、通告类的税收优惠政策文件,转化成针对具体纳税人的结构化、数字化的应享未享风险问题说明书,通过电子税务局直接推送给企业,同时以"填空题""选择题""判断题"的形式提供办税操作指引,让企业办税人员能秒懂政策、一键办税、税款速退。刘运毛④(2021)认为,要立足于智慧税务建设的顶层设计,以《意见》为引领,树立数据驱动、体系集成和协同共治理念,着力夯实技术变革、业务变革、组织变革等关键基础,全面提升税收征管的数字化升级和智能化改造,从而实现从经验式执法向科学精确执法转变,从无差别服务向精细化、智能化、个性化服务转变,从"以票管税"向"以数治税"精准监管转变,形成国内一流的智能化行政应用系统,打造高集成功能、高安全性能、高应用效能且国际一流的智慧税务。

---

① 谢波峰:《智慧税务建设的若干理论问题:兼谈对深化税收征管改革的认识》,《税务研究》2021年第9期。

② 于嘉音:《着力打造"智慧税务"治理新生态》,《税务研究》2021年第11期。

③ 包东红:《推进税收征管数字化升级　实现"四精"改革目标》,《税务研究》2022年第11期。

④ 刘运毛:《平衡、融合、效能:构建智慧税务生态系统》,《税收经济研究》2021年第3期。

(二)新业态税收征管研究

近年来,新业态、新模式如雨后春笋般不断出现,并已成为促进我国产业转型升级和经济高质量发展的新兴力量。如何规范新业态、新模式税收征管并保持其发展活力,是新业态、新模式税收征管面临的新命题。李伟[1](2018)认为,新业态依托于互联网技术,营业场所虚拟化,往往通过全流程电子化的手段完成交易,难以明确纳税地点,对传统的属地管理模式带来了巨大冲击。崔志坤等[2](2021)认为,平台经济的税收管理存在着业务脱离税务机关监管及真实性难以鉴别、税源与税收收入背离等问题,应采用新技术加强对平台经济的监管,以简化便捷的理念完善相关管理制度。孙正等[3](2021)认为,共享经济本身所具有的虚拟性、模糊性、隐蔽性特征,给第三方共享经济平台在认定纳税主体身份、明晰适用税目、落实税收公平、防范税收风险等方面带来了新的挑战。就第三方共享经济平台的税收治理而言,应从把握第三方共享经济平台税收治理优势、补充现行税制框架、完善第三方共享经济平台委托代征机制等方面入手。冯俏彬[4](2021)提出,虽然国家仍将是数字经济时代治理社会(包括网络)的政治实体和税收征管主体,但平台作为"企业的企业",很可能将在一定程度上与政府共享税收征管权力,包括但不限于和政府分享在平台上经营的企业的相关数据、共建社会信用系统、对在平台上经营的小微企业和个人履行代行监管与规范之责、代扣代缴税收、进行税法宣传,等等。

① 李伟:《新技术、新业态与税收征管》,《国际税收》2018 年第 5 期。
② 崔志坤、李菁菁、杜浩:《平台经济税收管理问题:认识、挑战及应对》,《税务研究》2021年第 10 期。
③ 孙正、杨素、梁展硕:《第三方共享经济平台税收治理研究》,《税务研究》2021 年第 8 期。
④ 冯俏彬:《数字经济时代税收制度框架的前瞻性研究:基于生产要素决定税收制度的理论视角》,《财政研究》2021 年第 6 期。

（三）数据及以数治税研究

数据是数字经济的核心要素。李海舰等①（2021）认为，数据作为新型生产要素，具有不同于传统生产要素的特征：一是具有潜在价值的数据与产品的生产过程相结合，参与产品的价值创造，实现数据资产化；二是数据产品经过市场的流通，实现数据的价值，从而实现数据商品化；三是将商品化的数据应用到多场景中，实现数据价值增值（倍增），最终实现数据资本化。因此，"数据资源—数据资产（产品）—数据商品—数据资本"的数据形态演进过程，与"潜在价值—价值创造—价值实现—价值增值（倍增）"的价值形态演进过程具有协同性，数据经济机制运行过程本身就是数据形态演进过程与价值形态演进过程的动态结合。蔡昌等②（2021）依据要素分配理论，以区块链作为技术支撑，聚焦于数据资产的确权与税收治理问题，剖析其中蕴含的制度耦合与政策创新思想，通过构建基于区块链技术的数据资产确权与税收治理模式，为进一步完善数据资产的分配方式、加强数据资产的税收治理、规范数字经济发展提供了决策依据与政策指南。孟军③（2022）认为，要加速信息"一网聚数"，推动智慧税务建设融入数字政府建设，积极探索区块链技术在实现跨部门数据共享方面的应用，落实自然人、法人和非法人组织标识设置规定，编制统一的数据共享资源目录，通过订阅、协商、采购、合作开发等方式实现数据共享，强化数据治理。李万甫等④（2021）主张，创新科技与税收治理应跳出"就技术论技术，就税收论税收"的思维局限。对标国家治理，对位党和国家事业全局，所谓"数据赋能治理"，这个治理全局不仅是传统意义上的税制改革和

---

①　李海舰、赵丽：《数据成为生产要素：特征、机制与价值形态演进》，《上海经济研究》2021年第8期。

②　蔡昌等：《区块链赋能数据资产确权与税收治理》，《税务研究》2021年第7期。

③　孟军：《把握新时代税收征管特征　推进税收征管改革向纵深发展》，《税务研究》2022年第9期。

④　李万甫、刘同洲：《深化税收数据增值能力研究》，《税务研究》2021年第1期。

征管改革,更是"五位一体"背景下对政治、经济、文化、社会、生态文明的全面深化改革。这是新时代赋予数据治理的历史使命,要以税收数据治理为契机,将税收数据增值的技术红利转化为现代国家治理效能,更好地发挥税收在国家治理中的基础性、支柱性、保障性作用。冯绍伍等①(2022)认为,要实现精准税务监管,发挥出现代科技和数据赋能的倍增效应,各级税务机关必须持续提高数据质量,建成互联互通、统一标准、颗粒度细、类型多、价值高的大数据资源库,满足各类数据查询、分析、应用需求。高金平②(2021)认为,在"以数治税"的理念下,税务机关以发票电子化改革为突破口、以税收大数据为驱动力,建立健全以"信用+风险"为基础的新型监管机制,着力构建"无风险不打扰、有违法要追究、全过程强智控"的税务执法新体系。刘和祥③(2022)认为,要探索"以数治税"征管模式下的办税缴费服务体系,建立按需定制、因需而变的需求诉求实时协调响应机制,运用税收大数据智能分析识别纳税人缴费人的实际体验、个性需求等,加强与纳税人缴费人的交流互动,全面采集纳税人缴费人在办税缴费过程中的需求、问题、意见和评价,对纳税人缴费人开展数据和行为分析,精准定位纳税人缴费人诉求,精准提供线上和线下服务。张国钧④(2021)认为,税务部门必须高度重视发挥税收数据的优势和潜力,以"数字驱动"提升税收治理效能,推进税收治理体系和治理能力现代化,打造数字驱动、人机协同、跨界融合的智能化税收治理新模式,关键在于持续推进数字化转型,进而建立完善的数字税务生态体系。胡立文⑤(2021)认为,与新

---

① 冯绍伍、江峰、杨智曾:《大数据思维下实现精准税务监管的思考与探索》,《税务研究》2022年第11期。

② 高金平:《"以数治税"背景下加强税收风险管理的若干建议》,《税务研究》2021年第10期。

③ 刘和祥:《"以数治税"税收征管模式的基本特征、基础逻辑与实现路径》,《税务研究》2022年第10期。

④ 张国钧:《以"数字驱动"提升税收治理效能的探索与思考》,《税务研究》2021年第1期。

⑤ 胡立文:《深化以数治税应用 强化税收风险防控》,《税务研究》2021年第6期。

时代新挑战新任务相比,"以数治税"能力和水平仍存在体系不健全、风险分析精确性和实效性有待提高等不相适应的地方,应从构建全国统一的电子税务局,打造智慧税务应用生态,提升数据管理质量,不断增强数据驱动力,建立新型监管机制,向分类精准监管转变,强化基础支撑保障,提升风险管理能力等方面运用"以数治税"强化风险防控。

(四)现代信息技术在税收征管中的应用研究

关于现代信息技术在税收征管中的应用研究,主要集中在大数据、人工智能和区块链在税收征管中的应用方面。樊勇等①(2021)立足大数据的特征和我国税收征管实践的经验,探讨了税收大数据的定义、特点、来源、规模、创新优势、主要应用以及局限,为税收大数据的进一步发展提供了理论参考。邵凌云②(2022)认为,税务部门要持续完善洞察分析模型,通过采集纳税人缴费人使用办税缴费渠道、方式及其行为习惯,办理涉税费的内容和频次、办理周期与时间偏好等数据,构建大数据算法与模型,为纳税人缴费人赋予个性化标签,智能且快速响应纳税人缴费人的合理诉求,推动从"人找服务"向"服务找人"转变,不断完善"千人千面"的纳税人缴费人行为习惯洞察分析工作。颜宝铜③(2021)基于集成视角对大数据时代税收风险管理作出基本判断,认为大数据在风险管理中的应用要以集成思维引领,从而形成共同价值、联动效应、聚变效应等结果。倪娟等④(2021)主张,人工智能技术可在提升税收数据智能化管理与应用、促进信息有效共享、提升税收风险管理质效、提升纳

① 樊勇、杜涵:《税收大数据:理论、应用与局限》,《税务研究》2021年第9期。
② 邵凌云:《智慧税务背景下税费服务体系的建构:挑战与路径》,《税务研究》2022年第11期。
③ 颜宝铜:《基于集成理念的大数据时代税收风险管理探析》,《税务研究》2021年第7期。
④ 倪娟、李彦璋、周睿:《人工智能助力税收管理数字化转型的对策分析》,《税务研究》2021年第4期。

税服务水平等方面助力税收征管的数字化转型。陈新宇等①(2021)认为，区块链在税收征管中的应用，能够帮助税务机关全面掌握纳税人内外部信息，实现对税源的全面监控，形成以涉税信息为基础、以数据流程为主线、以数据应用比对为核心、以互联网技术和人工处理相结合为手段的现代征管新模式。

(五)税收信息化研究

税收征管能力的提升离不开税收信息化能力建设。2021 年 9 月 15 日，经济合作与发展组织(OECD)税收征管论坛(FTA)发布了《税收征管 2021：OECD 及其他发达经济体和新兴经济体的可比信息报告》(以下简称《报告》)，《报告》提供了关于 59 个发达经济体和新兴经济体税收制度及其管理方面的国际比较数据。《报告》认为全球税务部门正投入大量资源开发数字化征管和服务解决方案，以适应经济和社会的数字化转型变化。付慧丽②(2021)认为，作为社会信息化的重要组成部分，税收征管信息化对促进税源管理的专业化、业务流程的规范化以及征管质量与效率的提高均具有积极影响。经过多年的探索和实践，我国税收征管工作经历了从粗放式管理到精细化管理的过程，信息化技术的应用范围越来越广泛，信息化水平越来越高。马珺③(2021)认为，2020 年首次个人所得税综合所得年度汇算顺利实施，是新时期我国税收征管现代化进程的重大成就，不仅对个人所得税改革成功实施起到了重要支撑和保障作用，同时也彰显了中国税收信息化水平和税收治理能力的进一步提升。

---

① 陈新宇等：《现代信息技术背景下构建新型纳税申报的思考》，《税务研究》2021 年第 10 期。
② 付慧丽：《税收征管信息化实践的国际比较与借鉴》，《财会通讯》2021 年第 7 期。
③ 马珺：《个人所得税综合所得年度汇算：推进税收治理现代化的中国实践》，《国际税收》2021 年第 7 期。

第一章　数字经济背景下税收治理的机理和优化路径

第一节　税收治理一般机理和基本要素

税收治理作为国家治理的重要组成部分,是基于税收制度、政策、征管等制度体系,筹集与公共治理事权相匹配的财政资金,营造健康有序的营商环境、经济生态,实现公共治理的良性循环与可持续发展。税收治理是基于税收制度体系展开的,税收治理能力是税收制度体系执行力的集中体现。

在全球经济社会数字化浪潮冲击下,市场经济主体虚拟化、资产无形化、交易电子化,以及全球生产服务经营者与消费者互动融合等现象都给税收治理带来巨大挑战,原本看得见摸得着的征税对象日益模糊化、隐形化,适应数字经济①的税收管辖、征管等方面对策分歧凸显。我国数字经济规模目前居世界第二位,2021 年中国数字经济规模达到 45.5 万亿元,占国内生产总值的比重为 39.8%。如何构建并完善适应数字经济发展的税收治理体系,提升税收治理能力,是关系到国家税收权益乃至长远利益的重要问题。

---

① 2016 年 G20 杭州峰会《二十国集团数字经济发展与合作倡议》指出:数字经济是指以使用数字化的知识和信息作为关键生产要素、以现代信息网络作为重要载体、以信息通信技术的有效使用作为效率提升和经济结构优化的重要推动力的一系列经济活动。

我国税收治理主要经历了人工管税、以票控税、信息管税、以数治税等阶段,税收征管与服务的质效得到了持续提升。无论在哪个阶段,对纳税人税收大数据①的挖掘利用都是税收治理的出发点。数字化正在以其"鬼斧神工",在实体治理体系基础上构建起一个虚拟而高效的数字治理世界。数字治理的核心工具就是大数据技术。《大数据主义》作者洛尔认为,所有决策都应当逐渐摒弃经验与直觉,并加大对数据与分析的倚重。② 在数字经济生态中,税收大数据作为治理要素,由于融合了科技和人类智慧,日益成为最具活力、动能与亲和力的生产要素。税收大数据技术③必将深刻地改变涉税主体参与税收治理的方式、广度和深度,增强税收治理体系的科学性,推动税收治理体系和治理能力现代化。税收大数据技术可能成为破解税收治理中信息不对称、制度不确定的密钥之一。

传统意义上的税收管理,突出的是税收筹集财政资金、保障国家运转的基本特性,这主要是基于国家财政保障角度的探讨。随着经济社会发展进步,在数字化、虚拟化、全球化、金融化时代,基于国家治理需要,政府被赋予了更加丰富深刻的职能和意义。税收,作为政府运行和实施国家治理的保障,其基本职能作用也由财政职能出发不断延伸、拓展。税收不再单纯地、线性地推动国家机器运转,而是通过一定的传导机制,对经济、政治、社会、文化、生态等诸多层面和领域产生辐射性影响。这样它就比传统意义上的税、费、利、租、债乃至国有资产收益等,有了更加丰富的内涵和意义。本书探讨税收价值与职能定位,是把税收作为支撑国家治理的一个"基本面"来研究。税收,由此从传统意义上的"乳汁"进化为现代意义上的"血液+神经",进而成为私人领域与公共领域对立统一的"融合体",牵一发而动全身。

---

① 本书指一切与税费业务相关的税收治理活动中形成的数据、信息、知识等。

② [美]洛尔:《大数据主义》,胡小锐、朱胜超译,中信出版社 2015 年版,第 93 页。

③ 本书指一切与税收治理活动相关的数据信息技术,包括 5G、大数据、云计算、区块链、人工智能、物联网等,核心是通过数据汇集、分析、应用、共享、管理等最大限度地挖掘利用涉税数据作为生产要素、特殊资产、战略资源的内在价值。

一、税收服务国家治理的一般机理

税收,源于国计民生的需要,而它一旦产生,就会通过适应性变革重塑国家治理进程。第一,税收构成国家财政收入的主体,财政通过支出的总量与结构调整影响教育、医疗、社保等公共服务与管理,以及自然、生态、文化、金融、数据等公共资源治理。第二,公共治理通过制度与政策安排影响私人部门的土地、劳动、技术、资本、数据等要素供给以及生产、分配、消费等市场治理。第三,个人、家庭及其他组织体从供给侧要素层面上影响经济、政治、社会、文化治理。第四,经济社会发展水平、政治制度体制、社会意识形态等决定税收目标、权力、政策等规则以及税收规模与结构。在这样一个周而复始、螺旋式进化的复杂过程中,每个要素的适应性变化都会传导渗透于其他各个要素,宏观上表现为税收治理、公共治理、市场治理层面的相互影响、彼此适应与动态平衡。

(一)税收治理保障公共治理

在现代国家中,政府代表国家实施公共事务治理,但从效率与公平并重角度看,治理范围并非越宽越好。税收作为物质利益分配的一种社会规则,其基本原则是公平、效率、适度。在产权明晰条件下,以效用最大化标准来衡量,如果一项社会事务,公共部门的治理成本小于私人部门的治理成本,就应该为此征税,由公共部门实施治理;反之,则不应征税。税收治理对公共治理的保障是直接的,但对公共治理的调整优化则是间接的、渗透性的,主要是通过改善国家安全、医疗、教育、住房、养老等保障体系,传导优化经济治理、政治治理、文化治理、社会治理、生态治理等基本制度、机制和体制。

(二)税收治理促进市场治理

税收对市场治理的影响从两个基本面展开。其一,税收治理塑造营商环境、构建市场秩序、引导生产要素配置,鼓励技术创新进步,推动全要素生产率提升,促进私人部门可持续发展。其二,税收治理通过"自动稳定""寓禁于征"等功能对经济社会发展中存在的贫富悬殊、生态破坏、环境污染等问题予以动态调节。在数字经济时代,我国越来越注重通过税收制度的顶层设计与变革,优化税收营商环境,完善税收征管和信息体系,提升征管质效,降低征纳成本;通过税收法治化、数字化、便利化改革,加强信用体系建设,从以人管税向信息管税、数据治税转变,推动公民自治、社会共治,协同提升公共治理能力。

纵观税收发展史,税收治理在社会变革、国家治理中往往发挥着先导性作用,国家政治、文化、意识形态等,是在税收、经济、社会治理等物质基础上建构确立的,税收治理与国家治理之间的关系,类似于生物学意义上的基因与母体的关系①。

二、数字经济时代影响税收治理的基本要素

国家治理体系和治理能力是一个国家制度和制度执行能力的集中体现②。我国的国家治理体系是党领导下管理国家的制度体系,包括政治、经济、文化、社会、生态文明和党的建设等各领域体制机制建设和法律法规制定,是一整套紧密相连、相互协调的国家制度;国家治理能力则是运用国家制度管理社会各方面事务的能力,包括改革发展稳定、内政外交国防、治党治国治军等各个方面。制度执行能力,是贯彻制度战略意图、完成制度预定目标的实际操作能力,是竞争力的核心,也是实现战略的关键。

税收治理体系是在特定时代背景下一国关于税收原则、种类、征管、服务、组织、技术等一系列内容的规则体系。税收治理能力是涉税主体在遵从、落实、执行、维护、完善税收治理体系,达成税收目标的治理活动中体现出来的综合能力。税收治理体系的科学性决定税收治理能力,税收治理活动的有效性

---

① 刘峰:《新时代税收秩序:国家治理的基因性力量》,《税务研究》2019年第12期。
② 《十八大以来重要文献选编》(上),中央文献出版社2014年版,第547页。

推动完善税收治理体系。从国家治理层面来看,税收治理体系是政治、经济、文化、社会、生态、文明等诸多治理体系共同作用生成并发展的产物。当今世界,数字化、虚拟化、全球化、金融化等一系列变革,正在带来公共治理和市场治理的深刻变革,进而对税收治理产生深远影响。从税收治理实践活动来看,推进税收治理创新的要素很多,基本要素应该包括核心价值、制度体系、涉税主体、治理技术四个方面。

（一）核心价值的方向性

从治理意义上讲,税收的"核心价值观"是税收的灵魂,同时也是税收原则、理念、思想的源泉,包括税收公平、正义、文明、法治、效率等。它由一国的核心价值、意识形态、政治体制等决定,一般以"宪法"的形式加以确立,具有相对的稳定性、长久性,主要包括税收治理的民生观、营商观、国际观、调控观、法治观等,它体现税收治理的基本价值属性。

（二）制度体系的科学性

一国的税收制度体系决定于其政治、经济、社会等基本制度。我国的税收制度体系,由我国的社会主义制度、人民代表大会制度、民族区域自治制度、基层群众自治制度以及中国共产党领导的多党合作和政治协商制度等共同决定,它确立了国家与纳税人之间的基本经济社会关系,体现在以宪法为统领的税收法律、行政法规、部门规章和规范性文件等制度体系中,它体现税收治理的公共政策导向。

（三）涉税主体的参与性

私人部门基于经济社会利益的博弈与均衡形成了私人秩序,公共部门的民主法治形成了公共秩序。税收,作为调节私人与公共秩序的桥梁和纽带,涉税主体的参与度、活跃度、有效性、话语权等,直接影响着税收价值观、税收体制制度的形成与发展。一国涉税主体的参与性一定程度上决定税收治理方式和治理体系的总体质效。

(四)治理技术的先进性

从制度执行层面看,治理体系、治理活动的有效性,很大程度上取决于治理技术的匹配性与先进性。党的十九届四中全会关于完善初次分配制度决定中,首次增列"数据"为生产要素①,将它与劳动、资本、土地等并列,提升数据治理能力由此也成为提升生产力的重要手段和方式。在数字经济时代,税收大数据技术成为提升治理能力的鲜明特征和强劲引擎,其应用水平同样决定税收治理的创新、改革与发展水平。

第二节 税收治理的价值意蕴和原则内理

目前,我国的税制改革已步入深水区和攻坚期,只有创新技术手段、升级治理方式,方能进一步全面深化改革。因此,数字经济背景下税收治理正是对症下药之良方。我们将数字经济背景下税收治理定义为利用"互联网+"等新一代信息技术,激活数据管理新思路,以秩序和效率等价值精神为要义,进一步推进税收治理能力现代化。其中,秩序价值是元价值,效率价值是核心价值,它们共同构成其他价值的理论之基。

一、税收治理的价值意蕴

(一)秩序价值

秩序是人类社会正常运转的前提,是维持公序良俗的重要手段。"对任

_____

① 《中国共产党第十九届中央委员会第四次全体会议文件汇编》,人民出版社2019年版,第47页。

何国家而言,国家治理第一位的最直接的目的是建立和维护安定有序的社会秩序。"①

税收治理作为国家治理的重要组成部分,它的价值内核必然与国家治理理念一脉相承,因此,秩序作为税收治理最基础、最根本的前提条件,其元价值的独特属性正不断显现,主要体现在以下几个方面:

1. 彰显税收治理的时代价值

党的十九届四中全会提出坚持和完善中国特色社会主义制度,推进国家治理体系和治理能力现代化,并将"强化税收调节"作为"坚持和完善社会主义基本经济制度,推动经济高质量发展"的具体任务之一。新时代的税收治理必须全面、灵活地回应时代要求,将国家治理体系和治理能力现代化作为全面深化税收体制改革的总目标。"法治是国家治理的基本方式,是国家治理现代化的重要标志。"通过健全税收法律规范,完善税法运行机制,将秩序之治根植于税收理念当中,税收治理的法治之效才能在实践中充分显现。

2. 凝聚税收内部秩序的规则价值

税收内部秩序主要包含税务机关的体制秩序和税收法律法规间的法理秩序。首先,体制秩序是指不同税务机关之间的内部秩序,即不同部门、上下级之间的权力分配、人员配置、业务流程等组织体系。不同税务机关之间的工作责任越明确,则工作效率越高。数字经济背景下的税收治理,其前提就内含了总揽全局的顶层设计,外化了统一协作的部门联合。应通过数字技术的综合应用,将体制秩序在各级税务机关之间真正贯彻,实现税务机关之间的协同统一。其次,法理秩序是指法律法规及相关规定应上下一体、互不冲突,下位法不能违反上位法,部门的规章制度不能与国家法律条文相抵触。应通过大数据等新技术的应用,进一步理顺税收法理秩序,优化税收法治环境。

---

① 张文显:《法治与国家治理现代化》,《中国法学》2014 年第 4 期。

3.引领税收外部秩序的运行价值

税收外部秩序主要包含对不同纳税人的征纳秩序,税务机关与其他各部门间的协调秩序以及国际的税收主权秩序。首先,征纳秩序表现为税务机关对纳税人合法征税,以及纳税人合法缴税。其中,对公权力的约束及对纳税人私权利的保护,是凸显征纳秩序的关键。其次,协调秩序表现为税务机关与其他部门间的沟通、协作与联动。在大数据平台的基础上,税务机关应主动与相关单位对接,在保证数据安全运行的情况下,资料在运行中形成闭环,将大数据优势充分运用。再次,税收主权秩序表现为国家间的税收征管协作、税法协调及国际税权保障。当前,国际税收秩序正面临新的变革,应充分利用"互联网+"这个重要的平台,与相关国家开展积极合作,共同构筑公平合理的国际税收秩序。

(二)效率价值

效率价值是"数字经济下税收治理"的核心价值。税收意义上的效率价值,不仅是税收治理活动本身的"成本—收益"计算,也是经济上的效益增进,而更多的是基于国家和社会整体公共利益的综合考量。

1.效率是税收法律和制度的基本价值追求

由于资源的稀缺性,市场制度供给对经济、政治、文化、社会、生态资源的配置都要追求最大化产出。税收作为直接以自然人、法人和其他组织财产为调配对象的一种政府治理活动,必须考虑其对经济社会发展、市场经济运行、收入再分配等的配置作用,使税收超额负担最小化的同时尽量增进经济社会收益。

2.效率是"数字经济下税收治理"的核心价值

互联网作为人类以科学方式认识和改造世界的重要成果,已经对人类的生产、生活方式产生了巨大影响,对税收这一政府管理活动也不例外。数字经济对税收治理活动的影响至少包括如下层面:一是以"新问题"的面目对传统税收理论和实践提出挑战,促使其改革创新;二是为税收领域的变革提供技术支撑,促进税收征管能力的提高;三是现代信息技术在税收工作中的具体运用,如政务服务、税源查控、信息公开、无纸化办公、违法行为惩治等。数字经济的理论、技术和方法的深度渗透和广泛应用,有利于提高税收治理效率,以更低的社会成本获得更大的社会收益。

3. 效率价值有助于实现秩序价值

传统的征税方法和手段难以有效监管新兴业态、电子商务等领域,但数字技术的应用可以有效应对新的问题和挑战,既能提升税收治理的效率,又能堵塞税收治理的漏洞,从而实现纳税人权利和义务的合理分配,最终实现良性征纳秩序。比如,通过税收信息公开,不仅有利于纳税人节约信息成本、保障纳税人的知情权,更有利于全面准确贯彻相关法律法规要求。税收效率的提高,可减少社会资源的耗散,增进人民福祉。

二、税收治理的原则内理

(一)税收法定原则

秩序价值和效率价值,在税收领域可以内化为税收法定原则、量能课税原则和公共利益原则。在税收领域建立法治秩序的基础就是要落实税收法定原则。税收法定原则是税法的基本原则,被誉为纳税人权利保护的"帝王法则",与罪刑法定原则一起被称为人类法律文明史中的两颗耀眼明珠。税收法定原则使人由"臣民"转变为"公民",使课税由"权力"转变为"权利",使法律由"家法"转变为"国法",从而使国家由"专制"走向"民主"。这种转变不仅仅是税收意义上的现代化,更是国家治理方式上的法治化与民主化。党的十八届三中全会通过的《关于全面深化改革若干重大问题的决定》明确提出了"落实税收法定原则",这意味着税收被赋予了民主、权利等秩序性的时代内涵。我国正在将约束公权、保障私权、程序至上等法治理念融入税收法定原则的机理之中,进一步深入推进国家治理现代化。税收治理作为国家治理的重要组成部分,必定要全面、系统地落实税收法定原则。目前,我国数字经济背景下的税收法律法规在逐步构建和完善中。对此,税收法定原则要求在充分听取民意、汇集民智的基础上,按程序不断将相关政策上升为国家法律,通过法律的形式来保障税收秩序,彰显数字经济背景下税收治理的原则内理。

(二)量能课税原则

在社会生活中,不同的纳税人依据其自身情况具有不同的纳税能力。因此,量能课税原则要求税收的征纳不应以形式上实现依法征税,满足财政需要为目的,而应在实质上实现税收负担在全体纳税人之间公平分配,使所有纳税人按照其实质纳税能力负担其应缴纳的税收额度。这要求立法者在制定税收法律时,应当对征税对象的税收负担能力做出区分,形成"能力强者多负担,能力弱者少负担,无能力者不负担"。衡量纳税人税负能力的标准具有多样性,但是纳税人的收入、所得、财产等要素常常成为最直接的衡量判断标准。

(三)公共利益原则

公共利益原则是税收制度设计的起点和税收治理力求达到的重要目标。国家税收的直接目标即筹集财政资金,间接目标即实现经济、社会、政治、生态等方面的公共利益。由于在机制、方法和技术等方面的优势,数字经济背景下通过税收治理,公共利益原则可以得到更加有效的贯彻。第一,以最低成本筹集财政资金,将公共利益的减损降至最低,是税收治理的直接目标,而筹集财政资金是税收的直接目标。第二,提高公共利益是"数字经济背景下税收治理"目标体系的核心。由于现代信息技术在识别、分析、激活和共享数据等方面的独特优势,能够开放公众参与的平台,提升政府税收管理和社会互动的及时性和有效性,对于提高公共利益的作用非常显著。第三,"数字经济背景下税收治理"可有效应对不断变化的形势,优化原有的公共利益目标体系。不同于税收法定原则和量能课税原则的恒定性,公共利益原则根据情势的变动,其具体内涵和侧重点在国家发展大局中需不断谋划和调整。相比传统的税收治理模式,现代信息技术能提供适应变化的有效技术手段,其对外界信息的分析和反馈,对主体诉求的研判和回应,对时代发展的适应和引领能力更强。由于其独特优势,在"形势变化——政策调整——目标变更——贯彻执行——有效反馈"的税收治理链条中,"互联网+"可以起到积极的推动作用。

数字经济背景下税收治理是将数字技术作为创新手段激活数据处理模式,以秩序价值和效率价值为要义,进一步推进税收治理能力现代化的变革方式。数字经济背景下税收治理必将为税收治理注入现代化的强大动力,增添科技引领、信息安全、公平与效率兼顾等全新要素。未来,我们应当更好地运用"互联网+"的理念和方法,大力发展数字经济,将秩序价值和效率价值注入税收治理的制度和运行过程,并且将税收法定原则、量能课税原则和公共利益原则贯穿于税收征纳始终,不断提升我国税收治理现代化的能力和水平,实现税收领域的"良法善治"。

第三节 适应数字经济的税收
治理体系有待完善

数字化对以工业经济为基础的现行税制体系及国际税收规则产生了革命性挑战[①]。基于税收治理的一般机理以及从"互联网+税务"行动、"大数据云平台"、"以数治税"等实践探索和成效看,现行税收法治体系、制度体系、自治体系、征管体系、共治体系仍需要进一步优化提升,存在的问题和不足或多或少都与税收治理数字化程度不高,特别是税收大数据技术的支撑力、推动力、穿透力不强密切相关。

---

① 张斌、袁东明:《迈向数字时代的国家税收转型》,《中国经济时报》2019 年 10 月 29 日。

一、适应数字经济的税收法治体系有待完善

我国税收治理基本法仍有待完善,截止到 2022 年,现行 18 个税种中还有 6 个尚未通过人大立法,法律、法规、规章、规范性文件之间的协调性也有待提高。特别是进入数字时代,经济社会领域的知识产权法、电子商务法、合同法等相关法律与税收法律体系衔接不够紧密,市场经济主体保护商业秘密、知识产权等都与税务机关获取涉税数据需求之间有待进一步协调。法律"缺位"加大了权力"越位"的可能性,法与权的"博弈"愈发加大了执法难度,增加了税务争议,进而导致税务部门执法风险,纳税人税务风险加大,不利于增强税收确定性、促进征纳和谐。基于工业经济时代以物质生产为主的税收法律制度受到了严重冲击和挑战,无形的数字化产品和服务越来越多,而且大部分有形产品逐步数字化,数字经济时代,税收法律制度体系建设更应关注虚拟的数字世界。

二、适应数字经济的税收制度体系有待完善

我国针对数字经济的税收政策、税种设置、税制结构设计,特别是直接税体系、国际税收体系等方面都有待进一步优化。税收管辖权问题,面对日益发展起来的数字经济,受到了巨大的挑战,物理形态的判定受到虚拟数字世界的冲击,税收规则发生了巨大改变,并日益威胁到现行税制结构的基本格局,提交直接税比重,成为数字经济时代税收治理制度变革的重要取向。新型经济业态和商业模式的转换,税制体系不匹配性愈发凸显。传统单一的税收治理模式,加剧了税收征管的风险,大数据税收治理所要求的内外环境还存在很大的不确定性,税收征管质效提升难以完成,税收征管模式重塑面临诸多困难。

2019 年,法国、英国等已率先对大型数字科技公司征收数字服务税。但是,我国针对消费者参与增值、个人网络平台交易等数字盈利模式的制度设计还相对滞后,针对数字创新、技术进步的激励政策仍然较弱,针对跨境交易避

税、税基侵蚀和利润转移等问题仍然缺乏有效的制度安排。为维护国家税收权益，要主动加强国际税收征管协调合作，积极参与全球税收治理新规则的制定。

三、适应数字经济的税收征管体系有待完善

公平竞争是市场经济的基本规则，但数字经济的虚拟性、隐匿性使生产者和消费者的边界日渐模糊，自然人之间的交易日益频繁，而我国针对数字经济的监管模式与税制的匹配度不相适应、征管能力不足，传统的以实体纳税人为主的征管体系面临新的挑战。当前针对数字经济的税收治理研究者普遍认为，经济活动发生地和价值创造地都可以行使征税权。但数字经济的税收征管创新问题，仍需深入研究。一方面是数字经济悖论，即一国数字经济的规模与生产率之间的关系并不十分明确，甚至在一些国家呈现出负相关关系；另一方面是数字经济的税收征管创新问题。比如，有专家建议，只有服务器而没有人管理就不构成常设机构，如果有服务器再加上有人管理就构成常设机构。这一观点是否还适用于当今社会，有待进一步研究。从税收监管角度看，我国税务组织机构层级较多、大数据技术人员力量不足，监管能力亟待提升。

四、适应数字经济的数据共享共治体系有待完善

目前的税收治理模式下，地区之间、部门之间尚未完全实现税收数据共享，尚未形成多地域、多部门协同治税格局，相关涉税管理部门联而不通，税费数据的统一性、标准化、共享性较弱，特别是跨界数据的比对验证科学性、规范化不足，难以集成利用，税费数据整体功能开发利用不足，潜在价值有待挖掘，综合治税的有效合力难以形成。

五、适应数字经济的税收自治体系有待完善

数字经济背景下，第三方支付平台、网络交易服务商、数据资源供给方等

都应是纳税主体,但由于税收自治的环境、渠道和方式尚需完善,以及税收法治与规制体系不足,依规自治、诚信纳税的监管基础不到位,纳税人自我遵从、自我约束的激励机制不足,涉税专业服务行业税法遵从的意识不强、协同作用发挥不够,有的纳税人"本能"地过度"筹划"避税,致使税务风险高发频发。

第四节　国际视角下的税收数字化治理

一、"数字政府"引领税务数字化

随着物联网、人工智能、区块链等新兴技术的崛起,公共组织在数字化浪潮的冲击下面临着重新选择的机会,数字政府建设已成为政府改革的主旋律之一。2018年10月,东京早稻田大学数字政府研究所与国际CIO(首席信息官)学会联合发布了《第14届(2018)国际数字政府排名评价报告》,丹麦、新加坡、英国、爱沙尼亚位居前四名。2019年6月,欧盟委员会发布的《2019年数字经济和社会指数报告》显示,在数字化公共服务方面,芬兰、爱沙尼亚、丹麦位居前三位。丹麦、英国、爱沙尼亚等国的税务部门在本国数字政府战略的统一规划和引领下,积极推进税务数字化行动,数字税务建设成效明显。丹麦为实施数字政府战略,先后发布《2011—2015年数字战略》和《2016—2020年数字战略》,2011年成立隶属财政部的数字化机构(Agency for Digitisation),作为负责整合协调公共服务、提供全面数字化服务的公共部门。同时,丹麦税务局还把数字税务纳入数字政府战略,逐步推进税收数字化行动,提升税收征管和纳税服务质量。英国从20世纪90年代中后期开始着手打造整体政府,2012年开始推进政府服务数字化行动,提出"数字政府即平台",将数百个政府网站合而为一,推出政府的三大数字化产品,即统一支付平台、统一身份认证、统一告知系统。作为政府数字化的重要组成部分,英国皇家税务与海关总署(HMRC)于2012年12月公布了数字化税务战略,拉开了英国税务数字化的序幕,并于 2014 年 11 月更新了数字化税务战略。经过几年的实施和运作,英国税务数字化成效已经显现。爱沙尼亚也是数字化政府建设的先锋,从 20 世纪 90 年代开始推动"数字爱沙尼亚"(e-Estonia)计划,爱沙尼亚政府将大部分公共服务迁移到一个更为便捷的网络平台"爱沙尼亚在线"上。该网站平台于 1997 年上线。目前,98%使用电子身份证的爱沙尼亚人可随时接入 99%的公共服务,98%的公司可在线注册,99%的银行交易可在网上完成,95%的税务申报在线进行且只需要 3 分钟。爱沙尼亚还是世界上首个举行电子投票选举的国家,这在全球都比较领先。

二、建设面向纳税人的数字税务局

数字技术在税收治理领域最广泛、最见成效的应用体现在纳税服务领域。建设面向纳税人的数字税务局,方便纳税人履行纳税义务,有助于提升税收遵从和降低税收成本。建设数字税务局,首先是身份认证,要给纳税人提供独一无二的数字身份并保证其安全。身份的确定性不仅能提高征纳双方的互动质量,还有助于确定纳税人的整体纳税情况。丹麦税务局推荐纳税人采用个人数字签名一体化系统即数字身份证(NemID)登录数字税务账户,使得公私服务都可以在互联网上一体化实现,提高了网上办税的安全性、可靠性和便捷性。丹麦税务局数字身份证的引入,对纳税人而言,真正实现了"数字一卡通",避免因忘记密码或携带众多电子银行数字证书卡所带来的苦恼,大大推动了电子税务系统的推广应用,切实提高了电子申报率。新加坡的统一数字身份认证,既有针对个人数字身份认证的"SingPassID",也有针对法人和企业数字身份认证的"CorpPassID",可以据此数字身份使用政府在线服务及纳税服务。爱沙尼亚作为一个"无国界的数字共和国",他们还针对非本国居民推出了电子身份卡,即非本国居民也可跟本国居民一样,享受各种数字化服务。

其次,要进行平台建设。例如,英国皇家税务与海关总署建立了一个安全、可靠、灵活和可扩展的数字税务局平台,是所有政府部门中最大的一个数据平台,提供超过108000个独立页面和超过200种不同的在线服务,通过应用编程接口(API)将平台上的数字服务与现有的税收、关税和第三方系统联系起来,能够以连续一贯的、灵活便捷的方式为纳税人提供个性化的服务。英国皇家税务与海关总署将与所有纳税人实现数字化交流,纳税人将都能通过各种互联网终端使用全税种服务和儿童津贴服务。同时,英国的纳税申报和缴纳税款也逐步实现完全通过数字税务账户完成,纳税申报将彻底退出历史舞台。再如,丹麦税务局从1995年开始建设电子税务平台(E-tax),近年来已为每个纳税人建立了个人专属、安全便捷、服务多元的数字税务账户。数字税务账户向个人纳税人提供涉税事项的个性化描述,如收入情况、纳税评估情况、退税欠税情况等,同时通过在线客服和安全信息进行税务提示,提出税收建议并给予相应支持。纳税人可以通过电子税务系统和数字税务账户轻松实现涉税事项的自我管理。又如,芬兰税务局建立了数字平台(MyTax),纳税人可以查看涉税信息、支付税款、申请退税,还可以管理公司税收及退税。

三、应用新兴技术推进税收数字化治理

(一)探索利用区块链技术

丹麦税务局于2017年利用区块链技术建设车辆钱包(Vehicle Wallet)项目,把有关汽车的所有数据都保存在区块链上,创建一个车辆的共享历史记录,使用经过验证的加密服务确保车辆信息的安全性、完整性和有效性。在此基础上,一旦车辆在二手买卖过程中,经历测试、维修、贷款、保险变更等多个阶段,都能够在区块链上加以记录、检索。爱沙尼亚政府以区块链技术为依托,开发和完善了从"数字化医保"到"电子税务",从教育认证到不动产记录等一系列的社会化应用体系。爱沙尼亚前总统、达沃斯世界经济论坛区块链理事会副主席托马斯·亨德里克·伊尔韦斯认为,爱沙尼亚已经是一个区块

链国家,将近95%的爱沙尼亚纳税人都可以在线提交纳税申报,而且不需要会计师的帮助,从而减少了征管成本和纳税人的时间成本。

（二）人工智能在税收治理中的应用

在机器人流程自动化、机器学习与认知计算等新一轮技术升级的背景下,一些国家强化税收流程自动化应用,降低税收征管成本。例如,芬兰税务局引入机器人自动化程序技术,能够识别100多个处理流程,用于税务审计,帮助审计人员收集数据、检查数据质量,从而降低成本、提高效率。新加坡国内收入局通过使用入站电子邮件的文本挖掘技术,持续对纳税人通过电子邮件查询问题的热点进行跟进并对结构性数据开展分析,改善纳税服务。

（三）使用先进分析技术

先进分析技术最初是税务机关用来稽查选案的工具。目前,许多国家的税务部门正逐步运用数字化技术进行大数据分析,并使用大数据分析结果,来构建早期风险预警系统和极限建模稽查选案模型,在实施稽查和追缴欠税方面取得了新的突破。美国国内收入局(IRS)通过分析海量数据,应用数学模型识别高收入人群纳税不遵从的案例。加拿大税务局实施综合风险评估体系,将风险算法应用于数据,评估企业风险等级,以便将稽查审计资源集中用于高风险案件,同时降低低风险企业的遵从负担。瑞典税务局采用数据挖掘技术,建立欠税风险模型,帮助该国降低税款流失率,目前税款流失仅占欠税总额的0.22%。

四、充分利用第三方数据

（一）整合税务信息系统

芬兰税务局自2013年起对税务信息系统进行改造升级,采用美国软件巨头（Fast Enterprises，LLC）的通用信息系统（GenTax），把原有的 70 多个信息技术应用程序整合在一起。并将所有数据和涉税流程纳入一个应用程序，简化了工作流程，提高了工作效率，纳税人还可以在线管理涉税数据，享受更好的在线服务。

（二）融合第三方应用程序

税务部门把纳税服务融合到纳税人经营系统或者其他经常使用的应用软件，如财务和会计软件、银行服务和支付系统、中介和第三方应用等。澳大利亚税务局通过数字技术将纳税服务融入企业的工薪软件，在企业工薪软件中推出一键式工资信息服务，要求企业在发放工资薪金时自动上传员工的工资薪金、代扣税款和退休金等数据信息。芬兰税务局与第三方供应商探讨支持嵌入式软件，把纳税服务融合到一些商业平台，一旦发生应税行为，同时完成征收税款。英国皇家税务与海关总署公开应用编程接口（API），使代理人和商业软件能够对接税务局，方便了第三方软件的开发应用。

（三）扩展移动应用程序

随着 5G 时代的到来，移动终端应用越来越快捷、便利，允许纳税人使用移动终端进行申报、缴纳和咨询，已成为越来越多国家税收信息化的主攻方向之一。韩国国税厅使用安卓和 iOS 系统移动服务，使得纳税人可以通过移动终端办理涉税事宜，如企业主可以使用智能手机在线提交预先填制的申报表，企业主还可以查看开出的数字税务发票的详细信息以及商业伙伴的信息，个人可以使用移动应用程序年终汇算清缴进行费用扣除等。瑞典税务局与出租行业协会合作，于 2017 年 5 月推出针对出租车行业的计价器强制传输系统，税务机关可以利用这些标准化和数字化的信息，提高出租车行业的税收遵从度。俄罗斯联邦税务局自 2017 年 2 月开始，强制销售点使用网络收银机，销售数据即时传输至联邦税务局的数据处理中心，网络收银机生成的每张收据上必须有一个可扫描的二维码,顾客可以将其与税务机关保存的信息比对,验证交易真伪。俄罗斯联邦税务局还推行电子发票系统,每季度处理的电子发票超过 10 亿张。

在第三方数据使用方面,目前越来越多的税务机关利用第三方数据,简化个人所得税申报流程,推行预填单制度。丹麦税务局是较早推行该制度的国家之一,可以通过其电子税务系统获取雇主、银行、工会、退休金发放机构、社会保障机构等提供的纳税人信息,在此基础上实现全自动的申报表填写和评估。每年 3 月中旬,丹麦税务局会把预填评估报表发送到每位纳税人的数字税务账户。纳税人核对表中信息后,如果认为正确无误,照此申报纳税、办理退税等;如果认为有误,可在最后期限之前,将个人认为需要修改的信息向税务局报告,经税务局确认后,纳税人将收到一份更新后的预填报评估表。在《税收征管 2017:OECD 与其他发达及新兴经济体可比信息》问卷调查的 55 个国家中,有 37 个国家实行了这一制度,大大提高了个人所得税的遵从率,降低了征管成本。

五、积极推行适应数字技术的组织变革

从 20 世纪 90 年代初开始,许多国家的税务部门逐步从税种管理向职能管理的组织模式转型。之后的数十年里,一些国家曾采用基于纳税人类别的组织模式,更多的则是采用混合管理模式。数字技术的兴起,以先进的技术和大数据作为支撑,以客户为导向的组织模式再次受到欢迎,并逐渐成为一种趋势。例如,经济合作与发展组织(OECD)成员国普遍通过"互联网+大数据",实现机构组织扁平化、沟通有效化、流程简约化、数据处理集中化,使得数字技术能够充分发挥其优势。此外,许多国家的税务部门还注重提升税务人员的数字技术能力,招录或培养数据科学家、首席分析官、系统分析师等。例如,加拿大税务局制定了《税务系统工作队伍规划》,将有情报学、数据分析、先进技术背景的人员确定为高价值人力资源。新加坡国内收入局把数字化作为四个

核心领域之一,打造专业化的工作队伍。爱尔兰税务局于 2015 年成立一个高级管理小组——税收分析小组,以确定整个税务系统所有先进分析技术方案的优先等级并监督这些方案。小组成员由业务、分析和 IT 职能部门的代表组成,直接受税务局长领导。

第五节　提升税收治理能力的基本路径

我国税收治理体系源于国家制度体系,提升税收治理体系与治理能力同样需要发挥我国的制度优势。顺应数字化发展,我国正在税收领域积极推进以大数据技术为支撑的智慧税收治理体系建设,一方面为市场经济主体构建良好的营商环境、经济生态,另一方面为公共治理提供精准有效的指引、实现国家价值。构建智慧税收治理体系,要立足税收在新时代国家治理当中的基本定位,以税收大数据技术为依托,推动税收法治、制度、征管、服务等与国家治理体系相互匹配、相互融合、相互促进,其基本路径是突出核心价值、优化税权体制、形成制度合力、增强数据驱动,全面提升税收治理能力。

"智慧"渗透体现在诸多方面,包括税收法治体系能够在吸取涉税各方智慧基础上实现动态优化,税收政策体系能够围绕国家权益和国家治理的进步不断完善,税收征管、信息、服务体系能够在共建共享共治基础上前瞻性预判并防控风险,税收组织体系能够集约高效地满足税收现代化需要等。

一、强化税收治理价值观的统领

习近平新时代中国特色社会主义思想指导下的我国社会主义核心价值观以及创新、协调、绿色、开放、共享的新发展理念等,共同构成了新时代税收治理应该遵循的基本行动指针,经济、社会、税收等数字化发展为增强税收治理价值观奠定了物质技术基础。应依托税收大数据技术支撑,贯彻"以人民为中心"的发展思想,综合运用"税收政策+大数据技术"精准服务经济社会发展并持续改善民生;贯彻高质量发展理念,综合运用"放管服政策+大数据技术"精细优化营商环境,释放各类市场主体活力,推动经济发展由高增长型向高质量型转换;贯彻公平公正理念,综合运用"税收收入分配政策+大数据技术",科学优化税制设计,以税负公平促进社会公平;贯彻全球治理观念,综合运用"国际税收政策+大数据技术",有效增强税制的国际协调性与竞争力,服务"一带一路"发展和国内国际"双循环"。

在依法治国方略指引下,贯彻落实税收法定原则,持续强化依法治税。在数字化时代,要借助税收大数据技术精准测度平衡,将税收法治观渗透贯彻到税收治理活动的各领域、各环节中。构建以民主法治文明为灵魂的现代税法体系、税制体系,在行业之间、区域之间实现税收公平公正,增强税法的确定性、税制的公平性、政策的导向性;通过税收诚信与共享体系法治化建设,提高税收遵从度、降低流失率;依法通过"相机抉择"的税收政策引导优化经济结构,引导推动创新发展,调节收入分配,改善民生,保障国家安全和社会公共服务事业发展,促进全面、协调、可持续发展。

应积极推进税收治理价值观"入宪"。宪法是迄今为止人类法治文明的最高成就和结晶,民主法治、公平正义、权力监督等价值理念都渗透在宪法之中。在现代国家治理中,税收治理具有基础性、先导性作用,体现并决定政府与公民、立法与行政、中央与地方等关系,必须接受宪法的统领和制约。税收价值观,应通过宪法确立,作为公民的共同遵循和对税收法治的总指导,为财税等各个领域法治建设设定基本的核心价值目标,运用税收大数据技术精准监控各层级、各领域的税收法治活动,传导、辐射、渗透到各个领域的法治实践中,为国家税收法治体系建设提供根本的价值源泉与基本遵循。

二、优化数字经济时代的税权配置

税权划分是税收治理的核心问题,要以法律精神为指引,科学设定税权、提升税收治理能力。我国宪法明确规定:"中华人民共和国公民有依照法律纳税的义务。"一切税收治理活动的最终目标都指向依法纳税。从法理上推演,这也为税收治理活动法定、法治奠定了基础。在全面依法治国战略指引下,党的十八届三中全会提出落实税收法定原则,就是要依宪立法、依法征税、依法纳税。要用法律精神指导税收法治,构建税收法律框架,提升税收立法层次,加快税收法律修订,做到税收立法科学合理、税收执法严格规范、税收司法公正客观,真正实现税种科学、结构优化、法律健全、规范公平、征管高效等目标,逐步形成依法征税、纳税、协税等良性互促的税收治理秩序。

构建均衡的税权管理体制,实现事权、财权、税权相匹配。我国是单一制大国,中央在国家治理中具有主导性、决定性、调控性作用。在税收分配上,应运用税收大数据技术精准测度、规划、调整税费收支规模与结构,优先保障国家安全发展等方面的需要。为了避免税收征管层面的"厚此薄彼",各税种的收入分配均应实行"共享"。一是完善以预算法为主体的财政法律体系,并与相关税收法律体系匹配衔接,以法律形式确立各级政府间的事、权、责、利等具体内容与边界,并基于税收大数据综合分析研判,动态优化方案,调动各方积极性。当前要特别注意做好"重心下移"的财税制度安排,发挥好基层治理作用,提升基层治理能力。二是科学合理地界定各级政府的财政事权、支出责任。根据事权确定财权,根据财权确定税权,根据税权确定税收政策与程序。三是科学合理地确定税收收入在各级政府的分配规则,建立健全以税收大数据分析研判机制,形成以共享税为主、专享税为辅的收入划分体系,确保各级政府的事权具有充足的税收保障。四是为平衡央地税权、调动地方政府的积极性,应依法积极稳妥地推进地方税制和税法体系建设。

构建均衡的税收权力配置体系,理顺税收征收、支出、分配关系。从法治角度看,重点要健全和完善以税收基本法、各税种法律、税收征管法为主体的现代税收法律体系,运用税收大数据技术和模型构建,量化分析并厘清法律体系的内在逻辑、边界与联系。税收立法是国家立法部门的职能,其权限应依据宪法和立法法在各个层级科学配置;税收执法与税收管理是税务部门的职能,其权限同样应依法在各级税务机关进行配置,税务机关贯彻法律精神,同时反馈执法效应,有利于持续优化税法体系;国家其他相关部门和组织应依法履行协助税收执法的义务;税收司法是国家司法机关的职能,应结合司法体系现状合理配置税收司法权力,强化权力运行监督。

深化税收管理体制改革,理顺税收基本权利义务关系。应针对税收管理中的"痛堵难"问题,依托税收大数据技术模拟测算、动态优化其运行机制和权利义务。纳税人的基本义务是依法进行税款的自我评定并申报,同时有权申请税务机关的纳税服务支持;税务机关的基本职责是依法评定、调查、处理纳税人的涉税事项,同时基于纳税人的需求提供必要的纳税服务;其他涉税各方的基本权利义务则是依法履行或协助办理涉税事项。借助税收大数据技术逐步实现涉税各方的遵法守法、依法自治。

三、构建数字经济时代的税收制度与政策体系

运用税收大数据技术,科学测算、比对、探索兼顾理论最优与现实最需的"最优税制"。从效率角度看,短期内实施差异化税收优惠政策有助于推动数字经济高质量发展。一方面,要坚持立足现实,运用税收大数据技术寻找、分析、破解经济社会发展中的不平衡不充分难题,在遵循国际经济与贸易合作规则的基础上,充分发挥税收政策的引导、支持、促进作用,着力促进包括"数据"在内的生产要素优化配置,促进创新发展、技术进步,调节收入分配差距,提升税制国际竞争力,实现全面协调可持续的高质量发展。另一方面,坚持理论引领,运用税收大数据技术量化分析税制结构与经济社会发展的关系和效应,在复合税制架构下完善税收法律制度框架,加快所得税类和货物劳务税类制度改革,推进资源税类和财产行为税类改革,逐步提高直接税比重,加快健全地方税体系,持续优化税制结构。

以税收大数据技术为依托,与科技、工信、发改、社保等相关部门协同,模

拟推演、科学确立税制改革与政策优化路径。一要加强税制体系的顶层设计,在促进和维护国内国际市场统一性的前提下,通过适时适度的税费优惠及其他配套政策,构建普惠性创新支持政策体系,促进战略性新兴产业、创新型中小企业数字化发展,推动跨领域跨行业协同创新,有效推动创新发展战略实施,打造创新型社会。二要提高税制的确定性、公平性,运用税收大数据技术研判优势劣势,全面加强国际税收信息和服务体系建设,营造良好的营商环境,吸引全球优质要素向我国流动,同时引导国内生产要素实现合理重组与优化配置,服务"一带一路"、自由贸易区发展,实现国家权益和"走出去"企业利益最大化。三要在保证财政来源稳定的前提下,运用税收大数据技术设定政策目标,通过税制要素设置、税收政策调整,引导投资、消费与收入分配,加大个人所得税等直接税改革力度,通过"提低、扩中、调高"等手段有效调节收入分配,抑制两极分化扩大化。四要进一步深化资源税、环保税、消费税等税种改革,运用税收大数据技术找准薄弱环节,优化制度设计,进一步促进资源、环境与生态集约利用和保护。

以税收大数据技术为依托,在量化分析、科学研判基础上深化直接税改革,推动公民深度参与国家治理。积极稳妥推进企业所得税、个人所得税、房地产税等税制改革,逐步提高直接税占比,逐步提高自然人特别是高收入群体的税负、降低实体行业特别是高科技制造业的税负;持续优化直接税与间接税结构、法人与自然人税负结构以及行业税负结构,使原来间接、隐蔽、累退的税制逐步向更加直接、透明、累进的税制转型,使公民更多地关注税收支出、政府决策、公共服务、社会治理、国家发展,使政府更加积极地行使公共权力,提高行政效能,保护公民权利,促进社会公平。

四、增强数字经济时代的税收数据治理技术引擎

在数字经济时代,以智能物联网为支撑、以税收大数据应用为引擎、以税收法律为保障的税收治理成为必由之路。必须通过创新开放共享,运用大数

据,促进税收机关依法征税,纳税人守法纳税,相关各方遵法协税,不断提高征收率和征管质量、降低税收流失率和税收成本,促进实现财政、经济、社会发展质量不断改善。

以税收大数据技术推动政府与市场治理深刻变革。一是推动治理结构深刻变革。"税收数据法治"正在推动传统的税收治理发生变革,涉税各方均通过"税务云"进行联系,逐步形成以"税务云"为联结枢纽的税务机关、纳税人、其他涉税方平等、合作、共享、共赢的多主体新型治理结构,逐步改造并实现"去中心化"。二是推动治理模式深刻变革。由于税收法治的威慑与风险机制倒逼,涉税各方在"税务云"的支撑下,由原始的"博弈型"向现代的"合作型"转变,从而真正实现涉税关系的法治理想与现实平等,征纳关系由单纯追求纳税人满意度向追求税法合规度转变,公平与效率得到同步提升,智慧型税收生态不断改善。三是推动税收资源利用方式深刻变革。按照税收"智慧型"治理模式,基于"税务云",可以打破时空限制,统一整合、调配、运用全国乃至全球税收人力资源、数据资源、设备资源,实现有限资源的集约化、最大化利用,大幅度提升现有资源的利用率。

以税收大数据技术推动税收规制和智慧治理。探索运用虚拟理念、思维、技术实现虚拟技术规制,对现行体制机制中阻碍税收现代化的一切因素进行技术推动型改革,利用网络信息技术推动制度创新。一是通过虚拟一体化提升征管与信息资源利用效能。既要加强顶层设计,以独立、统一的算法运用税收大数据,使涉税各方能够依法安全共享;又要运用全国大数据集中解决突出问题,使税收征管风险与漏洞得到有效控制。二是通过虚拟扁平化提升现有组织体系综合效能。通过对税务组织体系的虚拟"扁平化"处理,实现由多层级向扁平化转变,大幅度提升工作质效。运用虚拟化网络信息技术改进绩效管理,优化考评机制,强化行政执法权和行政管理权监督,深化内控机制建设,有效监管自由裁量权,有效遏制违法违纪行为的发生。三是通过虚拟主体化实现税收法治的公平公正。要通过虚拟技术实现税收法律"主体化",淡化税务机关、税务人员"权"和"人"的意识,使税法体系、税制体系真正成为涉税各方共同严格遵守的税收秩序,一切都围绕法律展开,依法办事,唯法必遵。

以税收数据法治实现涉税各方数据化治理,让市场有序自治成为可能。一是税务机关依据税收制度体系,实现由查漏补缺向实时精准打击发展,由"人盯户"向系统性"风险防控"转化。"智慧治理"型风险管理是基于"税务云"的顶层设计、系统推进,用信息技术来解放人力,对不同风险等级的纳税人采取差异化、前瞻性的应对措施。二是纳税人基于"税务云"全方位、低成本、低风险、高效率的服务平台,依法纳税,自我识别、应对、防范"税务风险"。三是其他相关方自治。金融、海关、市场监管、公安、支付平台等其他涉税方都基于税收法定义务,提供涉税方信息,协同促进纳税人自觉遵从税法。同时,协同推进与税收秩序相关的国有资产资源收益、政府债务、国家预算、社会保障等秩序优化,真正形成推动实现国家治理现代化的合力。

在基层税收治理活动中,要充分发挥数据技术的驱动力,整合现有分散的信息系统,完善大数据的生产使用和管理机制,探索人工智能应用,研发智能咨询、智能办税、智能风控、智能稽查系统,推动税收治理智能化升级。要优化完善电子税务局功能,建设移动端电子税务局和自然人电子税务局,拓展功能,优化体验,扩大全程网上办税事项,实现全功能社保缴费;加强税收大数据资源库建设,规范数据标准,构建社保费信息交换共享平台和非税收入信息互联互通系统,推动数据集中管理,提升数据质量;整合各业务部门风险防控需求,全面推进风险特征库建设,加快实施税收数据平台优化整合,将税收发票数据与企业用工、用电、资金、物流等数据相关联,探索大数据算法在风险管理中的运用,推进监督平台建设,完善信息共享、风险共防、结果共用、问题共治的工作机制。

第二章 税收征管数字化转型的数据增值能力

第一节 数据及数据治税

数据正成为新时代国家治理现代化的关键性要素,数据治理能力是衡量国家治理能力现代化的重要标志,在复杂数据中充分挖掘数据资源的价值是数据治理的首要目标。习近平总书记提出:"要运用大数据提升国家治理现代化水平"[1]。党的十九届四中全会首次将数据增列为生产要素。顶层设计将数据作为新型生产要素来定位,意味着数据已成为重要的国家战略资源,是继土地、劳动力、资本之后全球经济竞争的新赛道。2022 年 3 月,《中共中央国务院关于构建更加完善的要素市场化配置体制机制的意见》的出台,对标了国家战略要求,旨在破除数据价值挖潜的体制机制障碍,凝聚各方协同发掘数据价值。党的十九届五中全会进一步提出建立数据资源产权、交易流通、跨境传输和安全保护的制度规范,为数据资源开发利用"保驾护航"。我国的税收征管数字化转型将迈入"迭代升级"的全新阶段,中办、国办印发的《关于进一步深化税收征管改革的意见》(以下简称《意见》)提出要深挖税收大数据

---

① 《习近平:实施国家大数据战略 加快建设数字中国》,2017 年 12 月 9 日,见 http://www.xinhuanet.com/politics/leaders/2017-12/09/c_1122084706.htm。

这座"金山银矿",强化税收大数据在经济运行研判和社会管理等领域的深层次应用。2022年《"十四五"数字经济发展规划》(以下简称《规划》)将数据要素价值的发掘和利用作为重点任务予以部署,提出要强化高质量数据要素供给,创新数据要素开发利用机制。

税收数据作为数据资源的重要组成部分,是提升税收治理能力的基础性要素,税收数据治理与税收治理现代化直接相关。因此,税务部门在数据治税的实践与应用方面进行了一系列的探索。在数据大集中时代,"一个平台、两级处理、三个覆盖、四个系统"的顶层设计架构为税务系统内统一执法、扁平管理和科学决策奠定了基础。根据信息化发展的"诺兰模型"(Nolan,1973),大集中与大数据并不对立,而是信息化发展的两个阶段。金税三期工程是基于数据大集中(系统内集成)而设计的,中心任务是结束数据分散,实现系统整合。信息化建设进入大数据阶段(全社会集成),大数据治税的要求体现在跨部门、跨系统的信息互联互通、数据驱动、高效便捷与科学预测决策等方面。在此背景下,构建我国"互联网+税收大数据"应用机制,在重塑"互联网+"税收征管模式核心理念的基础上,构建了一个最适税收征管模式的理论分析框架。在税收管理实践中,创新科技的赋能效用愈发显著。基于跨部门涉税数据,将机器学习法应用于税收风险识别,建立了一套以机选系统为核心的高效纳税评估机制。大数据应用价值的最大化,在于以大数据、云计算等信息技术为依托,构建数据智能化的税收征管模式。

数据的价值不在于其本身,而在于"使用"。所谓"使用",是对海量数据的整合、计算、分析、开放,掌握新信息、获得新知识、创造新价值。这也是大数据价值的源泉。而数据创造的真正价值在于能否提供稀缺的增值服务,这种增值服务就是数据分析与挖掘(Cohen等,2009)。因此,大数据治税的关键在于挖掘数据的潜在价值。然而一直以来,"信息孤岛"、信息壁垒等问题时常导致大数据价值无法得到充分体现,税务部门涉税数据分析与挖掘能力亟待提升,且新技术、新业态、新模式所造就的复杂数据环境又加剧了数据价值的

"深藏闺中"。应当明确的是,大数据也不仅仅是数据本身,还包含数据中所运用的信息技术与大数据思维。故大数据治税的核心价值在于将"互联网+税务"理念与信息技术镶嵌于税收治理中,通过海量涉税数据的采集、存储和关联分析,获得新信息和新能力。

对数据价值以及大数据治税进行的积极研究探索,为本书分析提供了坚实的基础。数据价值的开发利用是税收征管数字化治理与转型的前提,但什么是数据价值,数据增值又"增加"了哪些价值? 从现有文献看,多数文献集中于大数据在税收管理中的应用研究,有关税收大数据价值"使用"的系统性、理论性研究相对不足,以数据增值为研究视域的文献较少,缺乏一个能支撑全局、聚焦税收数据增值的理论分析框架。虽然部分文献对税收大数据价值的"使用"有所涉及,但逻辑基础、框架设计以及各层级建设目标多基于数据大集中时代的理念,与大数据时代税收信息化建设的"数据驱动、互联互通、高效便捷、科学预测决策"要求仍有差距。有鉴于此,从数据开发利用的"过程量"视角定义了数据价值,从数据开发利用的"结果量"视角定义了数据增值,并厘清了数据开发利用过程中对规律的认知维度、数据价值各阶段特征以及相互的逻辑关系,提出了税收数据增值的系统逻辑框架下,并以该框架从数据生成、机制创新、智慧治理三个角度分析了税收征管数字化转型的逻辑,试图破解现有大数据价值"深藏闺中"的普遍问题。

第二节　数据价值功能及增值逻辑

一、数据增值的内涵

数据的价值是数据对人和社会在经济上的意义,应从数据、信息、知识和智慧的演变和贡献上予以理解。根据 DIKW 模型,可以很好地帮助我们理解数据(Data)、信息(Information)、知识(Knowledge)、智慧(Wisdom)之间的关系。数据、信息、知识、智慧的关系可表示成一个金字塔,底层是未加工处理的海量数据,是对事实的记录,是最原始的"材料",没有回答特定问题,缺乏意义;上一层是经过对原始数据清洗、过滤、标准化后的信息,具有了对事实的意义;再上一层是经过对信息聚类、分类、模式识别后产生的知识,是对事实的剖析;最上层是人类的智慧。本书认为数据价值包含初始价值、基础价值、核心价值和终极价值四个阶段,每个阶段分别代表对事物发展规律认知的"道、法、术、器"四个维度,具体如下:

(一)数据的初始价值——记录和描述事实

数据,顾名思义,"数"是计数,"据"是凭据,即数据是对客观事物性质、状态及相互关系进行记录和描述的结果,是承载于龟板、竹简、纸张、计算机等各类物理实体上人为创造的符号。"器"是指有形的物质,逻辑上与数据一脉相承,数据的初始价值是从"器"的层面对事物发展规律的记录和描述,是未经加工的资源。在此阶段,数据以碎片化和非结构化的形式予以呈现,没有直接的应用价值,仅具有潜在的经济价值。

(二)数据的基础价值——提炼信息和知识

"术"代表在认知事物规律过程中的工具方法。从"术"的层面而言,数据通过采集、预处理、分析挖掘等方式方法能够提炼出信息和知识,经过资本、劳动和技术等要素的投入,形成具有市场交易价值的产品或资产,这构成了数据的基础价值。数据的基础价值是数据作为生产要素所产生的客观价值,价值量取决于其他资源的投入规模,是数据资产价值的重要组成部分。就基础价值内涵而言,信息是对物理世界无序性和不确定性的度量,是知识的原材料。知识是在人类认知过程中不断积累、总结、验证的信息,是智慧的原材料。信息和知识囿于时代局限,对事物运行规律的揭示仅是基础性的,通常以独立的各个要素予以呈现,对于要素间的关联程度和要素重组后的效能认知不够深刻、全面。例如,数据、应用、技术、组织、人才都是数字化转型的基础性要素,但数字化转型成功不仅应考量要素的自身规律,也要在转型主体的战略目标统筹下,重点分析要素间的关联性和重构后的效能,因此需要对数据的基础价值予以进一步挖掘。

(三)数据的核心价值——驱动创新

"法"代表在认知事物规律过程中的规则。就"法"的层面而言,数据的核心价值在于对数据的基础价值深度挖掘后,将构成事物的诸多要素重新"增减"和"组合",创造出新的规则和秩序,即所谓的系统优化和机制创新。数据要素与经济活动深度融合,与各类生产要素高效连接,形成了多业态融合的经济价值网络,这是数据核心价值的具体表象。数据要素作为连接各方的纽带推动了资源的跨界整合,深刻改变了原先的生产方式、交易模式和组织结构,催生了新的经济业态,如数字经济、平台经济、共享经济等。这种新业态新模式颠覆了基于"线下"物理场所的传统经济的雇佣关系,劳动关系由原先的"企业—员工"雇佣模式逐渐转变为"平台—个人"的合作模式,构建出一个多市场主体参与、多生产要素投入以及多应用场景实现的生态系统。在该生态系统中,平台企业基于强大的算量、算力、算法,实时掌握市场中供需双方的行为偏好,价值创造方式与交易定价规则被重新定义。

(四)数据的终极价值——智慧治理

"天地以自然运,圣人以自然用。自然者,道也。"故老子有云"道法自然"。"道"是事物运行发展的规律,而智慧是对"道"的认知,是对事物发展变化中规律的总结,是将大量信息点构成的知识网进行系统性分析后,形成的一套解释当下现状和判断未来趋势的认知框架和思维体系,能够在空间维度上从局部推断整体,在时间维度上从现在推断未来,并经得起实践的检验。与数据价值的前几个阶段不同,数据的终极价值强调预判性和探索未来,以智能化的方式驱动决策,这为数字时代公共部门科学决策和精准施策奠定了基础。因此,数据终极价值的开发利用程度不仅将决定税收征管数字化在未来能否顺利"迭代升级",更影响税收治理现代化乃至国家治理现代化进程能否"行稳致远"。

综上可知,数据的价值不在于其本身,而在于将原始数据"开发利用",通过对海量数据的集成、挖掘和分析、应用、赋能,产生新信息,获得新知识,创造新制度新模式,最终形成对国家治理有前瞻性和指导意义的认知框架和思维体系,这一过程即为数据增值的过程。

二、税收数据增值的系统逻辑

税收数据治理的首要目标在于挖掘复杂数据背后蕴含的价值。本书以实现税收数据增值为导向,构建了系统性、理论性的税收数据增值的逻辑框架,主要包括大数据采集、大数据预处理、大数据存储与安全、大数据分析与挖掘、大数据应用五个层次(详见图2-1)。

(一)逻辑起点:大数据采集

大数据采集是税收数据增值的逻辑起点。数据采集能力如若滞后,将导致大数据治税成为"无源之水、无本之木"。税收数据生成机制决定了税收数据应用的效率,故大数据采集层建设应以"数据可知、数据可取、数据可联"为目标,保障数据初始端口的真实性、全面性、多元化,聚焦构建多渠道、多维度的数据采集体系,拓展税务系统内部数据与外部数据采集的渠道,为实现内外部数据的互联互通与分析比对奠定基础。其中,拓宽内部数据来源主要是将企业财务数据与自然人数据纳入采集范围;拓宽外部数据来源主要是获取其他政府部门数据、第三方数据以及国际情报交换的离岸税收数据,尤其是银行、证券交易所等金融机构的数据以及互联网数据。随着金税三期工程的完善与"互联网+税务"行动计划的深化,包含税务端数据、企业端数据、第三方

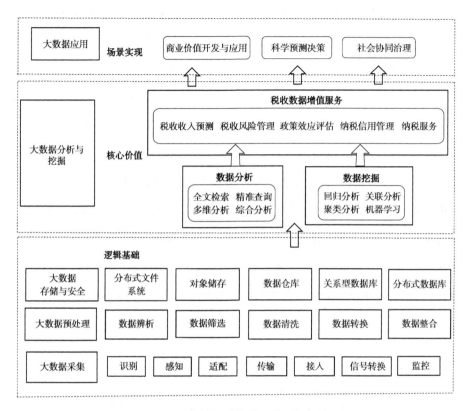

图2-1　税收数据增值的系统逻辑架构图

数据、互联网数据等采集体系初步构建,信息不对称与"信息孤岛"等问题总体改善,但涉税数据在全社会层面实现互联互通仍任重道远。此外,税务部门跨部门数据采集应有《税收征管法》作为法律支撑,应明确税务部门数据获取的权责划分,赋予其主动获取涉税数据的权力。更重要的是,要明晰其他政府部门、第三方机构的涉税信息报告义务、规则以及拒绝履行义务情况下的责任追究,给予税务部门涉税数据采集强有力的法律保障。这既是我国税收治理能力现代化的必然要求,也是发达国家大数据治税的经验与共识。

（二）必要前提:大数据预处理

大数据预处理是税收数据增值的必要前提。该层次建设以"数据可用、数据实用"为目标,以数据标准化为核心,对数据采集层上报的数据统一定义、统一口径、统一标准,将多种涉税数据加工整理,保障数据质量的"真实性、完整性、精准性",具体包含数据辨析、数据筛选、数据清洗、数据转换、数据整合多个环节,主要处理对象为发票信息、纳税评估、税务稽查等事务数据以及其他公共部门数据。大数据预处理水平的高低体现在对数据无序性、缺失性与重复性等典型数据资源的处理上,如若处理不当,极易侵蚀税收数据增值逻辑的基础架构,影响后续的大数据分析与挖掘效果。近年来,随着税务系统内各层级数据中心的加速完善,数据预处理能力显著提高,但现有数据预处理方法多针对结构化数据,针对非结构化与半结构化数据①特征的预处理方法仍有待加强。因此,未来大数据预处理层的建设应聚焦非结构化与半结构化数据的处理,有效解决数据属性值缺失、偏差大、不易被机器解读等问题。

(三)运行保障:大数据存储和安全

大数据存储和安全是税收数据增值的有力保障。其规划建设应匹配大数据分析与挖掘层对数据处理性能的要求,即应满足该层次多维度税收数据实时调用分析计算的业务需求,进而支持科学预测决策。囿于税收数据规模巨大、非结构化数据与半结构化数据激增的现实状况,单一的关系型数据库已不能满足上述要求。基于此,通过构建混合型分布式存储系统,既能对结构化数据、非结构化数据与半结构化数据混合存储,也能对数据库、文件系统等多种存储系统进行数据存储,并提供统一的数据操作接口。大数据存储与安全层建设的核心是搭建分布式数据存储架构,并逐步与人工智能技术相

---

① 结构化数据是指预先定义好数据模式的数据。典型的是关系型数据库中的二维表结构数据,即以行代表一个数据,列为数据的各个属性;非结构化数据是指不具有二维表结构的数据类型,例如图片、音频、视频等;半结构化数据是指自描述模式的数据,介于结构化数据与非结构化数据之间。

融合,实现对数据处理性能的自调优、自诊断、自运维。同时,也应尽快引入图数据库技术①,利用其对复杂关系网络处理的性能优势,助力税务部门的关联方交易分析等业务。目前,国家税务总局依托阿里云打造的智慧税务大数据平台已建设完成,通过运用分布式海量计算技术,实现了计算速度2000倍的提升,保障全国省级税务机关核心涉税数据的当日计算、存储、汇集。此外,大数据存储过程中时常面临因管理与技术漏洞产生的数据泄露风险,构建与数据存储能力相匹配的数据安全保障体系至关重要。就顶层设计而言,出台《大数据安全管理指南》等数据安全国家标准,可以让数据安全保障有制可守、有规可循,提升数据存储及其管理的标准化与规范化水平。就技术而言,需要对敏感数据进行加密存储,并打造涉密数据的监测、预警、控制和处置一体化的安全防护系统。

（四）核心价值:大数据分析与挖掘

1. 税收数据增值服务和大数据分析与挖掘的内在逻辑

大数据分析与挖掘层建设以形成税收数据增值服务为最终目标,数据分析与挖掘是达成该目标的技术性工具,技术性工具运用是否恰当,对税收数据增值服务的精准性与科学性起着决定性作用。其中,税收数据增值服务的核心内容是"评价纳税行为、监控执法过程、优化纳税服务、提供决策支持"。于数据挖掘而言,其本质是一种知识发现的过程。数据挖掘基于统计学、数据仓库、机器学习、人工智能等多项理论与技术,将数据应用从简单的数据查询提升至归纳推理数据中人们尚未认知的信息和趋势,进而分析预测未来情况,辅助决策者评估风险与科学决策。新冠疫情期间,税务部门通过分析增值税发票等税收数据,对企业复工复产状况予以关联分析与深度挖掘,为党中央、国务院统筹推进疫情防控和经济社会发展提供了重要参考,就是一个典型例证。

---

① 图数据库是利用图结构进行语义查询的数据库。该数据库技术根据边的标签,对复杂结构甚至任意结构的数据集予以建模,广泛应用于社会网络分析、反洗钱审计、税务稽查等领域。

实际上,税收数据增值服务的生成如同产品的生产过程,以全文检索、精准查询、多维分析、综合分析为代表的生产方式(数据分析)在高质量税收数据增值产品的供给上稍显乏力,急需以回归分析、关联分析、聚类分析、机器学习为代表的生产方式(数据挖掘)的优化升级。当然,深化数据挖掘并不是忽视数据分析,两者应协同匹配,共同发挥合力,从而提升税收数据增值服务的质量。

2. 大数据分析与挖掘的"承上启下"支柱作用

大数据分析与挖掘是税收数据增值系统逻辑的核心价值,发挥着"承上启下"的支柱作用。就整个逻辑架构而言,无论是由大数据采集、大数据预处理、大数据存储与安全所构成的逻辑基础,还是由大数据应用所构成的场景实现,只有通过大数据分析与挖掘的支撑,整个系统方能运行通畅。若将税收数据增值的逻辑架构视为产品的生产流通过程,大数据采集、大数据预处理、大数据存储与安全则分别代表不同层级的原材料,通过对原材料的逐层"优化提纯",才能保障大数据分析与挖掘层次生产要素的高质供给。税收数据增值服务代表产品,数据分析与数据挖掘代表生产方式,通过差异化生产方式对生产要素的加工升级,生成多维度功能的增值产品,进而满足企业部门、税务部门以及其他公共部门的业务需求。大数据应用代表着增值产品投入市场后的流通方向,应用于企业或个人将降低交易双方因信息不对称产生的风险,是增值产品商业价值开发与应用的体现,应用于税务部门则助力政策决策的科学性与前瞻性,应用于其他公共部门则有利于推进社会协同治理,通过税收数据增值产品为各部门的市场行为与政策决策提供智力支持。

(五)场景实现:大数据应用

大数据应用是税收数据增值的成果展示层,是新时代税收职能的场景应用。新时代税收工作既要完善财政资金筹集、宏观经济调控、收入分配等经济职能,更要履行新时代赋予的社会治理职能,上述职能在税收数据增值的顶层架构中得以实现,主要体现为商业价值开发与应用、科学预测决策、社会协同治理。其中,大数据商业价值开发与应用是一个混合性公共产品补偿问题。从税务端而言,税务部门将一部分税收数据增值服务对市场主体开放共享,通过收取一定的费用以补偿数据采集、预处理、存储、分析与挖掘过程中的成本,促进数据资源可持续供给。从企业端而言,企业通过购买税收数据增值服务,不仅可与用户需求精准匹配,明晰产品导向,切实把"数据"作为新型生产要素去推进企业产品与服务的价值创造,而且还可以有效规避交易风险①。因此,税收数据增值服务的开放与共享会产生一个企业、个人、税务部门多方受益的生态系统,企业将数据要素投入生产则可创造就业岗位、增加收益、规避风险,个人能够获得个性化更强、品质更高的产品与服务,税务部门除了在初始阶段能够获得一定补偿,还通过税收数据协助企业取得业务增长和效益提升,进而涵养税源。当然,税收数据增值服务的市场化配置边界也不应忽视。科学预测与科学决策包含两个维度:一是使税收政策效应最大化,通过税收数据增值服务预先判断经济趋势,为宏观经济逆周期调节、税收收入预测等领域提供决策支撑。二是税收政策与财政金融等宏观政策深度融合、有效衔接,发挥"政策组合拳"的协同效应。相较于传统管理型社会中的碎片化治理,社会协同治理是基于各个公共部门数据交换共享后所形成的信息资源网络,通过组织机构的联结互通与行政流程的协同配合,打造一体化的公共服务平台。新冠疫情防控期间,税务部门联合银保监会推出"税银互动"即为协同治理的一次初步尝试,将企业纳税信用转化为融资信用,为小微企业融资难融资贵纾困解难。

---

①　以纳税信用评估这项增值服务为例,税务部门通过向 A 企业或个人出售 B 企业或个人(以下简称"A、B")的纳税信用"全画像",协助 A 掌握 B 的信用状况,为 A 是否与 B 产生交易、投资和融资等关系提供数据支撑,进而降低 A 的交易风险。B 为了更有利于与合作伙伴进行经济活动,将主动提升纳税遵从度,从而形成对 B 的外部规制。

综上可知,随着近年来税务部门"数据治税"建设的推广和深入,税收大数据采集与预处理能力显著提升,大数据应用前景广阔,但底层架构(大数据采集与预处理)的初步实现并不能掩盖大数据分析与挖掘相对不足的"短板",且大数据应用的场景实现多基于数据挖掘后的新信息、新知识、新价值,数据挖掘能力的不足造成大数据应用层的"先天劣势",抑制了数据增值服务的深度。因此,如何在巩固底层架构的前提下,聚焦深化大数据分析与挖掘能力,进而形成以大数据分析与挖掘为支撑的现代化决策机制,既是实现税收数据增值的当务之急,更是实现税收治理能力现代化的核心命题。

第三节　基于数据增值的税收征管数字化转型逻辑

数据增值的过程即为数据价值发掘的过程,随着对经济社会规律认知的"由浅至深",数据各阶段价值以及价值的增量也"由小到大",并深远影响信息化、数字化、智慧化时代的系统建设,这种影响也体现在征管数字化转型上。数字化转型上承信息化,在信息化时代税务系统内部数据集成的已有基础上,强化数据的全社会集成,区分涉税主干数据和关联数据并建立规范标准;数字化转型聚焦自身建设,通过挖掘数据的应用价值,将数据、技术、应用、人才等这些征管数字化转型的基础性要素重新组合,之后从业务、技术、组织三个层面创造性地解决现行征管的制度性问题,实现业务流程、制度规范、数字技术、数据要素、岗责体系的一体化融合升级;数字化转型下启智慧化,依托于业务、组织、技术的变革基础,着眼于数据终极价值——智慧的认知框架和思维体系,探寻一条能够"见微知著"的以税收预判经济运行的路径,并赋能于税收治理,具体如表2-1所示。

表 2-1　基于数据增值的税收征管数字化转型逻辑关系表

数据增值阶段	价值属性	税收征管数字化转型逻辑	建设目标
数据集成	基础价值	税收数据生成机制构建	数据可知、数据可取、数据可联、数据可用
数据挖掘与分析	核心价值	税收征管机制创新	技术功能、制度效能、组织机能的一体化深度融合
数据赋能	终极价值	智慧治理	更好地发挥税收在国家治理中的作用

一、数据集成阶段的税收数据生成能力建设

（一）数据标准规范是发掘新信息新知识的前提

税收征管数字化转型首要解决的是数据标准的建立,建立数据标准是进行广泛数据分享和实现系统间交互操作的前提条件,通过标准化的制度规范不仅能够极大减轻后续数据处理的难度,也有助于充分发挥大数据、云计算、人工智能等数字技术的价值。因此,涉税数据应统一标准,非涉税数据也应给出多种可参考的规范,以便数据采集后格式转换和机器可读。当前,囿于涉税数据标准尚不完备、未成体系,跨地区跨部门数据质量存在高低差异,全国范围内数据质量问题一直未统筹解决,现行数据标准建设极大地抑制了税收征管数字化工作的推进。因此,即使如腾讯、阿里这样的科技巨头,虽能通过平台获得海量数据,但囿于政府数据开放共享有限且缺乏数据规范标准,尚未创建一个标准统一、跨平台分享的数据友好型生态系统。依据国际经验,监管机构在数据规范制定方面应更加有为。比如,美国证券交易委员会在 2009 年出台规定,要求所有上市公司使用可扩展商业报告语言格式(XBRL)发布财报,确保所有公开数据的机器可读性;2012 年纽约市颁布了《开放数据法案》,要求政府部门使用机器可读取的数据并建立应用程序编程接口(API),以方便软件研发人员直接连接政府系统并获取数据。

（二）数据生成能力决定了数据应用的效率

数据基本价值的广度决定数据终极价值的深度。因此，保障数据初始端口的真实性、全面性、多元化，打通税务系统内部数据与第三方外部数据采集渠道尤为重要。其中，拓宽内部数据来源主要是将企业财务数据与自然人数据纳入采集范围。国家税务总局大数据云平台已集成大部分征管明细类和一部分行政管理类数据，并实现跨系统数据的关联使用，在此基础上建成了全国法人纳税人全息数据库和自然人税收综合信息库。拓宽外部数据来源主要是第三方涉税数据。通过第三方数据采集项目、购买天眼查数据等方式加大社会渠道的信息集成度。国家税务总局已制定并发布加强和规范税务系统与外部门信息共享的系列文件，并已建成总局、省局两级部署的外部信息交换系统，与国家海关总署、中国人民银行等部门签订数据共享协议，开展常态化数据交换，获取的政府部门数据资源用于支撑前台业务办理、风险比对分析、数据分析决策等工作。随着金税四期工程的推进，包含税务端数据、企业端数据、第三方数据、互联网数据的数据采集体系初步构建，信息不对称与"信息孤岛"等问题总体改善，但涉税数据实现全社会互联互通仍任重道远。

二、数据应用阶段的征管机制创新

（一）业务变革：业务流程的融合升级

多数文献普遍认为数字化转型是技术变革驱动业务变革，但技术革新并不是数字化转型的核心，业务变革才是，技术变革和组织变革最终通过数据的形式服务于业务，即所谓的"数据赋能业务"。基于纳税人、税务人、决策人不同用户端的差异化需求，充分深入到业务场景中，从全流程全场景的用户体验角度来设计业务的流转，以提升纳税人满意度和体验感。以"数据+规则"为核心理念，从具体的执法、服务、监管的业务场景出发，重构业务的流程，将业务的对象、规则和过程等都进行数字化,打破原来孤立的功能型的应用模式,彻底解决先前业务流程间阻隔、功能断点、效率低下等问题,寓执法、监管于服务之中,推动三者的一体化融合升级。同时,建立一个实时反馈系统,做到业务即数据,然后应用先进算力+算法,挖掘数据价值,不仅是通过事后统计报告发挥数据的基本价值,更应有预测、分析过程中干预和事后的回溯,更加开发利用基于全场景的数据应用价值,提升执法、服务、监管业务的最大运行效率。本部分以纳税服务变革和税收监管为例予以展示,具体如下。

在金税三期工程信息化系统建设中,税务咨询尚不具备线下无缝对接的功能,需要纳税人自己找到人工渠道。问办分离导致咨询服务解决纳税人办税缴费实际问题的能力不足,需求归集、分析、响应的智能化、自动化程度不高,"四个有人管"的全闭环管理机制尚未有效形成。因此,应围绕服务纳税人办税全流程,打造数字化、一体化的税费服务平台,向"数字化、智能化、场景化"的办税方式转变。

1. 基于数据驱动的智能申报,电子税务局"一网通办"

现行数据归集机制下,实时全面了解一个企业所有的税费信息,特别是跨区域、跨层级、跨国经营的企业集团数据,需通过半手工方式重新归集,人力成本和时间成本较高。通过法人税费信息"一户式"集成和纳税申报事项的"事项推送+数据预填"方式,贯通各类税费信息系统,实现企业集团各层级涉税涉费数据"全景式"展现,能够更好挖掘企业的税费数据的应用价值。

2. 基于人工智能的全天候税务咨询和税费政策精准推送

基于海量涉税数据和人工智能技术,对纳税人的特征和办税行为进行分析,针对不同企业和个人的特点勾画出不同类型的画像,根据画像中的身份、需求的不同,量身定制个性化的税费政策和分类指导。例如,通过社会网络关系、机器学习、知识图谱等数字技术的综合运用,对纳税人经济行为和服务需求"全息画像",为税收优惠政策精准推送提供技术支撑。在此过程中,人工智能技术能够提供全天候及时信息反馈和实时答复,实现线上线下多渠道无缝衔接咨询体验。

3.搭建优质便捷的智慧服务平台

需探索多种服务终端相结合的纳税服务模式,即在电子税务局的基础上,搭建一体化移动终端应用平台,突破实体办税空间限制,帮助纳税人随时随地"指尖"办税。

数字经济时代纳税主体的经营模式愈发复杂,交易主体的跨国别、跨地区、跨行业,交易资产的隐蔽性与虚拟化,导致部分地区税源管理"找不到纳税主体、理不清税源关系"。作为税收风险管理流程的逻辑起点与关键环节,税收风险识别本质上是发掘海量数据间的规律并提取风险特征的过程,与大数据分析与挖掘具有天然的逻辑一致性。税收数据增值的系统逻辑已然表明,解决上述问题的关键在于以信息技术提升数据间内在规律的挖掘能力与利用水平。基于纳税人社会关系网络的数据挖掘应用机理。根据意大利税务局最新公布的实践经验,大数据时代税收风险识别是一个以实现人机交互为导向,综合运用社会网络分析、机器学习、信息传播、数据可视化、人工验证等方法,不断迭代反复调优的过程(见图2-2)。

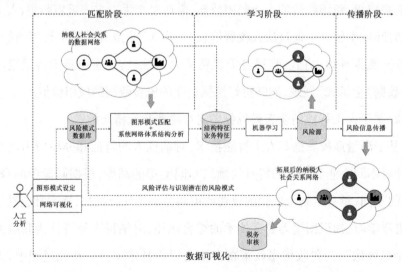

图2-2 基于纳税人社会关系网络的数据挖掘流程图

如图 2-2 所示,匹配阶段是税务部门基于先期经验将纳税人可能涉及的税收不遵从行为特征化,并存储于图形特征库中,之后利用图数据库技术梳理纳税人关系网络,并将前后两者的图形相匹配,根据匹配结果计算关联指数,进而提取关系网络特征,为第二阶段的机器学习奠定基础。本阶段的重点在于构建纳税人关系纽带并以社会网络的形态呈现,即通过明晰交易各方的经济往来、股权关系、亲属关系等事项,将复杂的关联关系图形化,直观把握各方交易的内容与实质。社会关系网络是一个描述各个关系主体(纳税人)及其属性的模型,其将每个纳税人设为一个节点,每个纳税人的注册类型、位置、行业、税率等要素视为节点的属性。同时,将各纳税人之间的利益关系设为一条边,将纳税人利益关系的类型、关联度、交易日期与所涉及金额等要素作为边的属性,其中根据纳税人利益关系的类型,将亲属关系、相互持股关系设为双方向边,将股权关系、法定代表人关系和交易关系设为单方向边,即可构建出纳税人交易行为的网络图形,之后将网络图形与税务专家所设定的交易模式①相互匹配,进而提取纳税人利益关联的结构特征与关联交易逃税的业务特征。实际上,社会网络分析是将多维度、多来源、看似无关联的海量数据予以辨析、筛选、清洗、整合,是大数据采集层与大数据预处理层建设效果的具体展示。

机器学习阶段以预测各纳税人的税务风险为目标,基于匹配阶段纳税人利益关联的结构特征与关联交易逃税的业务特征,通过机器学习算法与模型对纳税人税务风险予以量化打分,识别出高风险纳税人。其中,预测模型寻优的过程相对复杂,要比较诸如回归模型、支持向量机、随机森林、神经网络等多个模型涉及的指标与参数,具体包括总体风险识别精度、高风险识别精度、敏

---

　　①　关联方交易模式:从关联方公司高价购买货物或劳务;供应商在从事有风险的经济活动;从集团内的经营方高价购买服务;大量经济活动都产生于集团内部的非公开交易;某类公司和低收入个人以及大量的海外资本流动密切相关;拥有同一主体的各个企业间存在大额经济交易。

感度、总评分等指标。该阶段的风险预测结果会拓展纳税人关系网络并在下一阶段予以传递。

一般而言,高风险纳税人对其关联方造成的负面影响较大。因此,将已预测的纳税人税收风险信息在其社会关系网络中传播,以识别纳税人潜在税收风险。实际上,风险信息传播的过程是一系列迭代的过程,首次迭代的税收风险通过前一阶段被认定为高风险的纳税人(风险源)以随机的形式在其社会关系网络中传播,纳税人社会网络所涉及的利益关系权重越大,税收风险沿该关系传递的可能性就越大。首次迭代之后,被传递到的社会关系将成为下期迭代的源头,以此类推直至风险与纳税人社会网络无利益关系为止。本阶段将极大地拓展纳税人社会关系网络,也会据此得出纳税人税务风险的评分。

可视化验证阶段是将税收风险评分的社会关系网络输入到可视化界面,构建交互式可视化环境,以便税务人员观察纳税人社会关系网络,对纳税人真实风险予以更精准的审核,与图形匹配、机器学习、信息传播阶段所计算的税收风险相互验证。通过风险的可视化验证,税务人员更容易发现新的风险图形特征以及在前阶段被分类为低风险但实际具有高风险特性的纳税人,之后将新模式新特征补充至税收风险特征库,实现整个风险识别流程的闭环(见图2-2)。就全书逻辑框架而言,本部分是税收风险管理这项增值服务的具体展示,进一步表明大数据应用的实际效果有赖于大数据分析与挖掘能力建设。综合运用多种信息技术并发挥好其合力是该层建设的关键。

综上所述,发达国家在综合运用多种数据挖掘技术的同时,并没有摒弃人工审核,而是将税收管理与决策置于人的控制之下。实际上,基于人工验证的可视化环境弥补了图形匹配、机器学习、信息传播阶段的部分结果失真,有助于税收管理与决策的提质增效。因此,科技赋能与人工经验应相互补充、相互验证、相互优化,最终实现人机交互。

(二)组织变革:税收职责定位更新和岗责体系重塑

科层制的组织架构能够较好明晰各部门职能,但各个部门的利益和视角难以完全一致,涉及跨部门协同时效率偏低。例如,当某部门需要向系统内同级部门寻求数据支持时,数据拥有方的负责人以数据安全为由,不愿将本部门所掌握的数据向其他部门分享,数据共享事项需层层上报审批,增加了沟通协调的成本。数字化转型的技术变革和业务变革必将对科层制组织机构和岗责体系产生冲击,为匹配数据驱动的要求,税务组织体系应打破传统职能瓶颈,从职能型逐渐向业务导向型转变,围绕税务稽查、纳税登记和评估、客户服务、征收管理等主要业务确定组织架构,对岗责体系横向纵向贯通,打通各个税种和各个涉税事项,形成纵向集约化和横向扁平化的组织体系。

(三)技术变革:中台架构下的数据链闭环构建

技术变革并不在于引入现代信息技术的数量,更不是算力算法的简单叠加,而是以业务暴露的问题为导向,分析挖掘问题背后的影响因素,并获取影响因素的量化数据。数字化转型的目标不仅是给管理层提供数据报表和可视化展示,最终目的是发掘数据的终极价值,提升数据的预测能力,实现智慧决策、精准施策。现阶段,存在过于重视数字化转型过程中的系统功能建设,发掘数据应用价值(数据赋能业务)过于依赖大数据建设团队而对业务场景深入探究的力度不够,这容易导致业务建设和数据建设"两张皮",数据价值回流和以数据驱动业务的路径不畅,进而对征管系统所生成的数据的沉淀、发掘、利用不足。通过引入中台架构彻底解决业务功能建设和数据生成建设的割裂问题,通过数据中台的"业务数据化"和业务中台的"数据业务化"共同构建能够支持业务优化的税收数据链闭环。具体而言,业务中台在税收执法、服务、监管的业务场景中沉淀相关业务数据,之后通过数据中台构建起税收大数据应用建设的制度和方法,让数据中台生成的数据反作用于业务中台,实现基于中台的数据统一、业务联动。

三、数据赋能阶段的税收智慧治理

智慧是对"道"的认知,是对数据终极价值充分释放的结果。数据赋能即通过业务数据化和数据业务化所构建的税收数据链,发挥数据终极价值的前瞻性和全局性作用,赋予数据开发利用新功能。税收智慧治理全面掌握了现实世界与虚拟世界的运行规律,实现治理的线上线下协同联动、优势互补。同时,能够从局部推断总体,从当前推断未来,从税收这一局部视角窥探宏观经济现状和未来发展趋势。

(一)"以税咨政"助力宏观经济决策

数据赋能决策体现在,基于经验和直觉的传统决策升级为基于数据和人工智能的智慧决策,促使税务部门从数据的"生成者"向"治理者"转变。税收作为国家治理的基础和重要支柱,应在稳定宏观经济和稳定市场预期上精准发力。通过税收大数据全面掌握宏观经济运行,预测研判宏观经济趋势和经济社会风险,深化宏观政策的跨周期调节力度,降低"黑天鹅"事件造成的经济不确定性,稳定市场主体的生产投资预期。新冠疫情防控期间,税务部门通过深入挖掘增值税发票数据,对企业销售状况持续跟踪和多维度分析,从地理位置、纳税人信用等级、开票金额三个方面,精准对接供销双方供给和需求,畅通了产业链上下游,有效帮助企业纾困解难和复工复产,极大提振了企业生产经营的信心,是"以税咨政"的一次成功尝试。

(二)分部门割裂式管理向跨部门协作整合式治理转变

数字化转型以及其产生的技术变革将为国家治理体系优化给予战略工具支撑。数字技术将打破各部门针对经济社会问题"各出己策"的调控模式,通过整合各个政府部门的数据,构建数据跨业务、跨部门、跨地区的统筹协调和联动机制,以数据串联宏微观政策并在统一的平台系统上予以展示,打破经济社会发展"九龙治水"的治理格局。市场主体可据此提前规划生产经营,税务部门的政策制定者可据此了解到其他公共部门专项问题已有的政策法规,并可查阅支撑该政策出台的各类数据,通过数据的彼此验证,强化大数据在经济运行研判和社会管理等领域的深层次应用,实现税收政策与财政政策、货币政策、产业政策的深度融合和有效衔接,将"政策组合拳"的协同效应最大化。

(三)税收政策事前模拟、事中追踪、事后评估

"嵌入式"征管提供了市场主体海量的生产经营数据,结合"万物皆可度量"的数字技术以及以 5G、量子计算机为代表的新基建,算量、算法、算力的一体化深度融合突破了税收治理的物理局限,促使税制改革或税收政策效应事先研判成为可能。即一项税制改革或政策实施前,可预先通过数字孪生技术精确感知纳税人"经济体征",将现实经济社会投射到虚拟的数字空间("镜像")中模拟运行,预判收益、风险和社会成本;在政策运行中,通过数字技术实时监控可能存在的风险并及时预警,这对落实"完善现代税收制度,适当提高直接税比重"的税改要求极具现实意义。中外历史经验表明,直接税改革难度大、影响广泛且改革过程中不确定因素较多,传统税改"先试点、看效果、找问题"的模式可能导致问题反馈滞后且应对措施不及,一旦政策效果不佳,社会舆情不易平息、政府公信力受损、社会试验成本巨大且不可逆。税收智慧治理的不同之处在于,通过数字化、智慧化的技术工具能够主动发现问题和防范风险,能够充分发挥事中预警功能;随着数据流、技术网和智慧大脑的融合叠加,智慧化时代实现了数据—物体—人员—机器—业务—技术—组织—制度的互联互通,政策效应评估能够以全样本的方式予以分析。政策落地后,通过神经元网络对微观主体"经济体征"予以精准刻画,使政策效应评估更加科学有效。

四、数据增值、征管数字化转型与智慧税务的关系

征管数字化转型的底层逻辑在于数据开发利用,终极目标在于构建智慧税务。即在复杂数据中充分挖掘数据资源的价值,持续推动数据要素价值的释放,从围绕优化流程向数据挖掘、智能决策等更深层次的数据增值应用发展。如表2-2所示,无论是信息化、数字化、智慧化,根源皆在于数据价值的开发利用,信息化侧重于数据基本价值挖掘,将原始数据进阶为信息和知识,巩固了数字化转型的基础;数字化更侧重于数据应用价值的发挥,为税收征管数字化转型给予支撑。通过税收征管系统内部各基本要素的优化重组,驱动税收执法、服务、监管体制机制的创新,这种创新将融入征管数字化转型的三大变革之中,如业务变革中的流程再造,组织变革中的岗责体系重构,技术变革中的中台架构引入等;智慧化侧重于对数据终极价值的挖掘,将数据要素终极价值释放与国家治理现代化相结合,充分发挥税收在国家治理中的基础性、支柱性、保障性作用。即借助人工智能技术建立对经济社会发展规律的认知框架和思维体系,协助税务部门乃至其他政策制定部门对经济运行趋势予以预判,并建立风险防控和快速响应机制,实现决策智慧化和跨周期逆周期调控的精准有效。

表2-2　数据价值开发利用各阶段特征表

认知维度	价值属性	价值内涵	功能作用	时代背景	数据开发利用要求
道	终极价值	智慧治理	宏观经济运行趋势预判;智慧决策;精准施策	智慧化时代	数据从精到智,以税咨政,推进国家治理现代化
法	核心价值	创新制度	业务变革:执法、服务、监管的流程再造	数字化时代	数据从优到精,推进数字化升级和智能化改造,提高服务水平和用户体验
			组织变革:组织体系集约化扁平化;岗责体系重塑		
			技术变革:中台架构引入		

续表

认知维度	价值属性	价值内涵	功能作用	时代背景	数据开发利用要求
术	基础价值	提炼信息和知识	数字化转型的基础要素归集	信息化时代	数据从有到优，提升征管效率
器	初始价值	记录和描述事实	人工记录和申报	手工化时代	数据从无到有

综上可知，强化数据增值必须更好地发掘数据要素的基本价值、应用价值和终极价值，将数据要素对数字化转型的赋能效用最大化，这是税务部门数字化转型的难点，需要从逻辑上明晰税收征管数字化转型到底"转什么""如何转""转到哪里"。

（一）税收征管数字化转型"转什么"

"转什么"，简言之是转变税收征管模式的驱动力，实现税务执法方式的根本性变革。即在现有税收征管模式岗责流程和任务表单驱动的基础上，升级优化为数据驱动、规则驱动、人工智能驱动，由"嵌入式"征管推进纳税人自愿遵从的"报税"模式向纳税人自动遵从的"算税"模式转变，包含业务、技术、组织三个层面，业务变革是主体，技术变革是支撑，组织变革是保障。业务变革的方向在于业务流程的融合升级和优化重构，是精确执法、精细服务、精准监管和精诚共治的内容，技术变革是为业务变革和组织变革提供支撑，即通过一系列数字技术"组合拳"的应用，实现内外部涉税数据智能归集和分析，线上线下有机贯通，驱动税务执法、服务、监管的制度创新。组织变革是在数字化背景下的组织优化和机制完善，以适应经济数字化为导向，明晰并优化税收组织职能、岗责设置、人员配备。

（二）税收征管数字化转型"如何转"

税收征管数字化转型"如何转"具体包含业务、技术、组织三个方面。其中，业务变革的"如何转"体现在：征管改革并非依赖优化业务流程的传统思维,而是秉承数据驱动理念,让业务变革向数据分析和挖掘、智能决策等更深层次的数据增值应用发展,具体表现为税务、财务、业务的一体化深度融合。现行监管模式是基于纳税人自行填报数据,是对过去发生的应纳事项的反馈,税收监管是对风险的"事后"识别,涉税信息的滞后导致了税收的不确定性,税收风险识别具有"先天劣势"。因此,转变税收征管模式,将征纳双方的"接触点"由过去的"有税"关联转变为现在的"涉税"即关联,发展到下一步的"未税"即时关联,使税收规则、算法、数据直接融入纳税人经营业务中,伴随着每一次交易活动自动计算纳税金额,确保在应税事项发生的时间节点纳税人就能遵从税收规则,实现征管的即时化。[①]

技术变革的"如何转"体现在:通过现代信息技术促进征管数字化升级和智能化改造,包含数据驱动、应用升级和技术革新三个方面。数据驱动的关键不在于算力和算法,而在于算量,即数据的可得性和安全性。现阶段,数据安全性会极大影响数字化转型基础——数据获取。囿于各政府部门、市场主体、自然人对数据外部交换和共享的安全性担忧,一定程度上抑制了与涉税业务有关的第三方数据的获取。应将数据安全建设作为数据驱动的重点,在"原始数据不出域,数据可用不可见"原则的指导下,通过基于安全多方计算(MPC)的隐私计算技术,从源头上消除"数据孤岛",为数据要素流通"保驾护航";应用升级主要是建设以金税四期工程为代表的智能应用平台体系。在纳税人端,打造"一户式"和"一人式"税务数字账户,实现法人和自然人涉税信息智能归集和监控。在税务人端,构建"一局式"和"一员式"应用平台,实现各级税务机关和工作人员信息智能归集和管理。在决策人端,构建"一览式"应用平台,实现对征纳双方、第三方数据的智能归集和展现,提升管理者决策的科学性和精准性;技术革新主要是中台架构的引入,构建支持业务优化的数据链闭环。

---

① 王军:《深化亚太税收合作 共绘数字发展蓝图》,2021 年 11 月 16 日,见 http://www.chinatax.gov.cn/chinatax/n810219/n810724/c5170676/content.html。

组织变革的"如何转"体现在:一是考虑组织机构中嵌入数字政府理念,突破科层制的管理壁垒。数字化理念并不仅仅是设计一个税收数字系统,而是对税务组织全方面、多维度的改造和升级,最终促使税务组织体系向横向集约化和纵向扁平化转变。二是明晰税务部门的职能定位,重塑税务系统内部的职责体系,使税务部门的组织职能划分更加明确、岗责设置更加科学、人员配置更加高效。三是将内控监督规则、考核考评标准渗入业务流程、融入岗责体系、嵌入信息系统,实现人事管理的自动化联动监控,增强治理效能。

(三)税收征管数字化转型"转到哪里"

智能化是税收现代化的重要特征,智能化基于数字化,而数字化服务于智能化,两者同时服务于智慧税务,故智慧税务是征管数字化转型的高阶形态。① 这里的"智慧"与数据终极价值的"智慧"一脉相承,下面从理念、制度、技术三个层面探知数字时代税收征管数字化的"道",回答征管数字化转型"转到哪"的问题。

就理念而言,纳税人至上,多元主体协同共治。纳税人至上是"以人民为中心"发展理念在税收领域的具体落实。征管数字化转型始终是围绕纳税人缴费人实际需求,通过提供精细化、高效化、智能化的公共服务,为人民群众创造美好生活。多元主体协同共治是新发展阶段处理国家与纳税人关系的创造性思维,税收治理从税务部门和纳税人这一单向关系逐渐向多元化治理体系转变。即构建纳税人、税务部门、其他公共部门、第三方机构共同参与、反馈互动、协同共治的多元主体合作机制,以群策群力的方式产生"1+1>2"的协同效应。就制度而言,征管数字化转型的目的是为构建适应数字经济的现代税收制度提供保障。基于实体经济运行与属地原则的征管模式已与数字经济不相适宜,征管数字化转型为数字经济税收征管提供了一种解决方案,保障税收制

---

① 谢波峰:《智慧税务建设的若干理论问题——兼谈对深化税收征管改革的认识》,《税务研究》2021 年第 9 期。

度的有效运行并倒逼现代税收制度的构建。就技术而言,"嵌入式"征管实时感知业务需求并智能预判和应对。智慧税务的关键在于算量、算法、算力的一体化深度融合,通过"嵌入式"征管对纳税人数据实时获取,全面感知纳税人生命特征和行为模式,智能分析纳税人可能存在的涉税业务需求,精准预判涉税风险。

第四节 税收数据增值逻辑架构的优化路径

如前文所述,税收数据增值是以大数据采集为逻辑起点,大数据预处理为必要前提,大数据存储与安全为运行保障,大数据分析与挖掘为核心价值,大数据应用为场景实现的系统性逻辑框架,各层级的税收信息化建设都应依托于此系统性架构。数字经济时代,任何逻辑架构都需要不断迭代升级,未来应着重提升税收数据增值逻辑架构的自我更新优化能力。

一、战略理念布局:以人民为中心,推进税收共治

税收征管数字化转型必将加速推进"嵌入式"征管模式,如何让更多市场主体成为征管数字化转型的参与者并享受改革红利,减小改革阻力,是顶层设计者需考量的首要问题。因此,我国税收征管制度改革应继续秉承"以人民为中心"的发展理念,坚持以纳税人、缴费人为中心。税务部门也应转变税收征管单纯依靠税务的传统理念,适应税收征管社会化的时代要求,通过更合理的税收治理职能划分,平衡征纳双方权利和义务,促进征纳双方各尽其责和协调匹配,构建"政府主导、税务主责、部门合作、社会协同、中介机构和纳税人参与"的税收协同治理格局。例如,将数据服务企业、社会组织等机构作为重要参与者和合作伙伴引入税收治理体系,借助大数据平台对税收治理的过程予以监督,变税收治理的服务对象为主动参与者,对税收治理的效果进行量化评估。

（

二、体制机制创新：以整体政府与数字政府架构重塑税收征管机制

税收征管数字化不应是静止、孤立的单项制度改革，而是在一国整体政府与数字政府战略下的系统性、全局性规划，这包含整体政府和数字政府两个维度的举措。

一是以整体政府框架打造政府各部门间利益共同体。在现行科层制组织架构下，政府各职能部门将数据视为权力，通过对部门数据垄断进而维护数据占用权。因此，体制性因素是征管数字化转型最大的障碍，公共部门间因利益不均容易形成"数据壁垒"。征管数字化转型应探索税收治理权责整合、体制机制优化创新、业务流程再造，实现治理理念与体制机制的协同推进与全方位变革，明晰税务部门和其他公共部门在整体政府中的职能定位与作用，重塑税务系统与其他政府部门的职能关系，以整体政府的总系统规划指引"智慧税务"的子系统建设。以整体政府战略与架构打破部门间"数据壁垒"，将税务部门与政府公共部门职能纳入一个整体政府框架予以综合考量，通过同一个数字身份，实现税收征管流程与其他公共部门数据的无缝对接，真正实现数据的跨部门、跨地区、跨层级互联互通。

二是以数字政府架构锚定税收数据生成源头。征管数字化要聚焦数据生成的源——税收业务流程，业务流程的设置将决定税收数据的生成。数字经济时代，税收业务流程不应是征管与服务流程的电子化和数据化，而应是在考量业务流程与数字经济新业态新模式匹配度的基础上，对流程予以"先减后加"式的再造重构，但"减加"的内容与技术保障，应对标国家治理，放在数字政府建设的总体规划框架下考量，由上至下地研究税务部门在数字政府总体框架下的职能定位与作用，以数字政府框架锚定数据生成源头。现阶段，数字政府建设已成为世界各国政府改革的主旋律之一，各国税务部门在本国数字政府战略的统一规划和引领下，积极推进税务数字化。我国也应出台数字政

府战略并成立数字化机构,专门整合协调分散于相关公共部门的碎片化涉税数据,完善数据开发利用的制度基础与技术标准。

三、创新科技赋能:以数字技术深化数据增值利用

数据价值开发利用应尊重税收征管从手工化——信息化——数字化——智慧化的一般规律,把握数据开发利用各阶段特征和建设要求。在智慧税务阶段,应着力发挥数字技术"组合拳"的综合效应,通过大数据、隐私计算、人工智能等技术工具,深化对税收制度改革、征管制度改革和宏观调控规律的认知,充分发挥税收在国家治理中的基础性、支柱性、保障性作用。从技术层面而言,可利用大数据技术给数据扩源,构建多维度的数据采集体系;利用隐私计算技术解决数据共享存在的安全问题,构建令各方信任的数据开发利用环境,将数据的归属权和使用权相分离,在保证数据权属不变的前提下挖掘流通数据的价值;利用区块链技术的不可篡改、全程留痕、公开透明,给数据"上锁保真";利用数据挖掘技术,归纳推理数据中被人忽视的信息和趋势,进而预测未来。大数据分析与挖掘的方法、模型的选用,关乎税收政策决策的前瞻性、纳税服务的精准性、税收治理的有效性,对整个逻辑框架起决定性作用。税收收入预测与税收风险管理的应用经验表明,综合运用算法群与多模型能够提升数据挖掘的深度与精度,发挥群策群力的优势,结论更加逼近真实值。同时,算法群与模型的组合并不排斥人工经验分析,并不以模型为唯一,而是以人机交互为导向,进而实现"人在干、数在转、云在算"。因此,提升税收数据挖掘能力要结合数据基础与人工经验,实践中并没有最优的模型,只有更适合的模型。

四、法律法规支撑:厘清数据归属权与利用权间的关系

数据利用权在整个数据财产权利保护中居于核心地位,厘清数据归属权与利用权之间的关系,是税收数据增值服务市场化应用的法律前提。税收数

据增值逻辑的这种"底层数据不动,增值服务输出"模式,有效规避了数据归属权争议,实现了数据增值服务的向外输出。虽然该模式已有中国人民银行互联网个人信用信息服务平台的类似实践,但还应出台相关法律法规予以明晰纳税人数据归属权与税务部门的数据利用权。依法治税是新发展阶段税收工作的基本准则,科学完备的法律制度体系是税收征管数字化转型的基础保障。征管数字化转型的底层逻辑在于数据的开发利用,如何在法律制度保障下厘清数据归属权、经营权、处分权、利用权之间的关系,是征管领域亟须考量的重大问题。因此,推进征管数字化应尽快完善税收征管法,界定税务机关在数据采集、处理、应用方面的权力以及纳税人数据安全保障的义务,明晰市场主体和其他公共部门提供涉税数据的要求、具体协助义务和职责,并建立相应的惩罚与追责机制,为数字经济背景下的税收征管提供法治保障。同时,需构建统一的涉税法律体系,数字化时代对税收征管的内在要求融入相关法律,做到刑法、税收实体法、税收程序法以及数字经济监管与服务相关规范性文件的整体协调,保持各项法律法规的衔接一致。

新时期,创新科技赋能税收征管已成为我国税收治理现代化的重要组成部分,创新科技突破了先前数据内在规律探索的技术性短板,在收入预测、风险管理等应用场景上不断拓展,在推进税收治理能力现代化上成效显著。同时也应认识到,综合运用信息技术所产生的数据增值,应在治国理政中发挥更大作用,税收治理体系与治理能力理应协同匹配、相互促进。但相较于税收治理能力现代化的"快步前进",税收治理体系现代化进程却相对滞后。当前,急需建立基于"数据要素"价值增值与开发利用的课税制度与标准规范。就历史逻辑而言,资本、劳动力、土地应用于生产流通则形成价值增值进而课以要素税。数据作为新型生产要素,也会在流动、加工、分享中创造价值,也应当构建与"数据要素"相匹配的现代化税收制度,这既符合对生产要素课税的历史逻辑,也是税收治理体系现代化的必然要求。在更广的视域下,创新科技与税收治理应跳出"就技术论技术,就税收论税收"的思维局限,应对标国家治理,对位党和国家事业全局。所谓"数据赋能治理",这个治理全局不仅是传统意义上的税制改革和征管改革,更是"五位一体"背景下对经济、政治、文化、社会、生态文明的全面深化改革,这是新时代赋予数据治理的历史使命,即以税收数据治理为契机,将税收数据增值的技术红利转化为现代国家治理效能,更好地发挥税收在国家治理中的基础性、支柱性、保障性作用。

第三章 构建"以数治税"
税收征管模式

第一节 "以数治税"征管模式的特征

当前,以大数据、云计算、移动互联网等为代表的现代信息技术日新月异,新一轮科技革命和产业革命蓬勃兴起,智能产业快速发展,对经济社会发展和国家治理产生重大而深远的影响。税务部门直接服务数亿自然人纳税人、几千万纳税企业和十多亿缴费人,离市场主体最近,其服务水平不仅直接影响纳税人缴费人幸福感、获得感、满意度,更关系到党和政府的形象。面对广大纳税人缴费人日益多样的个性化服务需求,通过构建"以数治税"的税收征管模式,推动税务执法、服务、监管、共治的理念方式手段变革。当前税收征管模式呈现出渐进转变的特征。

一、执法方式从"经验执法"到"科学执法"转变

当前,税务部门创新行政执法方式,持续深化落实重大税收执法制度,拓展"首违不罚"清单事项,进一步推进税务执法质量智能控制体系建设。通过建立健全税收收入质量监控机制,实现精准靶向执法,依法依规征税收费。积极推行税务行政处罚"首违不罚"清单事项,坚决防止粗放式、选择性、"一刀

切"式执法。同时,在行政执法方式上更加注重运用说服教育、约谈警示等非强制性执法方式,让执法既有力度又有温度,切实做到宽严相济、法理相融。对一般性涉税违规行为,税务部门利用税收大数据持续健全动态"信用+风险"监管体系,强化精准监管,提高执法效率。对高信用且低风险的纳税人不打扰或少打扰,对低信用且高风险的纳税人严管理和严监督。《意见》提出,到2023年,基本建成"无风险不打扰、有违法要追究、全过程强智控"的税务执法新体系。目前,税务部门不断加强征管能力建设,着力建设德才兼备的高素质税务执法队伍,执法方式从"经验执法"向"科学执法"转变,不断提高税法遵从度和社会满意度。

二、税费服务从"无差别化"到"精准主动"转变

传统的"无差别化"纳税服务供给模式在一定程度上存在与纳税人的真正需求和迫切需求相脱节的问题。《意见》提出运用税收大数据智能分析识别纳税人缴费人的实际体验、个性需求等,精准提供线上服务。当前,税务部门积极探索运用大数据推进精细服务,提升税收治理水平。新冠疫情期间,税务部门为助力企业复工复产,从增值税发票大数据中深度挖掘上下游生产供应链供需关系,探索为企业搭建供需对接的桥梁,开发纳税人可自行查询的产业链智联平台,打通产业链的堵点和断点。以纳税人缴费人需求为导向,利用税收大数据算法,精准推送纳税缴费服务,不但能够便捷纳税人缴费人,还能够提高税法遵从度,实现"精准主动"有效供给。当前,依靠大数据的智慧管理方式,改变以往落实政策"撒网式宣传、静等企业申请"的被动模式,实现从"无差别化"服务向精细化、智能化、个性化的"精准主动"服务转变。

三、监管模式从"以票管税"到"以数治税"转变

随着经济不断发展,纳税人数量不断增多,新的商业模式和企业组织形式不断出现,数字经济对传统税收征管带来更多挑战,有限的税务人力资源和纳

税人户数增多的矛盾日益突出,数字经济背景下税源管理的难度日益增大,"以票管税"的征管模式已不能够完全适应不断发展变化的新经济形式。近年来,税务部门按照科学化、专业化、精细化的要求,打通"数据孤岛",让税收数据从点到线再到面,"以票管税"演进到"以数治税"正在成为现实。"以数治税"是对现有税收征管体系的一次技术革新,《意见》提出,到2023年实现从"以票管税"向"以数治税"分类精准监管转变。税务部门综合应用大数据、云计算、区块链、人工智能、移动互联等现代信息技术与税收征管相融合。通过数据的捕获和充分流动,及时感知执法、服务、监管等领域的业务需求并灵敏地做出反应。"以数治税"征管实践已在我国个人所得税汇算清缴中进行了成功尝试,税务部门开发了自然人税收管理系统(ITS),该系统利用算法模型实现自动提取涉税数据、自动计算应纳税额、自动生成申报表,经纳税人确认或补正后即可线上提交。该系统还为全国纳税人建立了"一人涉税数据档案",基于身份信息实时实名认证,并与其他政府部门共享数据,为纳税人提供个人所得税年度对账服务和量身定制的提醒服务,解决了纳税人信息匮乏的问题。在纳税人端,推出个人所得税 App,实现所有关键业务的数字化,实现退税和补充支付的电子转移。在税务人端,该系统以人工智能为起点,实施"机器预审+人工复核"退税复核模式。当前,"以数治税"征管模式为税务人员减少了90%的工作量。[1]

四、治理主体从"单兵作战"到"协同共治"转变

全社会协同治税将是税收征管的最有效方式。在政府职能部门中,税务部门是纵向联系最紧密、横向关系更广泛的机构,与其他政府职能部门有着千丝万缕的联系。税务部门负责的税费征收管理涉及多个部门,税费征收的复杂性和特殊性决定了在"协同共治"过程中,不能仅靠税务部门"单兵作战",

---

[1]　牛军钰:《个税年度汇算推进税收治理数字化的中国实践》,《中国税务报》2021年12月24日。

必须要广泛凝聚各方,不断扩大税收治理"朋友圈",确保税收共治更优化、更高效。深入推进跨部门、跨领域的征管互动、涉税信息互享、执法互助,单纯依靠税务部门的"单兵作战"显然不符合税收征管社会化的特征。《意见》提出推进精诚共治,持续深化拓展税收共治格局,是进一步深化税收征管改革的重要内容之一,部门协作、社会协同是精诚共治的重要手段。构建税收共治格局,以共建优化税收征管,以共治促进纳税遵从,以共享实现跨部门协作。当前,税务部门积极融入经济社会发展大局,加强征管能力建设,不断提升以税参政、以数资政的水平,利用税收大数据开展分析,服务党政决策,当好政府的参谋助手,不断增强共治意识、构建共治格局、提升共治水平。

第二节 "以数治税"的基础逻辑

我国经过数十年的税收信息化建设,在征管制度、协同共治、信用支持、科技手段、安全保障等方面为"以数治税"征管模式的建立奠定了重要基础,"以数治税"将在税收征管改革中发挥重要作用。

一、"以数治税"的制度基础

近年来,随着新一代信息技术的快速发展,推动互联网、大数据、区块链、人工智能和税收征管快速融合,提高了税收征管效率,降低了税收成本,为纳税人提供更加便利、快捷、高效率的办税流程。同时,新技术新业态的发展对税收征管制度也带来了巨大挑战,在大数据技术和网络环境的助推下,数字经济业已成为新经济发展的重要形式。数字经济企业主要依托互联网等数字技术提供产品和服务,而不再依赖传统实体性机构开展交易。由于数字经济征税主体的虚拟化、物理空间与实体不统一、全球范围内组织体系和业务不再遵从传统模式,因此,在跨地区征税、来源地税收管辖权等方面给税收征管带来巨大冲击,税收征管制度需要及时进行修订。2021 年 3 月 15 日,国家市场监督管理总局发布《网络交易监督管理办法》(国家市场监督管理总局令第37号),该办法将"直播带货""社交电商"等新兴业态纳入监管范畴,明确了新业态发展的制度框架,有利于引导新业态有序发展。并引导数字平台经营管理者认真履行对平台内的经营者进行涉税信息收集、核验和登记等义务,鼓励数字平台经营管理者定期向税务部门提供平台内所有经营者的涉税信息。未来税收相关法律制度的制定,应适应数字经济运行中税制和征管方面带来的一系列挑战,重构当前的税收法律义务关系,以符合当前新经济的运行特征,引导优化税制及分配关系的建立,强化先进技术手段在税收征管工作中的应用,为"以数治税"征管模式建立奠定完整的制度基础。

二、"以数治税"的共治基础

政府部门间的税收征管协作是实现"以数治税"共治的基础。目前,全国各地税务机关在政府部门间涉税信息合作上已有众多尝试,但整体上来说,政府部门间税收信息合作仍处于初始阶段,需要进一步拓展合作的范围。一方面,由于配套的制度缺失,政府部门法律地位不明确,合作大部分采取政府文件、联席会议、双方协议等形式进行;另一方面,由于各部门信息系统不一致,数据信息的标准和口径也不一致,导致"以数治税"的信息互通存在障碍,涉税信息交换的效率不高。《意见》提出推进精诚共治,健全"党政领导、税务主责、部门协作、社会协同、公众参与、国际合作"的税收共治新体系,并对加强部门协作、社会协同、税收司法保障、国际税收合作等方面作出部署,为进一步深化税收共治提供了有力支撑。推动"以数治税"离不开政府部门间的税收征管协作,各部门之间明确责任和义务,形成协调配合的税收征管协作机制,才能奠定"以数治税"社会共治基础。2017年,国家税务总局与海关总署、国家外汇管理局共同签署了《关于实施信息共享开展联合监管的合作机制框架协议》,在该框架协议的推动下,大部分省、市、自治区建立健全涉税信息共享交换机制,初步形成了一个数据合作共享机制,不断推进跨部门的信息互换。

2017年,国务院办公厅印发《政务信息系统整合共享实施方案》,该方案以人民为中心,紧紧围绕政府治理和公共服务的改革需要,最大限度地利企便民,以让纳税人少跑腿、好办事、不添堵为目标,加快推进政务信息系统整合共享。

三、"以数治税"的信用基础

在推进社会信用体系建设过程中,纳税信用是社会信用体系建设的重要组成部分。在数字经济背景下,纳税信用作为纳税人履行税收义务的直接反映,客观上体现了纳税人对社会、对国家的信用,也是一个企业是否合法合理经营的重要衡量指标。2014年,国务院印发的《社会信用体系建设规划纲要(2014—2020年)》提出,在税务信用建设领域建立跨部门信用信息共享机制。开展纳税人基础信息、各类交易信息、财产保有和转让信息以及纳税记录等涉税信息的交换、比对和应用工作。近年来,税务部门充分发挥纳税信用在社会信用体系中的基础性作用,进一步完善纳税信用等级评定和发布制度,加强税务领域信用分类管理,发挥信用评定差异对纳税人的奖惩作用。并积极持续推进税收违法"黑名单"和联合惩戒制度,运用税收"大数据",建立纳税人诚信档案,通过加强部门间信用信息共享,构建守信联合激励、失信联合惩戒长效机制,推进纳税信用与其他社会信用联动管理,共同营造"守信者一路绿灯,失信者处处受限"的信用环境,不断提升纳税人税法遵从度。

四、"以数治税"的技术基础

近年来,创新驱动发展战略正引领科学技术飞速发展,也在不断推进人工智能、大数据、云计算、区块链等新技术与税收征管深度融合,科技创新深刻改变了经济社会活动的面貌,成为助推"以数治税"征管模式创新发展的强劲动力,必将带来税收征管制度创新和业务流程变革,从而实现征管模式的优化、征管效能的提升。当前,运用大数据先进理念、技术和资源提高政府服务和监管能力,有利于政府充分获取和运用信息,更加准确地了解市场主体需求,提高服务和监管的针对性、有效性。2015年,国务院办公厅印发《关于运用大数据加强对市场主体服务和监管的若干意见》,提出要充分运用大数据先进理念、技术和资源,加强对市场主体的服务和监管,推进简政放权和政府职能转变,提高政府治理能力。当前,税务部门通过对海量税务数据资源进行分析,并将相关结论和建议应用于税收风险管理、违法线索识别和税收经济政策决策,无疑能有效提升税务征管的实际绩效,充分发挥税收在国家治理中的基础性、支柱性、保障性作用。在2021年浙江省杭州市税务部门查处的网络主播涉税案件中,大数据分析发挥了重要的初始发现、关键节点识别、证据记录和过程回溯的执法和监管功能,也对行业税务违规行为和失序状态形成了"警示性"压力,督促纳税人和相关市场主体严格遵循税法申报纳税。

五、"以数治税"的安全基础

随着数据作为生产要素的价值不断显现,数据安全已成为事关国家安全的重要方面,是数字政府、数字经济的生命线,也是数据管理工作和"以数治税"的前提和底线。当前,数据在税务机关执法、监管和服务过程中的作用越来越重要,税收数据库中拥有纳税人缴费人的大量交易信息和涉税信息,涉及很多个人隐私和商业机密,存在被泄露和使用不当而产生的风险。在"互联网+税务"背景下,纳税人缴费人信息的采集和共享有可能受到网络病毒的攻击,纳税人缴费人的信息存储也可能受到黑客的恶意窃取,从而导致纳税人缴费人隐私泄露。要在保障税收信息的安全与纳税人信息的安全之间取得平衡。政府部门要不断完善税收信息保护机制,以填补税收征管法律法规中的漏洞。2021年9月正式施行的《中华人民共和国数据安全法》,就是为了规范数据处理活动,保障数据的安全,促进数据开发和利用,保障个人和组织的合法权益,维护国家的主权、安全、发展利益而制定的专项法律。目前,税务部门以数据安全法为导向和牵引,不断提高数据准备、共享、应用等工作规范化、标准化建设,不断完善税收数据安全相关制度规范的建设,及时填补制度空白,修复管理漏洞,杜绝税收数据安全隐患,并与保密工作相协同,推动数据安全保密一体化落实。

第三节 "以数治税"征管模式的实现路径

依托数字化驱动税收征管方式变革,是实现税收治理现代化的必由之路。伴随现代信息技术的持续应用和"以数治税"理念的不断深入,近年来,税务部门提出并不断充实完善了"六大体系"①的具体目标内容,并把构建"以数治税"税收征管模式贯穿于税收征管改革全过程,积极探索"以数治税"税收征管新模式、新路径,实现"以数治税"税收征管模式与"六大体系"建设目标的深度融合发展。

一、构建"以数治税"征管模式下党的领导制度体系

税务系统党的领导制度体系要在引领税收现代化高质量发展中发挥更为显著的优势。《意见》提出的工作原则中,第一条就是坚持党的全面领导。税务机关首先是政治机关,必须旗帜鲜明地讲政治,要做到税收征管改革推进到哪里,党组织就覆盖到哪里。这要求税收工作必须坚决维护党中央权威,健全总揽全局、协调各方的党的领导制度体系,把党的领导落实到当前税收征管数字化转型改革的各个环节。构建"以数治税"征管模式下的党的领导制度体系,可将党建、党务、纪检、组织、宣传、内审、财务等部门相关数据"一盘棋"统

---

① 2013年12月26日,全国税务工作会议提出税务部门到2020年基本实现税收现代化总目标,并将其细化为"六大体系",即完备规范的税法体系、成熟定型的税制体系、优质便捷的服务体系、科学严密的征管体系、稳固强大的信息体系、高效清廉的组织体系。2021年1月8日,全国税务工作会议根据党的十九届五中全会精神,进一步完善拓展新发展阶段税收现代化新"六大体系",即党的领导制度体系、税收法治体系、税费服务体系、税费征管体系、国际税收体系、队伍组织体系。本书"以数治税"税收征管模式的实现路径将依托于新"六大体系"。

筹,构建税务行政管理大数据融合分析平台,通过跨平台数据共享,打通党建、综合办公、数字人事、绩效管理、财务管理、采购管理、内控监督、学习兴税、税务宣传等税务系统行政服务数据链条,深化业务协作,深挖数据潜在价值,提升数据应用效能,实现系统的共融共通。切实做到税务干部信息"一员式"归集、税务部门情况"一局式"汇总。实现党务政务系统与税收业务系统相对接,为党务政务工作提供决策情报和业务大数据支撑。

二、构建"以数治税"征管模式下的税收法治体系

税收法治体系要在筑法治之基、行法治之力、积法治之势中推动,大幅提高税法遵从度。当前,数字经济蓬勃发展,对传统税收征管带来巨大挑战,而我国现行的税收法律法规并未跟上数字经济的发展步伐,数字经济交易活动涉及较多的是无形资产,数字经济背景下课税对象界限相对于传统产品或服务的课税对象更为模糊,数字产品、数字服务价值的评估难度较高,现行税制难以明确征税对象和税收优惠的适用性,也给税收征收过程中课税对象的确定和计量带来挑战。我国相关经济法和税法对数字经济的定义也几乎为空白,对数字经济商业模式产生的新类型的所得定性也没有明确的条文规定。数字经济背景下的税收法治体系要求法律规定明确、固定、操作性强,运行平稳高效,顺畅有序。从时间维度涵盖了税法运行的事前、事中和事后,从空间角度涉及全国人民代表大会及其常务委员会、国务院及其财税部门、司法机关以及广大纳税人等,税收法治体系的先进性需要充分协调各方的权利义务。

当前,构建经济数字化转型背景下的税收法治体系,需要对数字经济时代的税收征收管理法、个人所得税法、企业所得税法等都应及时做出相应的补充。同时,司法机关对法律条文做出具体的解释和执行标准,解决基层税务机关在具体执行中无法可依的难题。

未来税收法律法规和征管制度将按信息化、数字化、智能化管理标准进行修改,规划制定从"以票管税"到"以数治税"、从纸质到数据的系列涉税管理

制度,实现"交易即开票",推行数据驱动的后台无感监管新模式,涉税强监管,无税不打扰。税法设计将充分体现税收中性原则,税收监管制度设计更加合法、合理,符合数字化、电子化操作管理要求,实现公平公正公开、精确执法。

三、构建"以数治税"征管模式下的税费服务体系

税费服务体系要在提升办税缴费体验中大幅提高社会满意度。税费服务体系要始于纳税人缴费人需求,基于纳税人缴费人满意,终于纳税人缴费人遵从。构建"以数治税"征管模式下的税费服务体系的意义在于,不让纳税人缴费人围绕税务部门的岗责划分和工作流程来回跑、分段办。纳税人缴费人满意是税费服务的直接动力,纳税人缴费人的需求也促进了税费征管与服务的创新。《意见》提出,到 2023 年,基本建成"线下服务无死角、线上服务不打烊、定制服务广覆盖"的税费服务新体系,实现从无差别服务向精细化、智能化、个性化服务转变。税务部门以现代信息技术为支撑,将大数据、云计算、人工智能、区块链等技术与办税缴费业务相融合,可建立智能感知、智能引导、智能处理的多元化办税缴费方式。同时,打通线上线下办税缴费服务渠道,通过加载强大在线收付功能,支持多元化办税缴费方式。全面改造提升"12366"税费服务平台,加快推动向智能咨询为主转变。进一步探索"以数治税"征管模式下的办税缴费服务体系,建立按需定制、因需而变的需求诉求实时协调响应机制,运用税收大数据智能分析识别纳税人缴费人的实际体验、个性需求等,加强与纳税人缴费人的交流互动,全面采集纳税人缴费人在办税缴费过程中的需求、问题、意见和评价,对纳税人缴费人开展数据和行为分析,精准定位纳税人缴费人诉求,精准提供线上和线下服务。通过创新征纳双方的互动模式,实时回应并精准识别纳税人缴费人的具体需求,制定个性化服务模式,加强线下和线上服务模式的相互衔接,主动提升办税缴费新体验。持续优化线下服务,更好满足特殊人群服务要求,确保税收业务最短时限直办快结,在"管"上规范用力,确保涉税诉求最大限度直通快应。切实推动税费服务向精

细化、智能化、个性化转变。

四、构建"以数治税"征管模式下的税费征管体系

税费征管体系是税费征收管理活动中各要素相互联系和制约所形成的整体系统。税费征管体系应以"以数治税"为导向,要在推进理念方式手段变革中更加优化高效统一,要围绕智慧税务建设目标,着力推进"两化、三端、四融合"建设,形成税费征管新格局,实现税费征管数字化转型。

实施数字化升级和智能化改造。《意见》把"全面推进税收征管数字化升级和智能化改造"摆在各项重点任务的首位,体现了科技创新在推进税收现代化建设中的关键作用。在数字化升级方面,税务部门通过智慧税务建设,围绕纳税申报、税款征收、税收法治等重点方面进行税收征管数字化转型升级。并以发票电子化改革为突破口,将各类业务标准化、数据化,让全量税费数据能够根据应用需要,多维度适时化地实现可归集、可比较、可连接、可聚合。在智能化改造方面,税务部门不断推进大数据、云计算、人工智能、区块链等新技术与税收征管深度融合,并对数字化升级后的税费征管系统进行智能化改造,将人工智能嵌入税费征管流程,且征管重心前移化,从"重治疗"转向"重预防",实现税收风险管理由"事后处理"转移到"事前、事中精准监管"的转变。通过反映现状、揭示问题、预测未来,更好地服务纳税人缴费人,更好地防范化解征管风险,更好地服务国家治理。

推进"三端"平台建设。为贯彻落实《意见》要求,可建成全国统一的纳税人端服务平台、税务人端工作平台、决策人端指挥平台,全面推动税收征管数字化转型。在纳税人端,通过打造法人税费信息"一户式"、自然人税费信息"一人式"税务数字账户,依托税务数字账户进行"一户式"和"一人式"归集,通过自动归集交易双方数据,可以帮助纳税人自助办理相关涉税事项,并向其提供基础数据服务。"一户式"和"一人式"数字账户成为纳税人在税务局的数据资料"保管箱",数据将成为连接征纳双方的新纽带,以数据驱动业务,实

现法人税费信息和自然人税费信息智能归集。可实现对同一企业或个人不同时期、不同税种和费种之间，以及同规模、同类型企业或个人之间税费匹配等情况的自动分析监控。在税务人端，通过打造"一局式"和"一员式"应用平台，实现税务系统所有单位和人员信息可分别进行智能归集，并按照税务人员所处层级、部门、职务、岗位、业务范围等进行标签化和网格化管理，智能推送工作任务，进行个性化考核评价，从而大幅提升内部管理效能。在决策人端，通过打造"一览式"应用平台，实现对征纳双方、内外部门数据，可按权限在不同层级税务机关管理者的应用系统中进行智能归集和展现，为管理指挥提供一览可知的信息，促进提升智慧决策的能力和水平。

实现"四个融合"。一是实现算量、算法、算力的有机融合。税收大数据的特征是数据规模大、类型多、颗粒度细，以税收大数据为算量，借鉴国际先进经验，创造先进算法标准，持续加强算力建设，从而构建一个超级算量、智能算法、强大算力的"智慧税务大脑"，通过对涉税数据的捕获和流动，充分感知执法、服务和监管等各方面的业务需求，并敏捷地进行应对。二是实现技术功能、制度效能、组织机能的有机融合。充分发挥现代信息技术和税收大数据的驱动作用，实现制度规范、业务流程等方面的融合升级和优化重构，推动税务组织体系横向集约化、纵向扁平化，使税务部门的组织职能划分更加明晰、岗责体系更加科学、人员配置更加合理，从而更好地适应现代化税收征管和服务的需要。三是实现税务、财务、业务的有机融合。在"以数治税"征管模式下，税收规则、算法、数据直接融入纳税人的经营业务之中，使税务、财务和业务有机融合，企业的每一次交易活动均可自动计算应纳税额，降低遵从成本，提高征管效率。四是实现治税、治队、治理的有机融合。按照"制度加科技、管队又治税"的思路，坚持"以数治税"与"以数治队"联动，全面上线内控监督平台，将内控监督规则、考核考评标准渗入业务流程、融入岗责体系、嵌入信息系统，实现过程可控、结果可评、违纪可查、责任可追的自动化联动监控，不断拓展"以数治税"乘数效应，大幅增强带队治税的税收治理效能。同时，还将通过深化税收大数据分析应用,为宏观经济和社会管理及时提供决策参考,更好服务国家治理现代化。

五、构建"以数治税"征管模式下合作共赢的国际税收体系

国际税收体系要在推动全球税收治理变革中充分展现中国税务治理之智。国际税收体系是"构建人类命运共同体和全球经济治理"的重要组成部分,是我国在国际税收领域话语权和影响力的重要体现。在"以数治税"征管模式下,构建合作共赢的国际税收体系,一是要提升话语权和影响力,做数字经济相关规则制定的参与者、制定者和引领者。中国要积极参与数字经济背景下的国际税收规则和标准制定,主动参与国际谈判,在新规则制定中抓住先机,努力将中国智慧、中国经验、中国方案、中国主张融入全球税收治理体系中。在推动全球应对数字经济挑战、重塑数字经济全球税收治理秩序的发展过程中发挥重要作用。二是打造优质便捷的国际税收服务体系。要以当前的"智慧税务"建设为契机,打造优质便捷的国际税收服务体系,依托信息化手段切实提升国际税收征管精准度。持续推进"非接触式"办税,不断提升纳税便利度,实现国际税收主要涉税事项"网上办"和"跨国办",并建立"普惠+定向"的分类服务模式,推行优质便捷的个性化服务。三是要构建国际税收分析体系。要用好税收大数据,打造指标完备、标准规范、分析智能、监控精准、方法科学的国际税收分析体系,加强申报管理及跨境利润水平监控系统等数据的应用,挖掘案源信息,聚焦重点行业、重点领域,有针对性地开展打击国际逃避税,维护我国税收利益。四是要加强国际税收合作。推动完善国际税收合作与协调机制,执行好多边税收公约,加强税收信息交换,形成深度交融的互利合作网络。全面深入参与"BEPS"行动计划,构建数字经济背景下反避税国际协作体系。完善"一带一路"税收征管合作机制,帮助发展中国家和低收入国家提高税收征管能力,继续引领广大发展中国家积极参与全球税收治理。

六、构建"以数治税"征管模式下的税收队伍组织体系

税收队伍组织体系要在优化完善、改进提升中推动进一步营造凝心聚力、干事创业的浓厚氛围。在《意见》贯彻落实过程中,必然会遇到许多过去不曾见到的新情况、新问题,构建"以数治税"征管模式下的税收队伍组织体系,要求广大税务干部要直面困难和问题,不断增强担当意识,在改革攻坚中提升"用数能力",在提升能力中稳步推进改革。

一是实施人才支撑战略为征管数字化转型提供保障。进一步深化税收征管改革的顺利推行必须要建设一支"以数治税"征管模式下的高素质干部队伍。《意见》描绘的改革蓝图,覆盖了"带好队伍、干好税务"为主要内容的新时代税收现代化建设总目标,要求完善"带好队伍"体制机制,打造忠诚担当的税务铁军。结合深化税收征管改革发展需要,推进"以数治队"的现代化税收队伍组织体系建设,配强人员和力量,进一步破除部门间管理联动壁垒,打造高效协同的组织管理体系,提升税务人力资源配置效能。实施人才支撑战略必须要健全以税收战略人才、领军人才、专业骨干和岗位能手为主体的"人才工程"体系,着力培养塑造适应互联网、大数据、云计算、人工智能等新技术应用,更具国际化、专业化、年轻化的高素质税务人才队伍,积极开展税收大数据应用方面的学习和培训,推动全体税务人员尤其是领导干部学大数据、懂大数据、用大数据,成为助推"以数治税"的行家能手,满足"以数治税"征管模式下的税收工作要求。

二是提升干部队伍的"改革能力"和"用数能力"。在《意见》落实过程中,税务干部必须具备专业化思维与能力,要树立数据是重要资产的理念,让税务干部在潜移默化中增强精确、精细、精准、精诚的理念,强化"用数"意识、增强"用数"能力,依法依规"用数"、科学"用数"。不断提升干部队伍的"改革能力"和"用数能力",对《意见》落实中的难点、重点问题想方设法竭力求解、努力化解、合力破解。探索实行团队化管理模式,将既有的优秀人才组成

专业团队,通过在税收征管改革中的实战化锻炼,发现人才、培养人才,形成一批专业型业务骨干。结合"以数治税"征管实际,对难度大、涉及面广的复杂事项,组建跨层级、跨部门、跨区域风险应对专业化团队,实施"专业化+跨区域"团队式应对,在实战中提升本领、锻炼干部。

第四节　"以数治税"征管模式应用前景展望

将来在"以数治税"征管模式下,可充分发挥科技赋能税收征管的倍增效应,确保征管方式更智能、更给力,让科技融入税务执法、服务和监管的全过程,使税收征管工作提质增效。税务部门紧跟科技创新步伐,可在以下几个方面实现新的跨越。

一、"GIS空间分析"让税源监控更直观

将地理信息系统(Geographic Information System,简称GIS)引入到税源监控和风险管理中来,利用GIS对大型空间数据的整合和特有的直观表达方式,来实现经济税源地理信息的空间分析。

一是当GIS技术应用于税费服务时,一方面,依托GIS的可视化分析能力,可直观展示区域产业结构变化、区域间要素流动情况,通过精确定位同类型纳税人缴费人,结合优惠政策落实和企业诉求,可以帮助税务机关有针对性地开展纳税缴费辅导、政策推送和涉税涉费提醒服务等,形成对纳税人缴费人的全图覆盖、精准定格、多维跟踪、滴灌服务的数字化动态服务模式。另一方面,利用政府数据资源共享及GIS系统空间计算能力,突破表单填报传统方式,化繁为简,纳税人只需要在地图上圈出被选中的楼宇即可实现精准税源采集,加快税收监管与服务的融合发展。

二是当GIS技术应用于税源管理时,可依托统一税务大数据云平台,利用GIS电子地图精确、可视化程度高、定位准确等优点来为税务信息化服务,采

集国土房产、城市规划、能源消耗、环保排污等外部门信息,运用空间大数据可视化技术,搭建数据运算体系和数据挖掘模型,实现税源数据可视化。将企业税源地址与地图经纬度相绑定,打造集户籍管理、税源分析、风险监控于一体的 GIS 税源地图。整合纳税人涉税动态数据,同步映射至其实际物理位置,真正做到税源管理全面覆盖,界限明确。综合运用地理信息、5G 互联通信等技术,可实现集快速定位、地址核查等为一体的户籍空间化、网格化管控。聚合纳税人登记、申报、发票、不动产等涉税信息,实现税源管理"无缝隙、全覆盖",以崭新的视角透视税收风险、企业能力及区域经济运行状况,真正做到"一图在手、统揽全局"。

三是当 GIS 技术应用于决策管理时,税务 GIS 地理信息系统将地理位置数据和税务大数据相结合,借助独有的空间分析功能和可视化表达功能,将成为辅助决策、税费征管的基本工具,实现决策指挥、税费服务和税收征管的全景式展现、可视化跟踪、立体化分析。以空间地理技术为依托,以提升大数据分析为重点,以强化房土两税治理为目标,将房产信息、能源消耗信息、环保信息接入地理信息系统,拓宽数据采集面,强化数据利用效率,提升数据分析能力,不断深化"以数治税"。空间化技术和大数据整合,可以实现对税收数据和税源数据的深度分析,展现房土税源分布、房产流转频度、房产交易价格变化等情况,为宏观决策提供支持。

二、"私人定制"让办税缴费更省心

近些年来,全社会数字化转型加速,推动政务服务进一步迈向数字化、开放化、网络化、场景化、智能化。当前,以服务纳税人缴费人为中心理念的转变,推动办税缴费服务不断走向"私人定制",为纳税人缴费人提供更加优质高效的服务。

一是提供基于推送算法"千人千面"特征的个性化服务。税务部门主动识别纳税人个性化需求,为纳税人准备更为精准的政策、通知、服务等信息。

推动从"人找服务"向"服务找人"转变,不断完善"千人千面"的个性化服务。例如,以发票领用为例,根据纳税人基本信息、用票量、历史用票信息、发票结存信息等,智能感知纳税人的用票需求;结合纳税人信用与风险标签,以及同类同规模纳税人用票情况进行自动计算,向纳税人智能推荐领用份数以及最高开票限额;纳税人在推荐区间内领用的可在移动端一键确认式办理;纳税人领用需求超出推荐区间的,以智能引导、智能审批方式全程网上办理;如办理过程中纳税人仍有疑问需人工服务的,可在办理界面一键发起远程协助,支持以视频方式互动。

二是提供基于人工智能"精细画像"量化特征的个性化服务。税务部门可通过对纳税人日常行为进行提炼分析,为纳税人赋予个性化标签,主动识别纳税人个性化需求,通过灵活配置、服务智能化重组等方式快速响应纳税人合理诉求,为纳税人提供"私人订制"服务,实现始于纳税人需求,终于纳税人满意的目标。比如,基于人工智能技术,税务机关可对纳税人的特征和办税行为进行分析,构建不断精细化的纳税人"画像",即纳税人的量化特征。在后续服务中,依据办税人员的办税习惯,税务机关可向其提供更加精准的个性化服务。而基于虚拟现实技术,纳税人则可以与虚拟的税务人员"面对面"对话,轻松实现业务的在线交互办理,使得纳税辅导更加精准、高效。

三、"隐私计算"让税收数据"可用不可见"

税务部门作为国家重要经济部门,税务信息系统和税收数据历来是网络攻击的重要目标。税务部门在依法采集和保存纳税人缴费人隐私信息的同时,有义务对其进行依法保护。

一是税收数据开放必须安全、可信、可控。税收数据具有极高的含金量。数据是关键生产要素,税收数据是皇冠上的明珠,税收数据的充分应用有助于落实国家的政策,帮助缺乏抵押品的小微企业、初创企业和年轻人获得低成本贷款。因此,有必要应用各项技术,实现全流程隐私保护,在确保税收数据安全的前提下向外开放税收数据。但是税务部门所管理、服务的企业和自然人范围极广,数据涉及经济社会方方面面,一旦泄露舆情和责任巨大;税务业务涉及大量的自然人隐私。无论是个人所得税数据、社保缴纳数据,或者是房产契税、车船税、车购税数据,还是个人申请开具的各类发票数据等,或是数千万自然人实名办税时留存的人脸照片和身份证明以及联系方式,均属于自然人隐私,且具有极高的商业价值。因此要采取各种先进技术手段保障涉税数据进行安全、可信、可控的开放。税收数据的使用必须依据国家相关法律法规要求,保护纳税人隐私不受侵犯,在共享税收数据时应采用技术手段让涉税数据匿名化,传输税收数据时必须对涉及隐私方面的数据进行脱敏处理,即对商业机密和个人隐私等敏感涉税信息运用脱敏规则进行数据变形处理。

二是"隐私计算"可实现税收数据"可用不可见"。2021年,国务院办公厅印发《要素市场化配置综合改革试点总体方案》,并提出"原始数据不出域、数据可用不可见"的数据共享模式,以保护个人隐私和确保数据安全为前提,分级、分类、分步有序地推动部分领域的数据流通和应用。隐私计算是在实现保护数据拥有者的权益安全及个人隐私的前提下,实现数据的流通及深度挖掘数据价值的一种重要方法。通过"隐私计算"技术实现,不仅为数据的开放共享创造了条件,也为数据安全和隐私保护提供了技术保障。借助以机器学习、数据建模、数据预测分析、多方安全计算等为代表的隐私计算技术,数据合作主体可以实现原始数据不出库,仅数据"价值"和"知识"出库,从而完成数据融合的目标。隐私计算技术帮助数据合作方不需要得到真实的数据就可以实现想要的作用。例如,"隐私计算"为"银税互动"保驾护航。"银税互动"业务涉及机构纳税人、自然人纳税人以及缴费人,涉及机构纳税人的纳税申报数据以及发票数据,涉及自然人纳税人的个人所得税数据、缴费人的社保费数据。在得到全流程数据安全和隐私保护技术(如多方安全计算、联邦学习或区块链)的赋能之后,"银税互动"将会更好发挥作用,参与计算的多方进行数据联合建模,实现数据可用不可见。税务部门可以获知纳税人账户余额是否足额缴税但不能知道具体数据,银行可以知道客户是否每月足额缴税但不知具体纳税额。如此可以实现纳税人缴费人明细数据不出税务局即可满足金融机构的信贷审批评估之需,为金融机构与企业纳税人和自然人纳税人缴费人提供有效、安全、合规且风险可控的税收数据平台。

四、"税务中台"让税收征管更集约化

"中台"技术为互联网术语,是指企业搭建一个灵活快速应对变化的架构,快速实现前端提的需求,避免重复建设,达到提高工作效率的目的。税务部门可借鉴互联网公司的"中台"理念,建设集税务执法、服务、监管和共治于一体的"税务中台",将前台多样化业务需求与后台稳定性技术支撑有机结合,补齐前后台间隙,对不同的部门进行总协调和支持,满足前台的快速迭代需求和后台的稳定性,快速应对外界变化,让税收征管更有效率、更集约化。"税务中台"不是单纯的系统或平台,而是税务组织架构的重组和变革,是实现征管数字化转型的重要环节。在实践中"税务中台"可从以下四个方面来构建。

一是构建"执法中台",让执法更精确。"执法中台"的建设要准确把握税务执法的时度效,健全税费法律法规制度,严格规范税务执法行为,不断提升税务执法的精确性、规范性和统一性。用科技推动智慧执法,实现执法智能辅助功能,从经验判断转向智能决策。将人工智能、机器学习等为代表的现代信息技术应用到税务执法领域,保证"同样案件、同样处理",杜绝执法尺度不统一。如果前台执法人员在执法过程中不按系统作出的裁量标准执行,"执法中台"会自动进行提醒;而如果在执法过程中明显违规,系统会及时进行干预和阻断,并把结果反馈到督查内审系统,方便进行事后审计。

二是构建"服务中台",让服务更精细。税务部门可充分利用5G网络通信技术,依托大数据和物联网技术,建立人力资源和涉税资源集约式的"服务中台",实施标准化、规范化、全程可控的税收服务与管理。避免纳税人往返

于前后台办税,打通纳税服务"最后一公里",力争实现征管效能和纳税服务"双提升"。随着现代社会管理和服务的需要,以社会化协作方式,建立遍布乡镇层面的网格化涉税服务点,让纳税人缴费人"小事就近办,大事云端办,服务随处在",逐渐形成"线下服务无死角、线上服务不打烊、定制服务广覆盖"的税费服务新体系。

三是构建"监管中台",让监管更精准。在"监管中台"建设中,可不断积累并提炼各税收业务条线的共性需求,将税收管理中的经验提炼固化,转化为标准化、规范化的指引模板,并用接口或服务的形式输出。让日常管理跟着引导模板走,再辅以远程监控指导,形成执法行为全过程监管,以实现"无风险不打扰、有违法要追究、全过程强智控"的税收执法目标。

四是构建"共治中台",让共治更精减。"共治中台"的建设可依托社会化力量,不断拓宽纳税缴费服务的广度和深度,充分解决不同层级纳税人缴费人的需求,既营造社会化协税、护税和精诚共治的良好局面,又缓解税务部门人手紧张的困境,从而提升纳税人缴费人满意度。

五、"智慧大脑"让税收管理更智能

全国可统一构建面向纳税人缴费人和税务人的,以大数据为驱动,为办税服务、税收监管、决策支持、综合治税等提供智能化支撑的一体化税收信息化平台,形成覆盖各级税务机关、全部税收工作的"智慧税务大脑"。

一是"智慧税务大脑"具有"感知、思考、预警、统筹"四大能力。以大数据库为基础,以分析指标为抓手,深度挖掘分析数据,实现对各项业务事前、事中、事后全过程的数据赋能,模拟人体大脑功能,开发"感知、思考、预警、统筹"四大智慧能力,输出数据、图表、报告和指令,用数据决策、用数据管理、用数据服务,使管理更"聪明"、辅助决策更"智慧"。"智慧感知"可实时记录、归集、推送业务数据信息;"智慧思考"可全方位分析形成辅助决策建议信息;"智慧预警"可精准识别、推送风险预警并驱动处置;"智慧统筹"可科学均衡各单位、各人员的工作任务。

二是集成"三端"平台。"智慧税务大脑"还集成了纳税人端、税务人端和决策人端平台,纳税人通过"智慧税务大脑"集成的纳税人端应用,享受优质的线上办税缴费服务。税务部门通过"智慧税务大脑"集成的税务人端应用,开展服务和监管工作。税务部门各级领导机关通过"智慧税务大脑"集成的决策人端应用,智能收集和推送税务重大事项等,利用个性化信息推送手段和人工智能交互技术,实现领导决策任务的差异化推送和智能化关联,方便领导决策层及时掌握税收要情,更好服务国家宏观经济决策,不断提升税收治理现代化水平。

第四章　数字经济背景下税收征管制度完善

第一节　数字经济对税收征管的影响与应对

近年来,随着数字经济在全球范围内迅猛发展,大数据、云服务、人工智能、区块链等高新技术已渗入并充分作用于人们的日常工作、生活中,特别是它们与税收征管等政务活动深度融合,被形塑为"互联网+税务"等纷繁多样的新兴模式,由此对我国税收征管制度提出了新的改革、完善要求。在适应数字经济发展、推进我国税收征管制度变革的进程中,我们遇到了一些前所未有的新情况、新挑战、新问题,这些挑战和问题已深刻揭示出我国既有税收征管制度在新形势、新发展背景下存在的不足。

一、数字经济背景下税收征管理念的转变

作为驱动全球范围内税收征管在理念层面与时俱进的不竭动力,数字经济催生了一系列与之高度关联的新思想新理念,也为我国税收征管理念转型带来了一连串革命性变化,指导并深刻影响着我国税收征管在制度等相关层面的重塑与完善。

近年来,国内外各界针对互联网等高新技术全面渗入并不断形塑税收征

管等政务治理活动的大趋势,以及传统理论难以担负起指导税收征管改革重任的困境,在数字经济等新兴业态的倒逼下,先后提出了多种理论模型或思想理念,用以解释或指导新形势下的税收征管变革,并力图实现其与"互联网+"及其催生的数字经济等更高层级理念的无缝对接。在此背景下,我国对税务工作的现代化与信息化一向高度重视,具体体现在:始终将税收治理现代化内嵌于推动我国国家治理体系和治理能力现代化的伟大历史进程中,直至党的十九届四中全会发布的《关于坚持和完善中国特色社会主义制度、推进国家治理体系和治理能力现代化若干重大问题的决定》中对此仍予以强调;通过信息化等多种途径优化纳税服务与革新税收征管方式融入"放管服"改革中,并通过一系列积极有力的举措,致力于实现税收治理现代化、"放管服"改革与营商环境优化等系列远大目标;积极响应党中央、国务院的方针政策,结合自身实际、紧跟时代步伐,先后制定了一系列颇具影响力的规划或政策措施来予以落实。

我国税务工作指导理念变迁史昭示着我们,尽管其表述形式一直在演变,但随着时代发展和技术进步,促使税收征管与数字技术等高新技术高度融通理念的地位却在持续升高,并始终作为一项稳定的指导方针,不断引领着我国税收征管制度改革朝着正确方向阔步前进。在这条贯穿改革始终的明晰线索周围,还伴随或衍生出一系列与之高度关联的理念,保障并促进上述核心理念的稳步发展和顺利落实。这种高度结合并深入融通发展的理念,既得益于互联网等现代信息技术的飞速发展及"互联网+"理念的指引,也对"互联网+税务"理念的实践和内容的进一步丰富起到了积极的促进作用,并与后者一起引发了税收征管指导思想的革命性变化,从而有效引导并保障着我国税收征管制度改革的不断深入。此外,OECD等国际组织近年来在信息技术驱动下兴起的一些全新的税收治理理念及其成功实践,陆续被引入国内税收征管领域并已通过本土化方式付诸实施,取得了不错的效果,这对我国税收征管理念转变与制度变革等也产生了积极的推动作用。

由此,在数字科技加速发展、各领域改革全面持续推进的新形势下,税收征管发展趋势已呈现出从单一的权威式管理向互动式治理、合作性遵从全面转型的总体发展趋势,数字经济正不断为我国税收征管理念上的革新注入全新的活力,并借此助力于如火如荼的税收征管体系和制度变革。

二、数字经济背景下税收征管制度的变革

首先是基于某些领域迫切需要变革,以与数字经济发展相适应的税收征管制度上的反思与改革。这些反思及其与相关税收制度改革互动,既包括因国内以往税收实践中遇到棘手问题而产生的反思,也表现为域外新理论或新制度引入国内后产生的反思。譬如在以前的国内税收征管实践中,征纳双方间乃至与相关第三方间,普遍存在着涉税信息不对称情形。这不但影响到税收征管的质效,而且有背离公平法治等税收基本精神之虞。云计算、大数据分析处理等新兴技术兴起并引入税收征管后,该瓶颈才得以克服。这不仅推动了涉税信息采集、分析、披露与共享等方面的进一步改革,对税收征管制度的整体性变革也有很大助益。又如我国税收征管实践一直奉行税务机关与纳税人间是一种命令服从式的权力义务关系,这是基于国家分配论等传统思维定式衍生的结果,往往会导致征纳双方间的不合作乃至冲突对抗。国际上近年来兴起的合作性遵从理论被引入我国,有力地纠正了长期以来我国税收征管实践中过度强调单向强制遵从的偏颇之处,提出并践行着通过强制遵从和合作性遵从多管齐下的途径,促使纳税人遵从度进一步提升和保持征纳关系和谐的重要构想。这进一步促进了数字经济背景下多元化主体参与税收治理等相关机制的蓬勃发展。这些反思既是为顺应数字经济背景下相关制度变革或解决实际问题等迫切需求而产生,同时也深深影响到相关制度的革新乃至重构,并对后者的深入推进起到了积极的能动作用。

其次是革新、建构税收征管相关制度,以便与数字经济要求更好地衔接。这主要包括四种情形:一是针对因不适应数字经济等要求而亟待更新的既有

传统税收征管制度,应当尝试着结合国际上相关制度改革经验与我国现时国情,对其加以补强、优化乃至重构。二是针对已日趋成熟,但尚未载入法律一级的高层级规范中的税收制度,应当积极总结相关经验教训,通过国家最高权力机关的立法,对其加以确认和规范,使之在法治轨道上稳健运行。三是针对经实践证明取得较满意效果,尚待进一步发展的新兴税收征管制度,应当在充分考察国际实践效果并考量我国现时国情的基础上,通过规则建构或经试点成功后全面推行等方式,将该制度融入我国现行税收征管制度中,使之本土化。四是针对现代信息技术发展和多方面改革的现实需要自主进行的改革新探索,进一步推动数字经济背景下的相关税收征管制度改革,使之与相关改革发展协调联动、相得益彰。

三、数字经济背景下税收征管职责的重塑

数字经济对我国税收征管的深刻影响,还体现在其通过将一系列现代信息技术全面引入我国税收征管全过程中,并与之深度融合,从而一方面使得税务机关的一些传统岗位因被新兴技术取代等而迅速萎缩或被裁撤,另一方面又催生了一大批技术含量高、急需复合型人才填补的新型岗位,这倒逼我国各级税务机关积极应对数字经济及其带来的新形势、新问题,通过借鉴流程再造等理论,在组织机构与人事等方面进行全面变革,进而提升我国税收征管的质效。

在组织机构改革方面,可以借助数字经济和国地税征管体制改革等新时代的东风,通过在全国推广电子税务局及重构税收征管与纳税服务流程等方式,全力推动其组织机构层面的转型。一是我国各级税务机关紧跟现代信息技术发展新趋势,增添了一些新颖的服务流程,如纳税人个性化定制服务与纳税人需求信息精准推送等服务项目。二是大数据等现代信息技术的迅猛发展及其在税收征管中的广泛运用,使得组织机构的中间层及一些从事较初级工作的岗位迅速萎缩;相应地,从事数据分析处理、税源监控与风险管控等工作

的岗位却借此契机得以扩大。这不但带动了我国税收征管在制度和组织结构等层面的整体变革,还有力地驱动了我国税务系统人才培养与引进模式的转型。三是我国税务机关为解决纳税人"多头跑"等现实问题,尝试着突破税种分工等固有壁垒,为纳税人提供"一站式"或"一网式"等特色鲜明的一体化纳税服务,提升了纳税服务质效。四是因应税收工作与信息技术深度融合的态势,将与大数据分析处理等高端业务相关的涉税工作权限集中至总局和省局层面,并在总局层面整合相关业务,新成立了税收大数据和风险管理局,这意味着我国在税收征管组织机构重构方面迈出了坚实的一大步。

第二节　完善税收征管制度的逻辑基础

一、完善税收征管制度的必要性分析

（一）提升征管质效与解决信息不对称的需要

在前数字经济时代,税务机关即与纳税人及金融机构、其他政府部门等相关第三方主体间乃至税务机关内部均存在着严重的信息不对称,由此形成税务机关掌握的税务信息不全面、碎片化乃至出现"信息孤岛"的局面。这严重制约了税务机关征管职能的作用发挥,也使得部分纳税人利用上述信息优势做出逆向选择或悖德行为,以规避税收征纳。囿于人力、财力与时间成本等因素,税收征管长期奉行的"人盯户、票管税"等全面监控的陈旧策略往往显得笨拙、刻板甚至力不从心,从而造成税收流失、国家税收利益受损,并进一步降低了税收征管质效。

尽管互联网、大数据等现代信息技术的兴起及其在税收征管中的广泛运用,通过涉税信息的及时采集、分析、披露和共享等机制,使征纳双方及其与相关第三方主体间所掌握的信息更趋对称,这在一定程度上畅通了普遍存在的"信息孤岛",有效缓解了有违税收中性、公平与效率等基本精神的信息不对

称趋势。但我们也应清醒地看到：一方面，由于国内相关税收征管改革滞后于信息不对称形势和新兴技术发展态势，加之对新兴技术的运用向来有重技术、轻制度和理念的倾向，新形势下的涉税信息采集、利用、披露与共享等重要内容至今未正式载入高位阶税收征管法律规范中，使得相关技术在税收征管中的运用还不够规范和健全，缺乏相关制度上的有力保障；另一方面，互联网等前沿技术的飞速发展也是一把双刃剑，这是因为逐渐兴起的电商平台、共享经济等新经济业态，除了其中蕴含的新型财产、新业态及新型纳税人等因素造就了有别于传统样态、性质特征更复杂的税源外，还由于其间的交易主体、内容及时空等要素具有虚拟性、高度流动性和隐蔽、易篡改等特质，给其准确认定带来了不小困难，也给税收征管增添了一定难度，加上大数据时代涉税数据信息激增，使得按传统"人盯户、票管税"工作方式的执法人员，以其有限的精力和财力难以从容应对海量涉税信息，这进一步加剧了早已存在的信息不对称风险。

（二）促进公平法治，推动税收治理现代化的需要

一方面，大数据等现代信息技术及其"互联网+"理念在税收征管领域的广泛应用，不但"拉近了税务机关与纳税人间的相对距离，便利了征税主客体间的沟通反馈，重塑了税收征纳关系的结构流向"，而且也"为提高税务机关的服务意识和质效、推动业务和技术创新提供了机遇"[1]，另外还体现为通过先进技术手段，尽量减少对人为干预的依赖及尽量降低纳税人逃避税的风险。可喜的是，与之相对接的金税三期工程不仅实现了征纳数据的全国大集中，而且也正逐步实现与外部信息交换的规范化。这不但有利于促进税收征管领域的公平和法治，纾缓征纳主体等各方间长期存在的紧张关系，而且有力地助推了我国税收治理法治化进程。但不容忽视的是，"互联网+"理念在税收征管

---

[1]　马敏：《"互联网+税务"背景下税收征管现代化问题研究》，《税务研究》2019年第2期。

领域全力推动的很多革新措施还未得到相关制度的及时确认,这对税收公平及税收治理现代化等战略目标的实现明显不利。

另一方面,我国现有税收征管制度疲于应对新形势下信息技术及其衍生问题对其构成的严峻挑战:一是面对互联网金融、电商平台、共享经济等具有异于以往特质的新兴业态及其带来的税源与适用税目等多方面的革命性变化时,我国传统税收征管制度往往显得力不从心,加之现行《税收征收管理法》与新修订的《刑法》《民法》《电子商务法》等法律之间对此也缺乏统合协调,从而使税收公平与法治等目标难以实现。二是数字经济背景下涉税信息激增,远远超出传统税收征管的能力范围,陈旧的抽样检查方法有以偏概全之虞、有违实体及程序公正的基本要求,因而在新形势下难以适用。三是传统税收征管制度将权力与责任过度集中于税务执法机关,甚至形成责任倒置,这难以有效平衡各方间的权利(力)、义务和责任,与"互联网+"理念驱动税收征管从权威式单向管理向交互式协同共治转型的新趋势不相吻合。

（三）应对新兴业态,降低征纳成本的需要

一方面,随着现代信息技术在国内迅猛发展及其与传统行业的深度融合,许多由此应运而生的新兴业态在我国迅速崛起、蓬勃发展,甚至成为行业翘楚。作为数字经济驱动下诞生的新业态,它们不但倒逼传统商业模式与新兴技术对接、交融并发生质变,为国民经济发展增添全新动力,促使其不断优化升级,而且它们在税源、纳税主体与适用税目等诸方面形成纷繁复杂且有别于传统的全新业态,给当前税收征管制度的有效运行带来一定的挑战。如在纳税主体方面,以电商特别是 C2C 电商模式为例,作为不同个人间借助电商平台进行交易的电商模式,C2C 模式中的交易双方均是个人,作为卖方的个人对税收制度等的认同度较低,多数未办理工商和税务登记,以致其主管税务机关难以直接获得其涉税信息,造成事实上的漏征漏管,加之其他因素共同作用,加剧了征纳双方间的信息不对称,致使纳税人遵从度显著降低,造成税源的大面积流失。又如在电商与共享经济等领域,作为商品卖方或服务提供方的个人通过相关平台所获收入应缴纳增值税与个税等多种税收,但鉴于我国现行税法规范及《电子商务法》等相关行业监管法并未赋予相关平台法定的代扣代缴义务,这产生了相当程度上的法律缺失,使得那些尽管单笔数额较小但所涉面较广、交易量及金额汇聚起来数目极大的应税行为,其所对应的纳税人如未能如实履行纳税义务,将在很大程度上造成税款流失。这不但会形成较严重的信息不对称,而且会显著增大征纳成本,降低征管质效。

另一方面,尽管税收征管坚持走与现代信息技术深度融合之路,是有效降低征纳成本与提升征管质效的明智之选,但我国现行税收征管制度的不完善却对此形成掣肘之势。因此,需要适应数字经济等新时代要求,对我国税收征管制度加以进一步完善。

首先,征管质效主要包括征管与纳税服务质量、税收经济效率与行政效率等评价维度,互联网等新兴技术对其均具有积极的促进作用。一是不但区块链与其他加密技术可确保涉税数据获取与传输的安全,而且人工智能技术支持下的智慧税务可自动纠正拼写与逻辑等人为错误,另外办税流程通过技术手段的进一步便利化与无纸化,无疑有助于征管质量提升。二是人工智能等前沿技术促进相关纳税服务更便捷、更贴心,相关纳税辅导等服务项目也更注重时效性和个性化,由此提升了纳税服务质量。三是通过信息技术不断减少纳税次数、每次纳税时间及减税降费等一系列举措,进一步优化了税收营商环境,切实提升了纳税人的生产经营效率,从而助力于税收经济效率增进。四是准许纳税人通过网银或第三方支付平台等移动终端及时足额缴税以实现资金流和信息流的双向顺畅流动,通过云服务及与相关第三方主体进行充分的涉税信息共享等方式有效存储和利用海量涉税数据,通过简化部分税制要素及税收征管流程等以实现税收征纳的进一步便捷化,通过大数据等高新技术力促税务稽查更趋高效和精准化等多重措施,有力促进了税收行政效率的提升。

其次,征纳成本既可细分为征税成本、纳税(遵从)成本、相关第三方成本,也可分类为显性成本与隐性成本,其与征管质效的提升与否高度关联。而互联网等新兴技术在该领域的广泛运用也对其产生了一定程度的削减作用。一是多种提升税收行政效率与征管质量的措施,使得很多税务执法人员得以从先前繁复的人工操作中解脱出来,这有利于征税成本的显著降低。二是除了通过信息技术为纳税人节省了大量的纳税次数与单次纳税时间,纳税服务定制更趋个性化外,电子发票新系统的研发推广和上线联网、纳税手段的多样化和便利化、无纸化乃至全程移动办税等措施也促使纳税成本明显下降。三是近年来在信息技术支持下大力推动的纳税信用体系建设及其衍生的激励与惩戒机制、涉税信息适度公开披露等机制,均有利于相关第三方主体更准确地掌握和判断纳税人的信用度等方面的信息,并对企图违法的机会成本等形成有力约束,从而有助于降低相关第三方主体因与纳税人间信息不对称而产生的额外成本。

最后,尽管已有的措施可有效削减成本与提升质效,但因我国现行税收征管制度的相关规定明显滞后于我国科技的突飞猛进,因而该现状对这些措施在国内的规范化施行形成一定的制约。这不但表现为涉税信息共享与披露、纳税服务个性化定制、准许电子发票与新兴技术深度融合等方面的规定尚未正式载入高层级税收征管法律规范中,未能得到制度上的充分保障。而且表现为税务机关未能完全实现扁平化、集约化的组织架构变革,致使相关征纳流程进一步简化的努力受阻。

(四)创新社会治理,提升纳税人遵从度与满意度的需要

其一,就社会治理创新而言,近年来,随着我国市场经济的蓬勃发展及其与互联网等新兴技术深度融合,不但市场主体数目激增、新兴业态层出不穷,而且不同主体利益诉求也趋多元化,生产经营方式更显多样化和复杂化,这使得政府过往大包大揽的管理方式已不适用,从而孕育着从权威管理向社会多

元参与、协同共治全面转型的变革需求,这致使原有的税收管理思维理念与制度实践在新形势下显得疲于应付。而数字经济及其驱动下的行业生态全面革新进一步加剧了矛盾,进而要求现代税收征管制度应进一步融入善治、遵从、合作等多重元素,其变革应与社会治理创新相协调,促使部分政府权力向社会回归,重塑新形势下权力与权利、管理与服务、政府与社会等多对范畴间的关系。

其二,就税制改革保障而言,近年来,我国各税种的改革一直在如火如荼进行并初见成效,但如何与互联网等新兴技术妥善衔接已成为税制改革中一项不容回避的课题。为了新形势下更好地促使税制改革的顺利开展、税收程序与实体制度间的良性互动,税收征管制度的进一步完善便成为必不可少的先决条件。一是因应新形势的全面转型改革税收征管制度,可形成与现实需要相适应的涉税信息管理能力,进而不但可通过扩大税基、降低税率、公平税负,实现税制的健全与规范;而且也可通过促进增减适度、统筹平衡的税收结构性调整,优化税制结构。① 二是具体税种改革也亟须现代化税收征管制度的有力支持。譬如个人所得税改革已实现由分类征收向综合征收转换,这促使针对个人涉税信息的需求缺口形成并不断扩大。因此,税制改革除了需要满足其对前沿技术日益增长的需求外,还亟须税收征管制度与之同步或联动完善,以便为税制改革深入推进提供有效保障。

其三,就各方合法权益保护而言,大数据等新兴技术的兴起解决了税收征管中长期存在的数据碎片化、"信息孤岛"等问题,由此使得涉税信息的大样本采集、分析处理、公开披露、共享与安全保护等均成为可能,从而有效地降低了征纳成本、提升了征管质效。但不容忽视的是,涉税信息的采集、分析处理、公开披露与共享等行为自有其边界,若稍有不慎越界,则会造成对纳税人信息权难以挽回的损害。同时,涉税信息也要依法公开,如不公开披露,则会侵犯

___

① 张念明、庞凤喜:《论涉税信息管理能力与税制结构优化》,《中南财经政法大学学报》2015年第2期。

其他公众的知情权、监督权,助长某些不诚信纳税人逃避税的倾向,如何准确拿捏披露尺度便成为一大难题。而且涉税信息的采集、分析处理、公开披露、共享与安全保护等活动虽已随新兴技术的发展而日趋成熟,但至今仍未出现在高层级税收征管法律中,由此难以获得制度上的保障与规范。此外,税务机关、纳税人与相关第三方主体等征纳各方的其他合法权益之配置与保护,也急需我国税收征管制度因应数字经济等新时代要求予以完善,以使征纳各方关系更趋均衡、和谐。

其四,数字经济背景下对我国税收征管制度的进一步完善,可通过多种途径的综合作用,有效提升各类纳税人对税收活动的满意度和遵从度。近年来域外相关研究揭示了税务机关公信力与强制力对纳税人遵从度的双重影响,这让合作性遵从理论迅速兴起,并对传统强制遵从理论形成有力的挑战和补充,而互联网等新兴技术及相关理念无疑对纳税人合作性遵从起到了积极的推动作用。这主要表现在税务机关通过信息技术提升了纳税服务水平、实现了涉税信息在征纳各方间更精确的分析与共享,使相关涉税事项的处理更便捷,提高了征管质效、降低了遵从成本,从而促使纳税人遵从度得以大幅提升。同时,纳税人在提质效、降成本的人性化服务过程中,切实感受到税务机关从单向管理向互动共治导向的理念转型,增进了征纳各方间的协作互信,从而有助于提升纳税人对税收活动的满意度。但这些行之有效的措施,急需将它们上升至法律高度,得到立法的确认与规范。

二、完善税收征管制度的可行性分析

(一)理论支撑

国际上近些年来先后兴起的诸多理论探寻,为数字经济背景下我国税收征管制度的健全完善提供了坚实的学理支撑。

其一,根据针对财税各方主体法律关系构建的财政信托理论,即将征纳双方视同信托业务中的委托方与受托方,纳入到风险管控框架去分析征管制度建设。在税收征管过程中,作为委托人的广大纳税人与作为受托人的税务机关间的确存在着多种信息不对称现象,由此引发的风险自然不可轻视。基于上述分析构建的信息不对称及风险管控理论,对此提出了较为周密的解决方案,但此前由于观念与技术限制等原因,该方案一直未能得到有效的践行,而现代信息技术的全面引入及其与政府治理的深度融合为解决上述问题给出了效果良好的"对症之药"。

其二,学习借鉴新公共管理及整体政府理论。基于对传统政府科层制、权威式管理积弊的不满及受到信息技术的猛烈冲击,发达经济体在新公共管理理论的指引下,学习企业的成功实践经验,力图实现政府角色的逐步转型,并将纳税人或公民视为其顾客或消费者,将其满意度作为管理质效的重要度量标准,这显著提升了政府治理的效能,但也暴露出不少新问题。继而发达经济体在对新公共管理理论加以扬弃和改造的整体政府和新公共服务等新理论的引导下,对政府治理中存在的问题做出有针对性的补正,其在大数据等新兴技术辅助下成效更趋显著。这对作为政府治理不可或缺部分的税收征管制度而言也是适用的,特别是新公共管理及整体政府理论中所蕴含的流程再造思想,对税务系统组织机构和人员等方面的变革及税收征管、纳税服务相关流程的进一步优化产生了积极的作用。在合理吸收上述理论的基础上将其适时引入,并结合实际提出政府治理中的"放管服"、服务型政府及税收征管中的便民高效原则等一系列颇具中国特色的思想理念,指引并确保了新时代背景下我国税收征管制度变革的深入推进。

其三,强化共治理念。基于对多中心治理及合作治理等理论的合理借鉴,多元共治、协同共治与综合治税等理念,在政府治理等领域积极践行,取得了喜人的成效。从税收征管层面来看,主要表现在处理税收征纳关系和税收治理等问题上,正逐步转变长期以来税收征管权优位的观念,从强调"治民性"的不平等、单向、对抗的税收管理关系转向"治权性"的平等、互动、合作的税收治理关系。① 也还表现在鼓励纳税人与相关第三方主体等公众积极参与到税收治理过程中,并与税务机关间保持良性互动与有效沟通的和谐合作关系,使税收征管过程更趋公开、透明。

(二)技术驱动

2018 年度诺贝尔经济学奖得主、美国经济学家 Paul Romer 提出的新增长理论表明,技术进步是经济增长乃至政务治理进步的重要内生动力,并基于此论断构造了技术进步内生增长模型加以说明,这得到了海内外许多重要实例的验证,新形势下我国税收征管制度变革亦不例外。

其一,大数据技术在我国税收征管领域得到了广泛运用,不但应用于税务稽查领域,通过网络爬虫技术抓取网上涉税数据,并通过大数据与纳税人申报及相关第三方提供的涉税信息技术加以比对挖掘、清洗存储与分析处理,从而迅速查出涉税违法乃至犯罪行为。而且还应用于纳税信用领域,通过已生成的纳税人数字账户将纳税人的相关信息不断积累,从而为不同纳税人准确地"贴标画像",客观反映其信用状态等诸多特征,并与其他部门及时互联、共享该信息,以形成立体化的信用评价体系,从而使先前苦于技术限制的"用户贴标画像"理论落到实处。

其二,区块链技术与我国税收征管制度实现了深度融合,并推动税收征管的全面变革:在电子发票领域,充分利用区块链可追溯、实时记录等诸多不同于传统技术的优良特性,通过电子发票在区块链上的储存与调取,使电子发票内容不易篡改,从而使得电子发票原有的防伪税控机制更安全稳固,以防范纳税人利用发票逃避税的风险;在纳税信用领域,通过区块链的智能合约功能,将关联企业等潜在逃避税对象的交易信息都录入区块链中,使之难以篡改,并由此在一定时限内对区块链上信用不同的纳税人采取一定的激励或惩戒措

---

① 朱大旗、胡明等:《〈税收征收管理法〉修订问题研究》,法律出版社 2018 年版,第 79 页。

施,以促使他们严格依法纳税,并大幅降低税收征管与纳税遵从的多项成本。

总之,相关技术在税收征管领域的广泛运用,不但有利于我国税收征管和纳税服务的不断便捷化、规范化、现代化,而且有助于新形势下我国税收征管制度改革的全面深入推进。

（三）实践探索

通过形态多样的试点实践方式,将税收征管改革中一些较先进的设想或国外较成熟的相关经验付诸实施,这已被证明是一条便捷、高效、稳健的发展途径,并有力地推动了数字经济背景下我国税收征管制度的完善。

整体而言,各地在数字经济驱动下的税收征管变革试点探索的总体布局都颇具特色,有不少值得参考吸收的成功经验。譬如河北、河南、深圳等地的总体布局都与当地实际高度契合,并与全国整体部署有效衔接,实现了线上与线下交融、征纳各方间互动沟通,取得了较显著的成效,可供其他地方借鉴学习,其中一些成熟的实践经验,在全国范围内积极推广。

具体而言,我国各地在数字经济驱动下的税收征管变革试点探索中,借鉴国外及国内其他地区经验的同时,均充分结合自身优势,各自有所专攻,并在一些前沿领域取得了突出成绩。譬如在电子发票领域,深圳市税务局在早先"互联网+有奖发票"的基础上,与腾讯公司合作开发的全国首张区块链电子发票于 2018 年 8 月正式落地,系区块链技术在税收领域的最新应用;广东省税务局与阿里等企业深度合作,迅速建成我国首个区块链电子发票平台并上线运行,由此为我国电子发票管理成功开辟了一条全新且更牢靠的管理渠道。在涉税信息跨部门间共享领域,山东省及青岛市采取的"涉税信息目录制度"和深圳市税务局采取的"涉税信息共享协议制度"取得较好效果;2016 年内蒙古扎兰屯市国税局积极运用大数据、云计算等新兴技术,对纳税人网上非结构化信息进行垂直搜索和抓取,并予以加工分析和存储,同时与内蒙古扎兰屯市地税局、工商局等相关部门建立信息共享机制,定期进行批量数据传递,这对本地税源建设颇有助益。

由此可看出,各地的试点探索形成了颇具中国特色、统分结合的税收征管变革机制,为数字经济背景下我国税收征管制度的进一步完善提供了坚实有力的实践支持。

第三节　税收征管制度的完善进路

一、完善我国税收征管制度的底层逻辑

在数字经济背景下欲更有效地完善我国税收征管制度,不但要求相关制度的完善应满足税收法治化和税收治理现代化的最新要求,还应契合《税收征管法》亟待全面修改的当前实际,从而提炼并从整体上勾勒出当下我国税收征管制度完善的基本蓝图。

（一）税收法治化和税收治理现代化等对我国税收征管制度完善提出新要求

第一,在理念层面,要同时考量法治、善治、共治等诸多因素,既要重视科技引领、协同共治、便民高效等新兴原则理念,也不能忽视税收法定、正当程序、量能课税等传统原则理念,公平、效率、秩序、包容、合作与权利保护等重要价值均不应遗漏。

第二,在结构层面,一是应在全面兼顾各税种、各纳税主体税收征管的同时,着力强化对直接税及自然人税收征管及服务的力度,实现各方间关系从服从—对抗式博弈向服务—合作式博弈,从以税务机关为中心向以纳税人为中心及税务机关、税务代理机构等相关第三方与纳税人等各方主体间的合作共赢,从压制型管理关系向回应型治理关系全面转型。二是在深化国地税征管体制改革的背景下,妥善调适中央税、共享税与地方税间的关系,以促使中央

和地方各级政府财权、财力与事权更相匹配。三是要加快结构转型,实现"两个提高、两个降低"目标,其中在遵从维度要实现强制遵从与合作性遵从协调并重。

第三,在功能层面,除应实现"组织财政收入、公平收入分配、市场调节、促进经济增长与秩序稳定"等传统功能外,还应实现相关税种的税收中性、保障民生、公开透明、促进绿色等新形势下的重要功能,在依法治税实践中还应实现立法、执法、司法等方面科学与民主及线上与线下的有机融合,纳税人权利与国家税权的平衡协调。

第四,在能力层面,不但要着力培育税收信用体系,优化作为基础设施的税收征管及服务软硬件,而且要努力培养与数字经济相适应的复合型税收征管人才,促使相关组织机构设置更趋高效、合理,以显著提升我国的税收治理能力。

第五,在体系层面,应努力实现税收现代化的目标框架,尤其应注重与数字经济等新时代要求必要的协调与契合。通过数字技术赋能税收现代化各个体系,提升税收治理现代化水平。

(二)加快《税收征管法》修订对我国税收征管制度完善提出多维度要求

首先,《税收征管法》的全面修改为我国税收征管制度完善提出了自基本取向至价值理念再到制度与技术等多维度的要求。一是在基本取向维度方面,《税收征管法》的全面修改要求我国税收征管制度适应深化税制改革的需要,切实体现税收治理现代化的内在要求,实现与其他相关法律规范间的衔接配套与统合协调,加强纳税人权利保护、彰显纳税服务的旨趣与要求等等。①二是在价值理念维度方面,为了"深刻反映我国迈向财税法治、提升纳税服

---

① 李万甫、孙红梅主编:《〈税收征收管理法〉修订若干制度研究》,法律出版社 2017 年版,第 11 页。

务、规范税收征管的良好夙愿",应以规范税收征纳程序、保障纳税人合法权益为我国税收征管制度完善的基础性共识,在依法治税、平衡协调、正当程序、信赖合作、权利均衡保护、可诉性、多元主体参与税收治理与比例原则等价值理念指引下,持续深入推进我国税收征管制度变革进程,把依法治税作为税收征管制度完善的逻辑起点、必由之路,其他理念和制度均围绕其有序展开。三是在制度和技术维度方面,要增强法律规范的可操作性,应当在法律中直接规定基本的程序要求,具体可从强化纳税人权利保护与优化纳税服务、加强法律体系间的协调衔接、赋予纳税人相关权利、增强信息化治税路径的能力、重构税收征管与服务基本程序等方面入手加以完善。

其次,鉴于数字经济对税收原则、税制要素、税收征管等均产生了较广泛而深远的影响。有必要以此为契机,将数字经济的核心要求融入《税收征管法》的全面修改及我国税收征管制度完善进程中,从理念、制度与具体措施等层面对新形势下的税收征管制度进一步重塑。这不但体现在将协同共治、科技引领、开放包容等新兴原则贯穿于税收征管制度完善的始终,而且体现在将涉税信息管理与保护、电子发票、电子税务局、纳税人识别号、纳税信用等制度或具体措施完全融入税收征管制度变革中,为之注入全新的革新动力和活力。

总之,当前新形势下我国税收征管制度完善的蓝图,应通过充实和完善相关制度,力图构建以促进纳税遵从为宗旨、以解决征纳各方间的信息不对称为目标、以先进理念原则为先导、以税收信息化建设为保障、以电子税务局建设为核心、以互联网等前沿技术及数字经济和税收征管深度融合为基础、以税收风险管理为抓手的新型税收征管制度体系。

二、完善我国税收征管制度应遵循的理念与原则

(一)税收征管制度完善的理念分析

1. 依法治税理念

依法治税理念是"税收征管法的统领灵魂和逻辑起点",在税收征管领域

具有极为崇高的地位。但要将其真正落到实处,应从提高税法立法层级、完善税收法制规定与依法征税、完善程序制度保障、适度约束税收征管权等维度入手,方能真正贯通该理念的精髓,充分发挥其保障纳税人财产权益与自由、维护社会整体利益与市场经济秩序等重要作用。

尽管依法治税理念已出现学理上的分野,但该理念的核心要义暨精神实质仍是"征税应经纳税人同意"。而若要真正全面、准确征得纳税人的同意,一是要求作为课税依据的税收法律必须完备,亦即课税要件应法定;二是要求课税要件应明确;三是必须确保纳税人对税收立法的参与和掌控。而这一切都意味着立法机构和广大纳税人的参与不可或缺。

此外,要真正落实依法治税理念,还应关注如何将已制定的税收法律规定在税收实践中真正地贯彻实施。唯有如此,税收法律中所反映的纳税人的意愿才能真正落实,纳税人的财产及其运用自由方面的权利保障才能真正实现。因此,在税收征纳实践中,该理念也要求征税机关等相关部门必须严格贯彻落实依法征税等执法准则并施以严格的程序保障,同时也应力图增强税收执法的统一性和规范性,实现对税务机关权力及行为的必要约束。

2.平衡协调理念

平衡协调理念普遍存在于诸多传统法律部门中,而税收征管制度中所体现的平衡协调理念更具鲜明性与独特性。当前我国税收征管制度在落实该理念方面尚存不足,故有必要在完善税收征管制度时对其予以凸显。

平衡协调理念应贯穿于税收征管法的各项制度与各个环节中,无论在其宏观或微观领域均发挥着基础性的调节与引导作用,从而折射出税收征管法的内在均衡性、公私交融性、互动合作性、统筹兼顾性等重要特质。而在我国新一轮税收征管体制改革方兴未艾的大环境下,平衡协调理念不但是推动税收征管制度不断发展的引擎和提升纳税人税收遵从度的"强心针",而且也是调和国家与公民之间征纳关系的"平衡器",若能充分发挥其激励或导引功能,将对完善整个税收征管制度起到重要的作用。

欲使平衡协调理念在税收征管活动中得以充分彰显,则要求必须构建多层次且错落有致的税收征管秩序,以实现税收征管法调整对象间的双重平衡,确保国家税收利益与公民财产权益的协调平衡,对社会整体利益的综合保护之目的。这不仅要求税收征纳关系应实现从强调"治民性"的税收管理关系向凸显"治权性"的税收治理关系全面转向,而且还应突出强调税务机关与纳税人、相关第三方主体的协同共治,以形成综合治税的合力与长久的善治局面。

3. 以纳税人为中心理念

随着法治中国建设深入推进与权利意识在广大纳税人心目中逐渐觉醒,指引我国税收征管活动及相关制度变革的基本理念正经历着从单纯税收国库主义向纳税人权利保护主义跃迁的重要转换过程中。

在法治国家,纳税人权利充分体现了纳税人在国家治理中的正当要求和合法权益。税收作为国家财政收入的主要来源,对每个纳税人合法权益的保护是否切实有效,均会直接关系到国家税收收入的及时与稳定。而在现代国家治理中,对纳税人权利的重视与充分保护为相关税收征管制度的有效落地注入了不可或缺的正当性要素,因此充分保护纳税人权利理应成为完善税收征管制度时关注的重点。由此以纳税人为中心并据此设计税法制度,通过适度约束税收征管权等相关公权力以有效规范税收征管行为,不但是现代法治国家实现良法善治的必然要求,而且也是实现国家税收收入保障与纳税人权利保护这两大目标协调互补、并行不悖的应有之义。

因此在纳税人中心理念指引下,我国应广泛借鉴国外纳税人权利保护法制化的成功经验,结合正在推进国家治理体系和治理能力现代化的现时国情,系统全面地构建纳税人权利保护法律体系,推动税务机关由征税管理机关向纳税服务机关的转型升级,以使纳税人权利的保障机制得到质的飞跃,让以纳税人为中心的美好愿景能真正落到实处。

(二)税收征管制度完善的原则遵循

1.协同共治原则

我国税收治理体系与治理能力现代化变革既是围绕由管理向治理转型展开,也是基于权力与权利两者间的互动与博弈进行。申言之,现代国家治理模式转型主要是从管理转向协同共治与服务,从权力优位转向权利保障,其中更注重国家治理中各方的协调性与参与性。在此背景下,税收征管权同样需要与该转型相适应,在处理税收征纳关系和税收治理等问题上,应转变税收征管权优位的陈腐观念,从强调"治民性"的不平等、单向、对抗的税收管理关系转向"治权性"的平等、互动、合作的税收治理关系。

税收征管制度变革作为全面深化改革的重要部分,要求税务部门在建设法治政府、推进依法行政、促进国家治理体系和治理能力现代化进程中不忘其所肩负的重要使命。将加强财政税收列入重点领域立法,注重通过完善立法,体现社会主义市场经济的本质,亦即法治经济。在税收领域推进税收治理现代化,需要按照现代税收治理的理念与途径,统筹兼顾各方力量,构建税收共治格局。由此,税收征管需要改变传统上由权力主导的管理模式,转向治理的法治化与协同化。完善税收征管制度,应立足于治理、善治、遵从、合作等基本范畴,改变旧式税收管理的思维惯性与僵化模式,从机制设计上有效贯彻合作主义、多元共治和征纳平衡等指导思想,力图达到相关各方主体权力与责任、权利与义务的平衡协调,从而形成税收征管各方主体合作共赢的善治格局。因此,基于协同共治、统筹兼顾原则的要求,完善难以适应改革发展新形势需要的规范体系,增加符合国家治理体系和治理能力现代化需要的税收征管法律新规定,以适应数字经济背景下不断发展的税收征管实践需要。

2.科技引领原则

当前我国要实现国家治理体系和治理能力现代化,应主要从理念、制度、方法等多重维度入手,推进和实现国家治理的法治化、民主化、科学化和信息化。随着互联网技术迅猛发展,"互联网+"的重要理念在广大民众中得到普及,信息获取与分析处理变得更快捷,信息间的频繁交流也成为人们沟通、协商和决策的重要途径。但随着大数据时代到来,税收征管若脱离数据、固守先前的思维定式,则会与社会现实脱节,在实践中必将难以实施。从某种意义上来看,税收信息化的发展水平代表着并能准确地测度出税收征管活动的质效等各项指标。因而,要推进国家税收治理,需要信息化支撑和科技引领,唯此方能在税收征管的质效等多方面保持与时俱进。

税收风险的防范与治理在理论和实践中也都需要现代科技的鼎力支持。在大数据等前沿技术日新月异的新时代,信息不但是决定税收征管质效的重要工具,也是有效防范税收风险的可行路径。在当前税收征管实践中,由于种种原因,国内企业虚开发票、利用发票偷税、虚假纳税申报、以合法形式掩盖税收流失等税收风险乃至违法犯罪行为时有发生,这些无不需要信息化支撑和助力税收征管。受到社会综合治理的复杂性等因素制约,信息管税在操作上暴露出的许多问题并未得到妥善解决,故需要从制度上进行优化设计,以有效遏制和防范妨碍税收征管信息化的不合理行为。

在税收征管领域贯彻落实科技引领原则,实质上是税收征管实践对数字经济时代税收征管领域出现的诸多新问题的回应,从多方面实现税收征管信息化并使之随着技术发展不断优化应是较为有效、便捷的解决路径。新形势下完善税收征管制度既要立足当下,也要面向未来,不断发挥科技对税收征管实践的引领作用,提升税收征管信息化和风险防范水平。

3. 便民高效原则

当前税收治理变革方兴未艾,正不断跨越历史新阶段,朝着实现国家治理体系和治理能力现代化的宏伟目标奋力迈进。针对上述变革,有学者认为,从宏观层面来看,发达国家税收征管立法中最为突出的两大价值导向便是保护纳税人权利和改进纳税服务。[①] 这首先意味着,税收的职能作用正发生着剧烈变化,税收正经历着从国家税收到民生税收的转换,从而引发税收征管从国库本位向纳税人本位的转换,新时代的税收更应强调以民生为导向,重构税收征管全过程。其次,税收征管模式也发生了较大变化,即税务机关彻底摒弃了"监管—惩戒"模式,逐步转向"治理—服务"模式,在强调纳税服务与税收治理并重的同时,将纳税服务摆在了更显要的位置。同时税收征管方式将更趋现代化,信息技术和数据分析在税收征管工作中占据着越来越重要的地位,税收征管模式也正发生着根本性变化,便民高效已成为税收征管领域一项极为重要的基本原则。

实践中,便民高效原则最先体现在纳税服务持续推进办税便利化的改革进程中。不仅如此,便民高效原则在税务稽查层面也得到充分展现,税务机关积极推进依法稽查,以免执法扰民。

4.强制遵从与合作性遵从并重原则

强制遵从与合作性遵从并重原则,是基于税务机关强制力和公信力分别对纳税人实现强制遵从和合作性遵从的关键性作用,指出欲提升纳税人遵从度,应尽量从税务强制力和公信力这两方面同时着力,以形成多管齐下、遵从互信的双赢局面。换言之,就是强调税收征管与纳税服务都应齐抓并举、不可偏废,以促使征纳双方间取得最大限度的合作互信和纳税遵从,达到事半功倍的实效。

强制遵从与合作性遵从并重原则现已成为世界各主要经济体进行税收征管制度变革竞相遵循的基本原则,以取代过去对强制遵从的一味强调、忽视征纳间合作互信关系的偏颇做法。

结合数字经济来看,数字经济不但是涉税各方主体交流互动和合作互信以实现遵从、优化税收征管环境较适宜的"助推器",也能有力地指引涉税各

---

① 刘剑文:《税收征管制度的一般经验与中国问题——兼论〈税收征收管理法〉的修改》,《行政法学研究》2014 年第 1 期。

方主体理解互信、精诚合作,从而实现遵从等税收治理内在机制的形成。这也充分彰显了数字经济对税收征管制度变革不可或缺的作用。

第四节　我国税收征管制度的完善途径

一、税收征管制度的优化路径

（一）加强税收风险与税源专业化管理,强化税务稽查、风险预警与评估

税收征管全程的税收风险管理及税源专业化管理非常重要,尤其事前的风险预警等防范措施、事后的税务稽查及贯穿全程的风险评估等环节,对税收征管而言都举足轻重,毕竟"若无有效监管,作为理性经济人的纳税人,其纳税不遵从系一种常态"。[①] 在数字经济背景下,某些制度措施落后于时代发展,因此有必要对其予以适度强调与加强。

首先,应着力加强税收风险与税源专业化管理,从源头和专业化等层面降低纳税人采用现代技术手段实施逃避税行为等多重风险。虽然国家税务总局早在 2012 年就已提出"构建以风险管理为导向,以专业化管理为基础,以重点税源管理为着力点,以信息化为支撑的现代化税收征管体系"的构想,并在全国推行,但从已有实践来看,这些设想在实际推行中仍存在不少问题,尤其与数字经济要求及相关前沿技术等还有许多不相适应之处,尚有进一步强化和优化的必要。以税源管理为例,要始终坚持以对纳税人的分级分类为前提,如企业纳税人可按其规模和行业进一步分为大企业和中小企业,自然人纳税人可按其收入和资产进一步分为高收入纳税人和中低收入、普通纳税人,并将大企业和高收入纳税人列为税源管理重点对象。进而运用来自多方的涉税信息

---

① 孙静、刘尚希:《税收治理的模式嬗变》,《经济研究参考》2016 年第 9 期。

对同一纳税人的纳税情况加以分析比对,区分不同风险级别采取有一定差异的管理措施,以妥善防范和惩处逃避税行为。针对大企业,应将其相关涉税事项上提至税务总局或省局层面集中进行监管;针对高收入自然人纳税人,应配套合理有效的财产收入监控等相关制度,以顺应直接税比重逐渐提升的趋势。另外,面对自然人税收征管的老大难问题,应以个人所得税改革为契机,积极引入现代信息技术,加强对相关涉税信息的合理分析利用,完善自然人税收征管信息平台及其他相关配套体系,通过多措并举,显著提升税源管控水平和纳税人遵从度,将这些已经成熟的税收制度择机纳入法律轨道。

其次,应进一步强化税务稽查、风险预警与评估在当前税收征管中的作用,以更准确地防范相关风险并及时查明税收违法行为。征纳各方间的信息不对称是税务机关亟须进行税务稽查、风险预警与评估等工作的根本原因。大数据分析与人工智能等前沿技术在税收征管中的运用可大幅减少这方面风险,因而有必要充分结合相关前沿技术,强化并优化税务稽查、风险预警与评估在当前税收征管中的作用。一是为有效应对并及时预警涉税相关风险,税务机关可适度运用网络爬虫技术抓取相关涉税信息,并对其加以监控、深度挖掘和分析比对,做好事前防范。二是鉴于目前国内存储相关涉税信息的平台还存在较大的完善空间,这自然影响到后续的大数据分析利用工作,应构建更完备的涉税信息存储和利用平台,为此可全面引入分布式存储等技术,为上述平台的构建与优化夯实基础。三是针对当前涉税信息数量激增和部分纳税人采用的逃避税手段日趋隐蔽等新情况,这需要运用大数据技术对涉税全样本进行更精准、更周密的分析;另外还应针对异常涉税信息,建立更全面有效且更契合税收征管特质的大数据技术分析模型,以更好地辅助数据挖掘和分析、比对工作,更准确地认定和管控相关风险,有效防范和及时发现潜在的逃避税等行为。四是应在充分掌握纳税人涉税相关情况的前提下,熟练运用大数据技术对不同形态、不同风险类别的纳税人精细地"贴标画像",并与纳税信用评级等相关工作有效衔接,以促使相关监管措施精准高效,征管资源的配置更得当。五是应依托金税三期工程,积极运用人工智能等前沿技术对纳税人涉税风险加以精准识别和自动分级归类,以与前述分析模型更契合,从而有效替代过去烦琐、重复而低效的数据比对与风险评估等工作,使自动化与人工涉税工作的配合与互补更紧密并相得益彰,这些新技术手段的应用,丰富了税收征管制度,尽快纳入法制化轨道。

(二)合理分配权利(力)、义务与责任,完善纠纷解决和追责机制

首先,应顺应数字经济等新形势,合理分配税收征管各方的权利(力)、义务与责任。一方面,随着新公共管理理论等划时代变革在全球范围内兴起,政府部门特别是税务机关在相关活动中的角色也在悄然转变,税收征管活动从权威式管理向互动式治理、合作性遵从方式的全面转型渐成国内外学界共识;另一方面,随着国内技术进步和社会发展,电商平台等新兴业态在国内也迅速崛起,税收征管活动中不但征纳双方在信息对称性等方面的力量对比发生显著变化,而且电商平台、金融机构与其他政府部门等相关第三方主体在其中的地位与作用也日益凸显。这些内外部变化均预示着税收征管各方的权利(力)、义务与责任需要因应形势变化予以合理配置,必要时还需进一步重构。一是要打破前述权威式单向管理的恶性循环,保持相关权利(力)间的平衡协调,尤其要保障纳税人的陈述申辩、监督与参与税收治理、涉税信息保护等权利。二是要针对其他政府部门等相关第三方主体的涉税信息共享义务规定必要的法律责任,对税务部门保护纳税人涉税信息义务也要细化并进一步完善其相应的法律责任。三是针对电商平台等相关第三方主体在税收征管中的重要地位和作用,除《电子商务法》及其他法律规范中规定的为其平台上经营者、客户等纳税人涉税信息的申报与登记义务外,还应在相关立法中赋予其为税务机关代扣代缴平台上的经营者、客户的应征税款,配合税务机关提取或固定涉税证据活动等协税义务,使部分涉税义务和责任向其倾斜,实现各方间权、义、责的再平衡。四是针对先前权力和责任过分集中于税务机关、工作重

心落在事前税务审批等痼疾,应落实"放管服"要求,将重心适度后移至事中、事后评估与稽查等工作上,并适度还权、还责于纳税人。

其次,应及时完善新形势下的税收征管纠纷解决、追责机制。一是数字经济新形势下的税收征管活动中既有税款征收、处罚与强制执行、税收保全等传统意义上的税务纠纷,也有未尽涉税信息管理与披露等义务、涉税信息侵权等新型税务纠纷,而且随着涉税信息激增,这种纠纷呈持续增长之势,故有必要对此予以密切关注,充分结合我国当前实际情况,更新并完善相应的纠纷解决机制,使之能与新形势下的税收纠纷特点相契合。二是经重新合理配置的各方法律责任应落到实处,相关责任应予追究,避免过往相关责任追究"雷声大、雨点小"等积弊。同时应借助数字经济的"东风",引领税收执法权力与责任清单网上公开等经实践证明行之有效的制度进一步深入探索和推广,并通过涉税意见征询和决策网上公开等多重举措,促使涉税执法行为更规范、权责分配更均衡、相关过程更公开透明。

(三)优化税务网络平台,提升纳税服务精准性

首先,应与数字经济等新时代背景相适应,建构并不断完善与纳税服务、发票开具及涉税信息等相关的多层次、一体化税务网络平台。尽管目前国内税务网络平台建设相较过去已有显著进步,但仍存在不足之处,仍远未消除"信息孤岛"。为此在技术上应着力建构并不断完善具有中国特色的多层次、一体化税务网络平台。但一体化平台决不意味着平台的单一化,而是指多层次平台的有机衔接与配合。这主要是因为有些税收征管内容不宜完全打通,否则将弊大于利,如为保障涉税信息安全,均要求内部与外部系统需保持必要的隔离,以免某些涉税事项内部处理受外界干扰。同时与多层次税务信息平台一体化相关的配套机制也应持续优化,以保持技术和适应性上的同步。这不但要求平台间的数据接口要统一,而且要求完善其运行与维护机制,使之能与时俱进、确保相关平台功能的发挥,另外还要求不同平台的技术等各方面标

准也力求统一并不断更新,以使相关数据格式更趋规范和结构化,消除既往人工分析的弊端,显著降低信息流通的难度,提升税收治理质效。

其次,在数字经济背景下,应强化针对纳税人的咨询与辅导、政务公开与税务宣传等服务工作,以契合税收征管与纳税服务并重等重要原则,而不致失之偏颇。早先国内纳税服务多为被动式的,信息化程度不足,且受重视程度远不及税收征管等工作。为与数字经济更契合,税务机关应通过多种途径优化相关纳税服务工作:一是为纳税人提供渠道多元且口径统一、操作便利的信息公开及涉税信息查询服务,但也不能忽视涉税信息的安全保护。二是通过O2O(Online to Offline,即线上到线下的商业模式)等形式拓宽税务宣传及纳税咨询与辅导的力度和广度,这些途径既不失本土特色,也能有效达致其预期目标,使得征纳各方成本均显著降低;另外也可通过引入人工智能等前沿技术,分流并优化纳税咨询与辅导的流程,这在有效减轻税务执法人员工作压力的同时,也促使纳税服务效率进一步提升,使之化被动为主动,能为纳税人提供个性化、全天候和全方位的便捷服务,有效消除其中的"痛点"和"盲点",充分落实便民高效的服务宗旨。但这些措施均应立足于税收征管与纳税服务并重理念,即在强化纳税服务力度的同时,也不能忽视强制遵从在税收征管中的关键性保障作用。

(四)明确电子证据效力,防范税基侵蚀与利润跨境转移

随着技术进步和经济社会发展,尤其新兴业态的不断涌现及其跨境经营的普遍化,税法规范中长期形成的税收管辖权、常设机构等概念需要及时拓展甚至加以重构。由于相关涉税数据存在易隐匿、篡改可不留痕迹等特性又增加了其作为证据进行收集、妥善保存的难度,对传统证据规则构成有力挑战,由此需要明确税务活动中电子证据的效力。同时,面对利用跨境转移资产等便利逃避税日益猖獗的严峻形势,应筑牢国际反避税的合作框架,以有效防杜税基侵蚀与利润跨境转移等违法现象。

首先,应适时拓展乃至重构税法规范中的税收管辖权、常设机构等既有概念。一是针对常设机构认定规则的重构,这是一个摆在世界各国面前的共有难题,不妨参照 OECD 及美欧等国家或地区的立法案例及判例,着眼于对既有范式的梳理及对税收属人与属地管辖权的统合协调,可以"显著经济存在"等范畴代替既往的"常设机构"实质存在范畴,并应对其具体限定标准从多重维度加以梳理细化。二是针对税收管辖权认定方法的更新,除重构常设机构认定规则外,为保持不同区域间税收利益的公平和合理负担,相关税法规范应明确规定电商平台、共享平台等新兴 O2O 业态税收征管可采用消费地、目的地预征税款,商品、服务提供方所在地定期结算并补缴其少交或未交税款的方法,并可赋予电商平台、共享平台等主体代扣代缴义务,并将其落到实处,以平衡各方间权、义、责,适度减轻税务的监管压力。

其次,为了顺应数字经济要求,应针对税务实践中新型税务证据带来的挑战,明确税务活动中的电子证据效力。一是应强化相关领域的税务登记工作,尤其针对平台上的个体经营者,应对其经营时所使用的域名或网址、IP 地址、服务器所在地理位置等予以明确而周全的登记,以便于对其加以实时管控,避免经营者对相关涉税数据的隐匿或篡改等违法行为。二是针对部分经营者采用动态 IP 地址或 VPN 等手段规避上述管控的倾向,应通过网络爬虫抓取或区块链等新兴技术对其加以实时监控,并要求相关平台积极配合,及时留存并如实提交其平台上经营者经营或交易的历史记录。同时针对政府相关部门多方面的特殊性,学习借鉴国外较成熟的相关立法,制定较详尽的政府部门采集、保存、利用电子数据作为证据的具体性规范,使之有章可循、有据可查。

再次,应在现有基础上进一步筑牢国际反避税的合作框架,有效防范税基侵蚀与利润跨境转移等违法现象,以更好地服务于数字经济要求。一是区分不同情形对跨境贸易采取逆向征收或强制注册登记等策略:前者即在消费地征缴税款,系针对 B2B 模式而言;而针对 B2C 或 C2C 模式,则应要求相关非居民企业在我国做税务登记并自行申报缴税。二是为应对经济全球化和区域一体化背景下税基跨境流动的严峻挑战,在已有实践基础上,应通过与域外各国或地区订立税收情报交换协议或税收互助协定等相关法律文件,严肃查处国际逃避税行为,力图实现对涉税信息全球一体的管控和追踪,并使得相关协调与合作更全面、深入、有效。

二、构建相关税收征管制度

为适应数字经济背景下税收征管制度改革需要,应当进一步加快构建相关税收征管制度。

(一)纳税人识别号制度

近年来,随着税收征管改革的深入推进,我国积极借鉴和推行各国较为普遍采用的纳税人识别号制度并使之本土化,以充分发挥其增强信息管税能力、提高税收遵从度、实现社会共治等多方面的基本功能。鉴于该制度在税收治理中的重要地位和作用,加之其在国内已渐趋成熟,构建和完善统一规范本土化的纳税人识别号制度势在必行。在法律层级中确立该制度,既有利于加强对税源的监控,也有利于实现综合计税,还有利于实现纳税信用查询,同时可为面向遵从纳税人的自动化征税奠定较坚实的法治基础。

具体而言,我国应将居于纳税人识别号制度核心的规则适时提升至法律层级。一是要明确相关部门在此方面的权责,强化部门间的协同合作。二是要进一步明确纳税人税务登记时间和赋号方式,以与新修订的《税务登记管理办法》等规范相协调。三是通过采取征纳双向性、互动性柔性措施等方法,全面建立纳税人经济活动信息档案制度。四是可将纳税人识别号的社会功能延拓至金融、医疗、交通、住建等领域,并与涉税信息共享等机制协调配合,以应对经济社会发展和数据治理之需。五是要对同一企业纳税人的总分支机构间或不同分支机构间的纳税人识别号予以关联并实时更新。

（二）纳税信用制度

健全的纳税信用体系通常应具备制度体系的稳定性、征纳行为的透明性、税收征管的公平性、征纳主体的互动性等重要特征，由此促使征纳各方相互配合、共同受益，形成可持续的合作共治格局。

当前我国该制度还不够健全，有进一步完善的必要和空间。一是应健全包括纳税信用制度在内的所有信用机制的立法，同时在《税收征管法》等的高层级立法中对具体信用制度做出明确规定，努力营造一个健康可持续的社会信用环境。二是应构建一个科学完备的纳税信用管理系统和涉税信息采集分析平台。三是应鼓励和支持第三方社会中介机构积极参与到纳税信用评级中来。四是应加强税务机关与其他政府部门乃至金融机构等其他单位间的信用信息共享与合作机制，与国内其他社会信用体系相衔接和联动。五是应强化纳税信用评级结果的广泛运用，完善其后续跟踪管理与监督等机制。六是应积极引入区块链等前沿技术，利用区块链的不可篡改等特性，对不同信用度的纳税人通过链上合理、有效的奖惩措施形成较有力的监督和制约，同时形成与现代信息技术相交融乃至良性互动的局面。七是建立"黑名单"制度，不但要将纳税失信者纳入"黑名单"中，还要将涉税信息提供、共享与管理等活动中的违规乃至失信者也纳入相应的信用"黑名单"中，甚至将其纳入相关单位的考核奖惩机制中。

（三）电子发票制度

尽管我国电子发票建设已取得长足进步，"区块链+电子发票"通过税企合作等方式也渐在国内落地，并正努力实现从"以票控税"向"信息管税"理念的全面转型，但整体来看，我国电子发票建设还有较大的优化空间，特别是法律层面对电子发票制度的规定未能与时俱进，尚停留于网络发票阶段，存在较大的立法空间。2015年《税收征管法（修订草案征求意见稿）》试图将"征纳双方认可的电子凭证"明确为"记账核算、计算应纳税额的依据"。

对此,应加速推进与电子发票相关的法制建设,为确保相关高层级立法中对电子发票制度的规定能与时俱进,应推动《税收征管法》等高层级立法的及时修改、补充完善相应内容,明确电子发票与纸质发票具有同等的法律地位与效力,并使之与电子支付、电子签名、电子证据等方面较高层级规范措施相衔接。进而及时修订《发票管理办法》《网络发票管理办法》等行政规范,将"区块链+电子发票"及电子会计档案等技术成果融入相关法律规范与指引中,优化"税控+平台"模式。此外,还应推动与电子发票相关的国际标准的推广与完善,以促进不同法域间电子发票的互认、交流与融通。

三、税收征管制度创新及其法定化

(一)构建社会协力护税税收共治机制

首先,应健全与数字经济及综合治税等要求相契合的社会协力护税与第三方主体参与税收治理机制。一是通过完善《税收征管法》等相关立法,将社会协力护税与第三方主体参与税收治理等协作机制载入其中,从而形成全社会范围内的协税合力。二是在实践中通过多措并举打通不同部门间的信息和协作壁垒,对各方资源加以充分整合,促使法定范围内的涉税信息更趋公开透明、流通顺畅,各部门间的沟通、互动和合作更密切,各界的监督和参与更有效,与之相关的治理活动也更规范、更精细。

其次,应着力培育与数字经济要求相适应的税务中介组织与纳税人维权组织。随着纳税人涉税需求不断增长,税务中介组织在税收征纳活动中日趋活跃,其作用也日益凸显。一是适度减少行政干预,使税务中介组织通过市场竞争实现自主发展和自负盈亏。二是及时对税务中介组织提供政策指导和业务培训,并与之开展交流合作,促使税务中介组织的服务和管理活动更趋专业化,尤其要促使其在数字经济背景下妥善转型、拓展新领域。三是对其加强适度监管与合理约束,对违规行为加以整顿和及时惩处,从而促使其执业更规范。此外,还应促进与新形势相适应的纳税人维权组织有序发展。这些组织可充分发挥其作为纳税人与国家间的桥梁纽带作用,为纳税人提供专业服务和咨询建议,促使纳税人更有效地维护其合法权益,也可在纳税人权利受侵犯时,受其委托代为参加维权诉讼,使纳税人能在法治轨道上更稳妥地维权。

(二)确认电子身份验证与数字账户的法律效力

随着现代信息技术的发展与应用,一方面,涉税信息呈几何式和指数式增长,传统的数据库技术难以应对,其存储和即时调取都难以保证;另一方面,纳税人往往可通过前沿技术规避其身份认证,这通常成为实施逃避税等违法行为的前奏,如何对该行为予以准确认定是一个难题。

首先,应着力构建与数字经济要求相适应的税务数据仓库,这是实施电子身份验证及大数据运用的基础。由于陈旧的传统数据库难以存储海量涉税信息,对海量信息的处理能力不足,存在资源整合的致命瓶颈,加之受我国多重内外部因素制约,我国大量涉税信息目前仍处于碎片化分布和沉睡状态。因此,合理借鉴国外经验,运用分布式存储和运算技术搭建数据仓库平台势在必行,其中处理好外部涉税数据的接入和共享尤为关键。另外,还应将相关涉税信息通过分布式存储等前沿技术连接起来,建设体量庞大、操作灵活的税务"云",以便于调取和查询。税务数据仓库的最终目标在于实现涉税信息的统一采集、统一管理、统一运用和多维服务,达致大数据的集中化、动态化存储、分析和挖掘。

其次,应通过对电子身份验证与纳税人数字账户法律效力的明确,实现对纳税人涉税行为的实时追踪,达成"一户式"管理等重要目标。尽管新修订的《电子签名法》对明确和规范电子身份验证具有重要意义,对我国税务等领域的信息化建设起到了积极的引领作用,但其种种缺陷仍制约着其作用的充分发挥。加之纳税人常用的 CA 认证方式尚未得到法律层面的明确承认,这给纳税人和税务机关均带来了较大风险。因此在税务信息化过程中,应着力解决好纳税申报信息的身份识别、纳税人电子签名的合法性问题,进一步明确 CA 认证方式的法律效力,从政策、法律、技术等层面明确数据形态的涉税信息的合法性,建立更有效、更完备的网上办税身份验证和禁反言系统,还权、还责于纳税人。针对不同纳税人建构功能完备、颇具个性化色彩的数字税务账户,以整合各方涉税信息,实现各方的充分沟通互动,并为纳税人提供个性化服务,这对纳税申报错误和税务违法行为也能起到及时防范等作用,并可借此实现"一户式"的税收管理和服务,另外也可结合国情,将纳税人经济活动信息档案制度融入纳税人数字账户制度中,使前者能发挥更广泛的奖惩规范作用。

(三)强化涉税信息的采集、共享与安全保护制度

首先,应多措并举强化我国对涉税信息的采集、分析、适度披露、共享与安全保护等方面的立法与法律适用实践。一是进一步修订现行《税收征管法》中涉税信息管理与安全保护部分,以克服其先前固有的积弊。应通过提升相关立法层级、细化高层级立法中相关内容等方式,促使我国涉税信息管理与安全保护立法得到质与量的跃升,进而助推相关各方权利(力)间的平衡协调。一方面,应对涉税信息管理具体应采取的形式和程序,相关单位与税务机关拥有的权力和职责,违反相关规定者追究责任的具体方式等内容加以明确具体的规定;应将与涉税信息管理相关的重要内容从分散、低层级甚至有些重复的众多条款聚合在一起,予以专门规定,使之更趋系统和条理化。另一方面,为更好地保持相关各方权利(力)间的平衡协调,应顺应大数据等前沿技术发展趋势,适时修改《税收征管法》及其实施细则,并在其中载入纳税人信息权及其保护的专门条款。二是应切实解决涉税信息存储与安全保护中存在的问题。应对涉税信息采取分布式存储与去中心化的管理策略,降低相关系统受

攻击后造成信息泄露或扩散等损失风险;针对存储涉税信息等重要数据的征管系统频频遭受的攻击态势,应全力推进信息安全设备国产化的进程,实现信息安全防护的持续创新。

其次,应加强国际税收情报交换,并使之法治化。随着经济全球化和区域一体化进程不断推进,全球反逃避税形势日趋严峻,为此 OECD 等国际组织先后制定了国际公约或协定,以规制逃避税行为、加强各经济体间的税收情报交换。立法完善路径为:一是设置专章规定国际税收情报交换与合作,二是扩大信息披露对象的范围,三是适度调增违反涉税信息协助义务者的法律责任强度。此外,实践中还应依循促进信息自由流动与保护信息安全统筹兼顾、保持国家税收利益与纳税人权益间的平衡协调等理念,对纳税人在国际税收情报交换中的相关权利予以妥善保护,使其得到最广泛的认同和支持。

(四)强化对电商平台等新兴业态的税收征管制度建设

首先,应适应数字经济发展带来的纳税人类别及业务的多元化、诉求多样化的现实需要,通过多重途径为纳税人等主体主动提供个性化定制服务,但并不是要被动迎合纳税人的诉求。目前我国距网上全流程办税尚有一定距离,有的还停留于较单一的税务机关"端菜式"服务阶段。而大数据等前沿技术在纳税服务中的充分运用可以精准确定纳税人的诉求,并向其提供相应的个性化服务变为现实。为此,应通过数据抓取与挖掘等技术的深入开发和广泛使用,充分了解纳税人的诉求,以识别出诉求各异的纳税人,并根据具体情形对其做分层和分类,有针对性地提供个性化、差异化的纳税人"点菜式"服务,从而显著提升纳税人的整体满意度。这一方法对相关第三方主体的需求也同样适用。另外,还可运用多种新兴技术与改进纳税服务形式与程序,简化部分繁复、替代性强的低层次工作,着力将纳税服务变被动为主动、变均一化为差异化,融大数据分析技术于纳税申报等环节中,使便民高效原则得以有效落实。

其次,应强化并创新对电商平台与共享经济等新兴业态的税收征管。为解决阻碍新兴业态发展的税收征管问题,应从多重维度着力构建与其发展相适应的税收征管制度。

针对电商平台的税收征管,一是应加强对 C2C 等模式下平台上经营者的税务登记与纳税申报等税收征管工作,尤其对那些兼营电商业务的平台,既要加强对平台上经营者的管控,也不能忽视电商平台自身所担负的为该平台上经营者进行税务登记和涉税信息申报等义务,以防范和有力惩戒平台上经营者逃避税务登记和纳税申报等违法现象。二是应明晰电商平台对该平台上经营者税款代扣代缴等义务,以消除因中间环节缺失而导致难以及时征税等积弊。三是鉴于纳税人往往采用隐匿 VPN 地址、篡改相关电子数据或加密等方式以逃避税收征管的问题,应明确对加密数据的必要权限及要求相关主体强制安装电商交易的税控插件等,以妥善解决这些棘手问题。

在电商领域还应妥善协调好《电子商务法》与《税收征管法》等高层立法间的关系,适度规范电商领域的税收优惠政策,实现电商税收征管与监控重点的转向。

针对共享经济的税收征管,一是应通过立法合理确定共享平台及该平台上相关个体的收入类型,进而确定相关纳税主体及课税对象等要素,以强化对共享平台及该平台上相关纳税人的管控。二是应坚持税收中性和税负公平等原则,明确对共享平台相关营销方案的税务处理,并及时出台针对相关平台企业的费用扣除及税收优惠等具体指引文件。

此外,还应注意与纳税人识别号、电子发票、涉税信息共享及纳税信用等相关制度保持协同发展,进一步提升该领域税收征管的质效,借此实现对电商平台与共享经济等新兴业态税收征管的规范化、精细化。

第五章　数字化转型背景下的
税收征管改革与创新

第一节　税收治理的数字化环境

人类经历了农业革命、工业革命、信息革命,正在迈向数字化智能革命。2017年12月,习近平总书记在中央政治局第二次集体学习时强调:"要运用大数据提升国家治理现代化水平"。党的十九届四中全会提出把"数据"作为生产要素,指出"我们要乘势而上,加快数字经济、数字社会、数字政府建设,推动各领域数字化优化升级,积极参与数字货币、数字税等国际规则制定,塑造新的竞争优势"。数字化的基础设施、经济、交换、治理及其税收,大数据及其数量关系已经嵌入到生产经营、生活、治理方式的方方面面。

一、推进大数据发展战略

近年来信息科技迅猛发展,由信息时代向数字时代飞速转变,以数字化、网络化、智能化为标志的数字经济、数字社会、数字政府加速发展,数据已成为核心资产。国家发展改革委、中央网信办联合印发《关于推进"上云用数赋智"行动培育新经济发展实施方案》,"上云用数赋智"行动中的"上云"是指探索推行普惠型的云服务支持政策;"用数"是指在更深层次推进大数据的融合运用;"赋智"是指要加大对企业智能化改造的支持力度,特别是要推进人工智能和实体经济的深度融合。数字经济是以数字化的知识和信息作为关键生产要素,以数字技术为核心驱动力,以现代信息网络为重要载体,通过数字技术与实体经济深度融合,不断提高数字化、网络化、智能化水平,加速重构经济发展与治理模式的新型经济形态。近年来,随着新一轮科技革命和产业变革的孕育兴起,数字经济快速发展壮大,已成为继农业经济、工业经济之后的新的经济形态。数字经济和社会的快速发展,在深刻改变人类生产经营生活、治理方式的同时,也对包括税收制度在内的各种制度带来了巨大冲击和挑战。

国家大数据发展战略,正是为应对全球性的经济社会数字化快速发展而采取的国家战略,同样这也是税收征管改革所面临的新形势。2021 年 12 月 16 日至 17 日召开的第十四届经济合作与发展组织(OECD)税收征管论坛(FTA)大会,围绕国际税收挑战、征管能力建设、落实数字经济税收改革"双支柱"方案、征管数字化转型、后疫情时代对税收征管的挑战等议题进行讨论,分享经验并形成共识。可见,税收征管面临着技术迭代发展和纳税人技术创新不断加深带来的挑战,面临着产业革新和国际化不断推进带来的挑战,面临着管理方式升级和人才需求不断加大带来的挑战。

二、数字时代的数据思维

什么是数据思维?就是通过数据的原理、方法和技术来发现问题、分析问题和解决问题的思维方式。数据思维的本质是还原真实,推想未来。可谓大胆设想、小心求证的科学精神。数据思维为我们提供了一种新的思维方式,其在现实场景中有广泛的应用空间。判断一个人思维能力的重要标准之一是大数据观,其标志是数据思维。不仅要有定性的逻辑思维,也要有定量的数据思维。基于大数据收集和处理能力的人工智能,代表了一种思维方式的转换,即从逻辑思维转换为数据思维,人工智能的思维方式就是数据思维,确切地说就是从寻求因果关系的逻辑思维转换为寻求万物关联的数据思维。正如比尔·盖茨所说的那样，未来并不意味着每个人都要成为会写程序代码的工程师，而是要学会运用数据思维思考的方式。

税务机关近年来承担了个人所得税等税制改革、征管体制改革、放管服改革、新冠疫情期间优惠政策落地，以及优化税务执法、服务、监管方式等急难险重任务。在数字化转型升级过程中也遇到了一些难点和矛盾。一是"数不关己"。认为数据是专职人员的事，没有认识到在一切皆可数据化，一切皆可量化的时代，今天的基础数据误差会成为明天目标数据精确制导的那个"差之毫厘、失之千里"，甚至留下安全隐患而不自知。二是标准不统一。不同层级或同一层级不同部门间定义不一致，口径不一致，在数据标准认知上首尾难顾、层层割据、环环脱节，数据的真实性和准确性均难以保证。三是数据不完整。数据没有满足各类数据应用的需要，同时还存在因为数据治理不到位而造成数据资产的流失，出现分析结果准确性不高的问题，导致区域范围越大精准度越低，还不能完全可靠地根据分析结果做决策。四是数据安全性上尚做不到绝对可靠，分享、运维过程中还存在一定的安全隐患。五是数据治理责任制度没有全过程全领域全环节完善到位，数据安全、监管仍存隐忧。六是缺少数据集中采集、统一处理、元数据分析、质量管控、数据归档等数据全生命周期管理。

收集、加工、分析数据的能力，将成为任何组织宏观决策和战术执行的基础支撑与驱动力来源。保密性、完整性和可用性是数据安全的三大基石。没有数据安全，就没有数据治理的一切。数据思维和技术给传统行业和管理模式带来颠覆性的影响，政府治理方式正在进行根本性的转变，也对提升税收治理能力提出了新的更高要求。要继续把数据治理能力作为重要抓手，不断挖掘税收大数据资源中蕴含的价值，进一步深化税收大数据建设和应用，以大数据的发展和成果的转化，持续提升税收治理效能，不断推进税收现代化，助力实现国家治理体系和治理能力现代化。

三、数字化升级与智能化改造

随着数字化优化升级工作的不断推进,以数治税、智慧税务对数据共享和数据分析的需求日益增强,实现数据变成信息,信息变成知识,知识变成智慧的数据思维方式,必须普及强化全员数据思维,提高数据治理能力。税收征管正是凭借大数据技术不断地走向精准化、智能化、科学化。运用现代信息技术建设智慧税务,实现从信息化到数字化再到智慧化是税收征管的发展趋势。聚焦发挥数据生产要素的创新引擎作用,把"以数治税"理念贯穿于税收征管全过程的部署安排,稳步实施发票电子化改革,深化税收大数据共享应用,着力建设具有高集成功能、高安全性能、高应用效能的智慧税务,全面推进税收征管数字化升级和智能化改造。一方面,制定实施了税收大数据发展战略。以大数据驱动业务发展、全面提升用户体验、新技术探索应用为导向,加快编制发布税收大数据发展战略。另一方面,加强了税收数据集中统一管控。通过对全国税务系统数据资源的规划建设,采用主流的软件研发技术,选择科学的管理手段,在税收信息系统运行过程中,对数据采集、数据录入、数据处理、数据维护、数据存储和备份、数据恢复、数据交换和数据运用等一系列活动集中统一组织指挥、监控协调,并涵盖税收执法、服务、监管、党务政务管理的全过程。

第二节　技术迭代发展下的税收征管效能

一、以数字化升级促进服务效率提升

新时代以来,我国税收制度改革不断深化,税收征管效率持续提升,税收营商环境明显优化。世界银行发布的《营商环境报告2020》显示,中国已连续两年跻身全球营商环境改善幅度最大的十个经济体之一,排名跃居全球第31位,其中纳税指标排名稳步上升,纳税次数排名第16位,已居世界前列;纳税

时间排名第47位,已超过经济合作与发展组织(OECD)国家平均水平。2020年新冠疫情期间,在税收大数据云平台开发上线"全国纳税人供应链查询功能",促进供需对接,成效明显。

从国际上看,税务数字化转型以纳税人为中心的税收治理理念已成为世界性趋势。2020年12月,经济合作与发展组织举办第十三届税收征管论坛,会上发布的《税收征管3.0:税收征管的数字化转型》(以下简称《税收征管3.0》)报告讨论了税收征管数字化转型的目标及应采取的具体措施。《税收征管3.0》为克服经济和社会数字化发展对税收征管体系的挑战,提出将税收征管更加深入地建立于纳税人日常生活和各类交易中,实现税收征管多方面的逐步自动化,使征管各环节随着时间的推移趋于无缝衔接和零摩擦,并大大减轻税收遵从负担。

二、以数字化升级推进税收征管模式转变

进一步深化税收征管改革就是在现有税收征管模式岗责流程和任务表单驱动的基础上,升级优化为数据驱动、规则驱动、人工智能驱动,实现税务执法方式的根本性转变。税收信息化的根本目标是税收治理现代化,税收治理现代化的重要特征是治理智能化。治理智能化的基础是数字化、数据驱动、数据协同、数据智能化。这就要求执法、服务、监管、征管制度、流程、组织体系、共治体系的深度融合,全面联动,做到相互促进、相得益彰,整体、协同、统筹安排部署,不断推动税收征管模式的系统性发展完善。

基于《税收征管3.0》设计的核心目标,注重强化各方涉税相关数据的集成,着力打造以税收大数据为核心的征管系统,全面构建"以数治税"的征管模式:一是税收征管嵌入纳税人自有信息系统(natural system)。纳税环节将逐步嵌入日常生活和商业活动中,通过征纳双方密切合作,一方面减轻纳税人行政负担,另一方面促进"即时征税"(tax just happening),确保税收遵从。二是打造税收共治格局。正如企业在增值税和所得税征收中发挥的作用一样,

数字平台也将成为税收征管中的"代理人"。有些数字平台负责税款的征收和向税务部门解缴,有些数字平台负责识别纳税人、确定纳税义务,并共享结果和税收相关信息等。政府部门与私营部门密切合作,形成税收共治的格局,政府部门发挥最终监管作用。三是实现实时税收征管,提供税收确定性。为与日常活动、商业交易等保持同步,税收征管流程将越来越接近实时。有些无法在短时间内完成税款缴纳的情况,可采取实时纳税人账户等补充机制。因此,多数情况都能提供快速准确的税收确定性。此外,人工智能工具和算法也将支持应纳税款的评定,并尽可能地提供决策支持。四是使税收征管模式更加透明可信。纳税人将可以实时查看应纳或已纳税款以及税款计算所依据的条款和数据等,并对数据的来源和准确性提出质疑,授权或拒绝将其用于非税务目的。尽管相关立法进程可能较为复杂,但对纳税人而言,税收征管过程和结果将更趋于透明。五是税务部门与其他政府部门职能紧密结合,形成"整体政府"。税务部门职能将与其他政府部门职能结合更加紧密,依托同一个数字身份,使税收征管流程与数据源实现无缝对接。六是构建人性化的税务组织。以纳税人为中心,是税收征管流程构建和管理的核心。实现这一目标的关键,是促进税务人员掌握人工智能等高级分析工具和决策支持工具。这将有利于提升税收遵从度,同时及时检测税收征管系统中的异常、漏洞和缺陷并予以完善。

经济社会发展进步越快,信息科技越发达,税收法定要求越高,"以数治税"手段越强大,征纳及相关各方,税收与经济、政治、社会、科技的关联度和系统性就越强。为实现税收征管数字化升级,需通过税务部门与相关各方合作共治,方能实现。这是一个税务部门内外相关各征管要素整体、协同系统化推进征管模式创新完善的过程及其结果:以纳税人为中心,是税收征管流程构建和管理的核心;征纳密切合作,减轻了纳税成本,提高了税收遵从;税收征管过程和结果将更趋于透明,征纳双方有了信赖合作的基础;社会数字化平台协税护税和代征代缴,并与税务信息系统实现了信息共享;税务部门与其他政府部门之间形成"整体政府",使税收征管流程与数据源实现无缝对接;构建人性化的税务组织的关键,是促进税务人员掌握人工智能等高级分析工具和决策支持工具。

三、以数字化升级提升税收治理效能

税收征管系统具有鲜明的整体性、关联性、层次结构性、动态平衡性、开放性和时序性特征。但在进一步深化税收征管改革的过程中,仍然存在对与相关各方合作共治,整体、协同的系统性思维理解不深。有的不注重税务执法、服务、监管的整体性相互衔接,存在畸重畸轻、单兵突进、顾此失彼的情况;有的不注重制度、流程、规范、技术、组织体系等税务系统内部各部门和相关配套措施的整体性;有的不注重争取地方党政的支持理解,与纳税人、相关部门、行业、平台等沟通协调等,缺少推进环境要素优化的统筹性。

提升税收治理效能,需要进一步深化税收征管改革,优化税务执法方式,涉及税法体系、征管制度、体制机制、业务规程、科技手段、税收数据、组织体系、人才保障、协同共治等各方面要素相互交织,牵一发而动全身。需要运用系统思维和方式,使各方面要素统筹、集成、联动起来,科学统筹、整体谋划、一体推进。推进征纳和相关各方互动、协同配合,凝聚税务系统内外各方面的力量,形成强大共治合力,推进税收治理现代化。新时代以来,我国税收征管体制先后经历了"合作""合并""合成"三次大的变革。"合作"就是指2015年实施的以国税地税合作为核心的征管体制改革,既回应了纳税人期盼,又稳步务实推动了税收征管和税收事业的发展。"合并"就是指2018年实施的国税地税机构合并,进一步理顺中央与地方、政府与市场、统一税制与分级财政的关系,推动现代化经济体系建设和高质量发展,提升了税收治理质效。"合成"就是指2021年《意见》的出台和落实,这是税收征管体制的第三次大变革,与"合作""合并"改革方案承接递进,是系统性思维在税收改革实践中的集成应用,将推动税务执法、服务、监管理念方式和手段的全方位变革。

提升税收治理效能,需要紧扣"合成"的要求,深入推进以税收大数据为驱动的"八大集成",即经济交易信息"一票式"集成、个人税费信息"一人式"

集成、法人税费信息"一户式"集成、税务人员履责信息"一员式"集成、税务机关信息"一局式"集成、税务系统信息"一揽式"集成、执法服务监管"一体式"集成、内外协同共治"一并式"集成。通过以"成"促"合",实现税收征管的技术变革、业务变革、组织变革。其中,技术变革是牵引和驱动,业务变革是重点和关键,组织变革是支撑和保障。

深化税收征管改革是一个复杂的系统工程,必须更加注重整体性、协同性、统筹性,全面推进重点领域和关键环节的变革创新。注重防范化解重大风险挑战,实现改革的质量、结构、规模、速度、效益、安全相统一,整体性集成式提升税收治理效能。通过推进智慧税务建设,大幅提升税务部门综合运用大数据、云计算、人工智能、移动互联网等现代信息技术的能力,着力推进内外部涉税数据汇聚联通、线上线下有机贯通,驱动税务执法、服务与监管制度创新、业务变革,进一步优化组织体系与资源配置。以此为基础,加快实现法人纳税人信息"一户式"归集、自然人纳税人缴费人信息"一人式"归集,2023年基本实现税务机关信息"一局式"、税务人员信息"一员式"归集,实现对纳税人缴费人行为的自动性分析管理、对税务人员履责的全过程自控性考核考评、对税务决策信息和任务的自主性推送。2025年实现税务执法、服务、监管与大数据智能化应用的深度融合、高效联动、全面升级。通过打破各系统、各业务模块的数据壁垒,让数据通起来;创新应用人工智能先进技术手段,不断拓展应用场景,让数据活起来;提供更多跨数据源、"多兵种"作战的数据服务,让数据动起来。充分挖掘税收数据的生产价值,实现数据资源融合、联动,服务改革发展大局。

四、数字化升级和智能化改造赋能税收数字化治理

以落实国务院印发的《促进大数据发展行动纲要》为契机,大力推进以金税三期工程为核心的税收信息化建设,实现基础平台、应用软件、业务标准的全国统一,对所有税种、费种和税费业务的全面覆盖。把数据作为重要生产要素,不断推进数字化升级,促进了税收执法的规范性和统一性,大幅度提高了

税收征管能力和辅助决策水平,有效降低了税收征纳成本,有力支撑了税制改革和征管体制改革落地。

(一)加强数据治理并向数字化、智能化转型

加强对数据资源的深挖细掘、智能分析和融合共享,大力推行并不断拓展"非接触式"办税缴费范围。同时,运用税收大数据,分析经济运行情况,有效服务各级党委、政府决策。作为信息化时代产物的税收大数据,仍存在数据标准不统一、数据不同步或重复、数据不关联等问题,不利于后续的综合分析和应用。下一步,有必要加强数据治理,制定税收大数据发展战略,完善数据治理的制度体系。不断完善税收大数据云平台,加强数据资源开发利用,持续推进与国家及有关部门信息系统互联互通。持续推进各类系统数据向大数据云平台集成,规范管理已集成的各类数据,夯实大数据基础。不断优化数据服务功能,丰富云平台应用,提供更加便捷高效的分析工具。持续推进与外部门数据共享,加大信息共享力度,促进跨领域跨部门合作,提升资源利用率。"十四五"时期建成税务部门与其他相关部门常态化、制度化数据共享协调机制,依法保障涉税涉费必需信息获取。健全涉税涉费信息对外提供机制,打造规模大、类型多、价值高、颗粒度细的税收大数据,高效发挥数据要素驱动作用。加强智能化税收大数据分析,不断强化税收大数据在经济运行研判和社会管理等领域的深层次应用,更好地服务宏观经济决策和社会管理。探索区块链技术在社会保险费征收、房地产交易和不动产登记等方面的应用,并持续拓展在促进涉税信息共享等领域的应用,推进"非接触式"办税,进一步提升纳税人缴费人的获得感。以先进的信息技术为依托,推动税收大数据共享应用,夯实税收治理数据基础,全面推进税收征管数字化升级和智能化改造,充分运用大数据提升税收治理现代化水平。

新一轮科技革命和产业变革加速演进,大数据技术已经成为驱动经济增长的新动能,为推动我国经济高质量发展提供了重要支撑。从税收治理效能

上来看,技术的变迁与创新对税收发展至关重要。税收治理中,税收征管数据诸如税基、税源、税种、税率等涉及税收大数据应用。我们要依托大数据技术,通过创新税收大数据治理模式,建立健全税收大数据驱动机制,加强税收大数据人才队伍建设等,从而推动税收治理方式从"信息化"向"智能化"和"智慧化"转变,数据赋能更有效。大数据智能驱动是进一步优化税务执法方式,最大限度提高税法遵从度和社会满意度、大幅降低征纳成本的强大动力。通过大数据、云计算、人工智能等手段推进税收治理现代化,从信息化到智能化再到智慧化,是建设智慧税务的必由之路,前景广阔。税务部门用好大数据技术,加强对税收大数据的挖掘分析和增值应用,就能实现涉税数据采集、分析和应用的"数据链条式"发展。总的来看,以大数据助力税收治理,不仅可以通过大数据技术提升税收服务和治理能力,助力产业升级,还能够发挥税收大数据覆盖面广、及时性强、精准度高等优势,分析经济运行动态,助力供需双方精准产销对接,最大限度地激发市场主体活力和发展动力。

(二)推动税收治理方式转型

数字经济蓬勃发展,在推动经济发展质量变革、效率变革、动力变革的同时,也带来政府、组织、企业等治理方式的深刻变化,体现生产力和生产关系的辩证统一。当前,以数据驱动为特征的数字化、网络化、智能化深入推进,数据化的知识和信息作为关键生产要素在推动生产力发展和生产关系变革中的作用更加凸显,经济社会实现从生产要素到生产力,再到生产关系的全面系统变革。新业态新模式下纳税人组织结构、经营方式日趋复杂,其中所呈现的经营网络化、交易虚拟化、人员流动化、税源隐蔽化等特征,对优化税务执法方式提出了迫切要求。互联网、大数据、人工智能等先进技术的发展,一方面对税务执法提出了严峻挑战,另一方面也使税务部门能够利用新技术推动税务执法创新,服务高质量发展。新阶段税收征管范围由税向费、由企业向自然人、由传统业态向新兴业态拓展,对强化税务执法、服务和监管手段提出了更高的要求。特别是一些纳税人纳税意识淡薄，为达到少缴、不缴税不择手段，偷逃税呈现智能化、网络化、多样化、隐蔽化，且较难发现、查清。

税收部门拥有海量数据资源，数据量庞大、覆盖面广泛，且具有颗粒度小、真实度高、连续性强等特点，已成为税务部门最核心和关键的征管资源。以税收大数据为驱动建设的智慧税务，能够揭示传统技术方式难以展现的关联关系，促进数据融合和资源整合，为推进税收治理体系和治理能力现代化提供有力支撑。

大数据时代，数据是治理体系和治理能力现代化的基础性战略资源，其价值不仅在于容量大、类型多，更重要的在于能够从数据中发现事物的联系，为我们看世界提供了全新的视角。智慧税务正是运用了大数据思维，把业务变成数据，从数据中抽象出规律，再从规律中找到智慧，让传统的凭经验和直觉决策转变为用数据决策。大数据思维把税收大数据视为一种可以主动管理并开发的生产要素，而不是简单视为业务流程的附加产物，让税务部门从"数据采集者"向"数据治理者"转变，积极对税收大数据进行挖掘与分析，发现数据之间的关联性或因果结构，揭示过去的规律、预测未来的趋势。

以发票电子化改革为契机，搭建覆盖融通税收业务、政务、党务、事务全流程、全事项的一体化信息系统，继续加快融入国家信息化建设总体规划，以数据要素为驱动，将税收业务从流程、表单、岗责驱动转变为数据、规则、智能驱动，实现自动化、标准化处理，沿着"以数治税""智慧税务"方向大步前进。

第三节　国外税收征管数字化创新实践与启示

一、发达经济体征管数字化创新实践

（一）欧盟：利用新技术实现纳税环境数字化

欧盟成员国利用过去十几年信息技术的高速发展对自身税务系统进行了

一系列的整合与改进。

1.统一网站,发挥税收宣传作用

欧盟开设税收和教育门户网站,目的是培训教育年轻欧洲公民有关税收的知识,并告知受众税收如何影响生活。德国联邦中央税务局的官方网站上不定期发布有关工资税、所得税、公司税、贸易税和营业税的最新官方手册。法国公共财政总局专门制作了一个迷你税收宣传网站,用于介绍法国主要税种的演变。芬兰国家税务局开设"税务园区"专页,为年轻纳税人学习税法提供官方渠道。

2.统一标准,提高纳税服务质量

波兰国家税务总局为了树立专业化、现代化、友好化的公众形象,出台各项税收征管工作的标准,启动网上办税项目,进行机构调整,包括建立涉税信息库、明确纳税服务窗口办公标准等,为纳税人提供服务。爱尔兰国家税务局统一纳税申报处理标准,通过预填报技术智能地帮助纳税人将有关信息自动填入申报表中,对纳税人自行填报的相关报表进行智能审查或更改,提高了服务质效。

(二)英国:为纳税人建立数字税务账户

1.公布税务数字化改革相关战略规划

英国皇家税务与海关总署(HMRC)2012年公布《税务数字化行动计划》;2015年英国政府宣布建设数字税务账户,旨在用于储存纳税人的详细信息,同时简化办税流程;2017年英国政府发布《英国数字化战略(2017)》,把所有政府机构网站包括税务网站进行集约化建设,深入推进政府数字化转型,打造平台型政府;2019年4月英国实施增值税数字化改革,将数字税务账户作为纳税人在数字化税收中的身份通行证明和办税操作工具。①

2.为纳税人打造数字税务账户

数字税务账户类似在线银行账户,可储存纳税人详细涉税信息,既是纳税

---

① 李平、吴颖:《英国数字税务账户应用实践及借鉴》,《国际税收》2019年第12期。

人在税收数字化系统中的身份通行证明和办税操作工具,又是征纳双方进行交互活动的重要载体。对此,HMRC 的主要做法如下:一是为个人纳税人建立数字税务账户。自 2015 年开始,HMRC 开始为个人纳税人创建简便、个性、安全和服务多样化的数字税务账户,个人纳税人的所有涉税信息都汇集在此。HMRC 使用最先进的数据加密技术,以保障数字税务账户的安全。自 2016 年开始,个人纳税人可以使用相关数字设备登陆自己的数字税务账号,随时查看数字税务账户内信息。二是为企业纳税人建立数字税务账户。自 2015 年开始,HMRC 为几百万户企业纳税人建立了数字税务账户。截至 2016 年 4 月,已有 500 万户企业纳税人能够使用数字税务账户。HMRC 要求,在 2020 年之前大多数企业纳税人能够通过数字税务账户跟踪自己的纳税情况。企业通过数字税务账户随时了解自己的已纳税情况和应纳税情况,并据此做出合理预算安排。目前,该项改革目标已经基本实现。

(三)美国:制定新战略实现纳税流程安全化

1.组织机构改革,简化办税流程

美国国内收入局为了建立适应现代信息技术环境的信息化组织架构,按纳税人类型设置了四个业务机构:大企业和国际税收局、小企业和自雇业主局、工薪和投资收益局、免税组织和政府机构局。各业务机构对下均实行垂直管理,按业务类型或区域在全国主要城市设置分局,分局以下设办事处,办事处是基层税务组织。这种设置整合了税务事项职责分工,简化了办税流程,有利于提高征管效能。同时,美国国内收入局还采取了其他举措,例如扩大数字信息的利用率、拓宽数字服务渠道等,以提高纳税人与税务机关的沟通效率。

2.强化安全保障,保护数据安全

扩大的电子化服务需要强大的系统来保障信息安全和应对网络风险。为此,美国在战略规划中提出,要开发身份验证功能,实现电子化办公,确保技术和数据架构的通用性和安全性。2019 年 7 月,美国国内收入局发布了网络安

全保障措施清单,这份清单包括激活防病毒软件、使用防火墙、提供时选择双因素身份验证、使用备份软件服务、使用 Drive 加密、创建和保护虚拟专用网络六项网络安全措施。此外,该清单还列出了企业应如何保护数据以及数据被窃取后如何恢复。① 这些措施对税务人员和纳税人都具有重要意义。

3. 提供数字服务,促进纳税遵从

美国在保障纳税人信息安全的同时拓展数字化服务,通过加强在线申报、预申报和缴纳税款、建立纳税人一户式账户、提供税务代理应用程序等措施,提高税收电子服务水平,满足纳税人期望。美国国内收入局 2019 年开始开发一种数据驱动的税收风险评估产品,利用此类产品来识别大型企业、跨国公司等纳税人的税务风险,促进纳税遵从。同时建立了税收不遵从和税务欺诈风险模型,提高发现问题、打击税收违法犯罪的能力。

(四)澳大利亚:使用新策略实现纳税方式便捷化②

1. 营造税收文化,发展移动应用

为实现现代化的服务,打造专业化的队伍和健全公正的税收管理体制,澳大利亚致力于对税务机关进行优化。尤其从营造税收文化、改善客户体验、转变税务机关工作观念等方面出发,努力建设可持续发展的大型服务机关。澳大利亚发明了一款具有特殊功能的软件,它可以帮助个人和个体工商户收集、分类和存储某些涉税信息,比如和纳税人息息相关的汽车、差旅费用、利息扣除额和其他税款缴纳信息等。

2. 融合人工智能,优化纳税服务

随着大数据、云计算与人工智能等新技术的运用与深度融合,澳大利亚税务局结合自身技术优势,充分利用人工智能优化纳税服务。澳大利亚税务局

---

① "Tax Security 2.0 - A" Taxes-Security-Together "Checklist-Step", 2019 年 7 月 16 日,见 https://www.irs.gov/newsroom/tax-security-2-0-a-taxes-security-together-checklist-step-1。
② 根据澳大利亚税务局官方网站(www.ato.gov.au)整理得出。

通过嵌入系统,获取来自雇主、银行和保险公司的工资、利息和私人医保数据,为纳税人提供个人所得税预填报服务。此外,澳大利亚税务局积极创新税务咨询方法,通过电话、办公软件、网页、自助终端等多种渠道给予纳税人专业知识方面的支持。澳大利亚税务局于2016年2月上线了虚拟助手Alex,为客户提供信息服务。Alex本质上是一个高度复杂的搜索引擎,懂得对话语言,客户可以像与人交谈时一样每天24小时随时咨询税务问题。

3.建立税收档案,加强税收监管

为加强身份认证,澳大利亚税务局为每个纳税人都建立了税收档案号码。澳大利亚税务局在企业工薪软件中推出的一键式工资信息服务,要求大企业在每次发放工资薪酬时,向税务部门报告每位雇员的工资薪金、代扣税款和退休金数额。此外,为加强税收监管,澳大利亚税务局在制定税收风险监控指标时选择了不同的标准,根据不同纳税人采取多种措施加强重点监管。在个人所得税退税方面,通过基于大数据平台的风险评估系统构建了一套行之有效的审核指标,筛选疑点退税申请人并对其进行重点审查。

（五）韩国、新加坡:助力纳税服务现代化

1.数字技术助力纳税服务更高效

作为全世界网络覆盖率最高的国家,韩国线上电子税务局覆盖了95%的税收业务,无纸化办税、全年无休服务不断提升了办税的便利化。同时,韩国纳税人通过"家庭税收系统"来完成线上申报、缴税、开具纳税证明等一系列税收业务。新加坡国内税务局运用自主开发的软件增强数字服务虚拟助手Ask Jamie① 的功能,更加方便快捷地处理纳税人的咨询。

2.创新科技促进纳税方式更便捷

为方便纳税人办理纳税申报,韩国国家税务局使用Android 和iOS 操作系

---

① 新加坡的所有政府机构都推出了数字服务虚拟助手 Ask Jamie,Ask Jamie 运用自然语言处理引擎理解公众提出的问题并作出适当答复。

统提供移动服务。移动应用程序允许纳税人处理诸多税务信息。对于小型企业而言,在智能手机上通过电子税务局就能在线提交预填的纳税申报单、开具电子税务发票、查看商业合作伙伴信息以及实现年终纳税结算、费用扣除,十分便利。韩国新税务综合系统(NTIS)也已经实现了三十多个子系统的全面整合和功能优化,高度的功能整合和数据共享成为纳税人准确、便捷申报的有力支撑。①

二、FTA税收征管3.0

2020年12月7日至8日,经济合作与发展组织第十三届税收征管论坛(FTA)召开线上会议,包括中国在内的53个FTA成员的税务局局长和国际组织代表参加。大会发布了四项成果,其中《税收征管3.0:税收征管的数字化转型》讨论了税收征管数字化转型的目标及应采取的具体措施。

(一)税收征管3.0提出的背景

1.税收征管2.0存在的内在缺陷

税收征管1.0指税收征管过程主要基于纸质材料和手动流程;税收征管2.0指税务部门为提升效率,通过加强与其他政府部门、私营企业及国际同行合作,在税收征管1.0基础上引入数字化数据和分析工具,即"电子化管理"。

尽管税收征管2.0使纳税人和税务部门普遍受益,但仍存在显著的内在缺陷,主要包括:依赖纳税人自愿遵从,造成税款流失严重;纳税人需投入较多的人力和时间等,遵从成本较高;纳税环节晚于应税事件的发生,导致税收不确定性增加;政府各部门间系统不一致,导致纳税人负担增加和税收欺诈等。这些内在缺陷难以通过税收征管2.0自身的完善加以克服。

2.数字化发展对税收征管体系的挑战

(1)经济数字化使税务部门获取和使用涉税信息的难度增加。首先,工

---

① 陈艳:《韩国税收管理的借鉴与思考》,《税务研究》2018年第3期。

作模式变革使得税务部门获取和使用涉税信息的难度增加。共享和零工经济的涌现使一些人放弃雇主支付工资的工作（个人所得税由雇主代扣代缴）而转向自雇职业，如果税收征管系统不能实现信息有效整合，纳税人不遵从的机会会显著增加。其次，商业模式变革使税务部门获取和使用涉税信息的难度增加。数字经济时代，跨国企业不设立应税实体便可取得经营利润，国际社会正在努力推动数字经济税收规则变革，但需要税务部门获取跨国企业位于不同辖区经营状况的大量信息，因此最优方案可能是将税法规则嵌入不同企业使用的会计系统。再次，数字化带来的透明度问题将增加涉税信息获取难度。虚拟货币、加密货币和不透明数字资产的使用可能产生透明度问题。最后，数字化背景下企业对涉税信息进行操作可以不受地点限制，而申报缴税晚于纳税义务发生，这为大规模偷漏税提供了可能，跨境情况下更是如此。

（2）民众对政府部门加强协作的期待增加。随着数字化发展，私营部门不断改善相关服务，政府部门仍各自为政。不同政府部门的业务办理需要个人和企业重复提交身份信息，且采用的支付方式和申报制度等也不尽相同，因此增加了个人和企业的行政成本。而税务部门和社会保障部门都是大数据的持有和管理部门，可以在促进政府各部门协同合作中发挥核心作用。数字化发展使社会民众提高了期望值，希望政府各部门也能够业务协调。

（3）大数据时代民众对隐私、安全和透明度的担忧增加。尽管税务部门理应有权访问庞大的涉税数据，以提高税收管理水平，但仅依靠税务部门处理数据仍然会引发公众对隐私、安全和透明度的担忧。因为潜在税收数据的整合可以拼凑出个人行动轨迹和支付方式，一旦数据泄露就可能被恶意篡改或盗用，如果税务部门不能解释收集数据的合理用途，将造成不必要的信任损失。

（二）税收征管3.0的核心要素

为克服数字化发展对税收征管体系的挑战，税收征管3.0设计的核心目标是尽可能使用纳税人自身会计系统或软件等纳税人信任的系统导出的数据,而不是依赖税务部门申报系统的数据。税收征管 3.0 的核心要素主要包括:

1.税收征管嵌入纳税人自有系统

纳税环节将逐步嵌入日常生活和商业活动中,通过征纳双方密切合作,一方面减轻纳税人行政负担,另一方面促进"即时征税"(tax just happening),确保税收遵从。

2.打造税收共治格局

正如企业在增值税和所得税征收中发挥的作用一样,数字平台也将成为税务部门在税收征管中的"代理人"。有些数字平台负责税款的征收和向税务部门解缴,有些数字平台负责识别纳税人、确定纳税义务,并共享结果和税收相关信息等。政府部门与私营部门密切合作,形成税收共治的格局,政府部门发挥最终监管作用。

3.实现实时税收征管,提供税收确定性

与日常活动、商业交易等保持同步,税收征管流程将越来越接近实时。有些无法在短时间内完成税款缴纳的情况,可采取实时纳税人账户(real-time taxpayer accounts)[①]等补充机制。因此,多数情况都能提供快速准确的税收确定性。此外,人工智能工具和算法也将支持应纳税款的评定,并尽可能地提供决策支持。

4.使税收征管模式更加透明可信

纳税人将可以实时查看应纳或已纳税款以及税款计算所依据的条款和数据等,并对数据的来源和准确性提出质疑,授权或拒绝将其用于非税务目的。尽管相关立法进程可能较为复杂,但对纳税人而言,税收征管过程和结果将更趋于透明。

---

① 实时纳税人账户可实现纳税和退税的即时存入和划转。

5.税务部门与其他政府部门职能紧密结合,形成整体政府

税务部门职能将与其他政府部门职能结合更加紧密,依托同一个数字身份,使税收征管流程与数据源实现无缝对接。

6.构建人性化、具有高技术的税务组织

以纳税人为中心,是税收征管流程构建和管理的核心。实现这一目标的关键,是促进税务人员掌握人工智能等高级分析工具和决策支持工具。这将有利于提升税收遵从度,同时及时检测税收征管系统中的异常、漏洞和缺陷并做出完善。

(三)税收征管3.0的模拟应用场景

基于税收征管3.0六大核心要素,报告以不同类型纳税人需求为出发点,模拟了数字化征管的三个应用场景。

1.个人

在该场景中,个人通过一个第三方数字平台(如 App 等),即可获取不同政府部门提供的服务,这些服务主要基于应用程序接口(API)获得。税收征管流程将嵌入数字平台,税务部门为保障税务服务无缝衔接,主要任务是建立 API 接口,并与相关主体建立合作伙伴关系。纳税人通过该平台处理税务事项时,会获得人工智能的帮助,并能够实时知晓纳税状况。在人工智能不能满足纳税人需要时,税务部门人员或"委托代理人"以文字、音频和视频等形式提供帮助解决问题。平台上不同政府服务之间需要进行信息交换时,应根据需要确定,并得到民众授权。

2.中小企业和自雇人员

在该场景中,税收征管流程将嵌入政府委托授权的数字平台中。税收征管流程中包含自动算法,自动处理企业交易涉及的不同税种的税务问题,并自动进行纳税申报和税款缴纳。人工智能可以在企业决策中提供个性化税务指导。税务部门在纳税人需要或人工智能无法满足要求时提供帮助,同时在后台对数字平台进行实时监管,倘若出现错误或异常,税务部门会及时介入。

3.跨国集团

在该场景中,由政府委托的中介提供数字服务平台,税收征管嵌入企业运营所在的所有国家的数字服务平台中。税收规则、算法和数据都会实时更新,纳税义务的评估、申报和征收都是根据各国不同税种和规则自动进行的。即使各国纳税时间、税率等不同,也使用同一个标准的申报模板。税务部门使用人工智能标记平台上出现的问题,使企业及时重新核对,必要时税务人员会实时介入。倘若涉及跨国涉税争议,相关国家税务部门在人工智能的支持下进行协商谈判,非必要时无须企业参与。

(四)税收征管3.0的构成模块及部分国家实践

税收征管3.0主要包括以下六个构成模块:

1.数字身份

通过数字身份,对纳税人和公民进行安全、唯一的身份认证,以减轻纳税人负担,并将操作处理转至后台,连接纳税人自有系统。新加坡以国家数字身份(NDI)为抓手改善公众日常生活,内容包括个人数字身份(SingPass)和企业及其他实体的法人数字身份(CorpPass)。SingPass支持通过身份验证登录电子政务服务网,其中包括税务登录入口"我的税务门户"(myTax Portal),并实时批准其发出的支付请求。企业授权后,CorpPass可利用多种NDI功能,轻松安全地与政府其他部门及企业实体进行交互。

2.纳税人交互点

纳税人交互点是税务部门与纳税人沟通互动的连接点,包括面对面、电话咨询、网站、企业管理系统等形式。税收征管3.0的纳税人交互点不仅能够在必要时为纳税人提供实时帮助,还能通过API接口与政府其他部门系统、企业管理系统、银行账户等进行交互。纳税人交互点要逐步嵌入纳税人自有系统,通过纳税人自有系统预置的人工智能工具和算法对纳税义务进行分类和计算。挪威制定新机制以简化贷款申请,经纳税人预同意,银行可从税务部门直接获取纳税人最近 6 个月的收入和扣税信息,对贷款申请自动评估。目前挪威所有银行均已参与该机制。肯尼亚拥有大量的移动货币(mobile money)用户,为改进纳税服务,肯尼亚税务局于 2013 年扩大了税款支付渠道,将移动货币支付涵盖进来,纳税人可通过手机快速办理缴税,并实时更新账户。

3. 数据管理和数据标准

税收征管 3.0 中最主要的变化是,税收征管将从数据管理逐步过渡到对数据的可得性、质量和准确性的管理。澳大利亚为改进纳税人报告工资数据的方式,自 2018 年 7 月开始启用基于 API 接口的数字通道,即"一键式薪酬系统"(STP)。STP 支持雇主向澳大利亚税务局实时报告工资信息,利用现有工资核算周期和商业软件系统,雇主可在支付员工工资时,实时向税务局报告工资、税收和养老金数据。

4. 税收规则的管理和应用

现行税收规则的管理和应用过程主要是税务部门驱动、支持的过程。税收征管 3.0 的主要变化是,税务部门主要负责为嵌入纳税人自有系统的税收征管各流程提供所需的技术规则和信息。西班牙开发了基于人工智能的增值税虚拟助手工具。通过用母语向聊天机器人提问,纳税人和税务人员可获取关于发票登记和更正、国际贸易有关的纳税义务、应纳税所得额、税率以及不动产交易的免税和抵扣项目等信息。该工具不仅支持保存对话副本,用户还可通过关注对话获得相关信息法规的网页链接。

5. 新技能组合

现行电子化征管体制下,税务人员的技能要求主要是提供以客户为中心的电子服务以及拓展分析工具的使用。税收征管 3.0 将更加关注对税收征管系统整体的支持和改进,因此需要增加 IT 专业人员、程序员、数据处理人员等。芬兰使用新的 COTS 软件替换了 70 多个旧系统,预计安装完成后每年可节省 1500 万—2000 万欧元 IT 成本。使用 COTS 软件可使税务部门对纳税人形成更全面的了解,提高自动化水平,培养税务人员处理和分析数据的能力。

6.伙伴型治理框架

税收征管 3.0 需要公私部门、各国间的系统和程序进行整合,这需要各主体在管理中构建合作伙伴关系。2016 年起,俄罗斯税务部门制定一项新的税收监测制度,与现有税收系统并行执行。税收监测的核心原理为,基于建立健全的身份验证和授权系统,税务部门利用 API 接口远程访问纳税人会计和纳税申报系统。通过在交易链条中嵌入风险分析工具,税务部门直接访问纳税人自有系统,确定交易中是否存在涉税风险并提出预警。在税收监测框架下,国家的税收遵从管理与纳税人自有系统紧密相接。

三、税收征管数字化国际经验总结与分析

(一)基于"数据采集"视角,利用智慧税务提高税收征管效率

涉税分析的基础是涉税大数据的采集,采集的数据质量直接决定了涉税分析和税收征管的效率。发达经济体的税收征管改革,无论是信息的整合还是新制度的推行,其核心都是为了集中力量提高税收征管效率。他们通过数据采集、信息技术整合,对税务组织架构、流程、业务模式等进行变革,做到业务与技术集成联动,努力实现税收治理现代化,尤其表现在改进征纳方式方面。近年来,发达经济体均加快了电子税务局的建设进程。电子税务局通过技术赋能,一方面使得纳税人可随时随地向税务人员咨询,另一方面税务机关不再需要与纳税人面对面即可全面勘查企业的涉税业务,可明显提高征纳双方的效率。在此基础上,发达经济体形成了一系列电子政务信息平台,这其中包含了对纳税人非常重要的电子税务信息平台。电子税务信息平台在提供纳税申报表在线备案和评估、电子支付税款事项、不同政府部门之间的税务评估信息共享方面优势明显,同时还可以解答纳税人的税务问题。电子税务局、电子税务信息平台的出现有效降低了涉税信息采集、整合、运用和共享成本,促

进了涉税信息的贯通,有效地提高了税收征管效率。

(二)基于"数据分析"视角,利用智慧税务提升纳税服务质效

高质量的纳税服务是提高税务机关税收征管能力和促进纳税遵从的重要基础。近年来,发达经济体十分重视数据分析,在加强对税源掌握和了解、加强和改进税收分析、厘清税基的构成与变化特点方面作了很多努力,旨在为纳税人和代理人提供全面的纳税服务。目前大部分发达经济体税务机关都在努力扩大其向纳税人和代理人提供电子化服务的范围,不断提高服务质量。随着互联网技术的普及,税收服务应用新技术不断革新。尤其在英国等西方发达国家的整体政府改革之后,世界各国税务机关普遍在整体政府理念的指导下,广泛运用"互联网+"技术,将电子税务与整体公共管理和服务进行整合,全面推进信息管税,提升了税收管理质效,并统一向社会提供整体化、无缝化的纳税服务。① 网站电子纳税服务、电子邮件纳税服务、智能设备纳税服务、电话纳税服务是其采取的主要方式类型。发达经济体税务机关越来越依赖数字化、智慧化服务手段以提高政府的公共服务质量并降低行政成本,纳税服务也逐渐趋于多元化。

(三)基于"数据利用"视角,利用智慧税务促进税收合作遵从

发达经济体税务部门基于信息技术的不断深入应用,都在积累从税务登记、管理、稽查等各环节的大量业务数据。然而由于信息共享程度不同,大量原始数据容易沉积在操作层。许多发达经济体的税务部门都以涉税大数据为依托,通过前期的数据采集与分析实现数据的再利用,将其转换为支持管理层决策的科学、有效信息,促进税收合作遵从。一直以来,发达经济体的税务部门都不约而同地把促进纳税遵从当成基本职责。以往,税务部门更多利用审

---

① 刘建徽、周志波:《整体政府视阈下"互联网+税务"发展研究》,《宏观经济研究》2015年第11期。

计、处罚等威胁性手段实现税收遵从。而从发达经济体近年来的税收征管改革看，更多的发达经济体正在向合作促进遵从过渡。包括法国、匈牙利在内的很多国家的税务部门正在对大企业纳税人使用、试用或计划使用合作遵从的方法。一是架构税收遵从风险管理新框架。基于智慧税务，引入新思维、新方法、新技术优化税收遵从风险管理，税务部门通过多方数据的整合建立完整的信息集合来支持纳税人的遵从管理；通过数据利用和数据分析，结合计算机自动处理与人工干预将风险信息进行集中处理，力求做到公平、均衡、公开和快速响应。二是引入合作机制促进税收遵从常态化。通过引入合理的合作机制，方便纳税人在正确时间缴纳正确税款。同时可以与企业建立一种新型互信关系，促进税收遵从。[①]

四、税收征管数字化国外实践的启示

（一）全面推广电子发票服务平台，利用智慧税务确保精确执法

发票在我国的税收管理工作中已经基本实现了由传统的"以票控税"模式到"以数治税"新型管理模式的转化。电子发票在进一步降低征纳双方成本的同时又可以促进信息管税战略目标的形成。随着数字经济在全球快速发展以及信息技术的广泛运用，纳税人经营模式复杂性与税源多样化造成传统的纸质发票管理模式备受冲击，难以适应新经济、新业态、新模式的发展需求。发达经济体在积极探索利用电子发票提升税收征管效能方面取得了积极成效。我国已全面推广电子发票服务平台建设。电子发票具有便捷、高效、低成本、永久保存、真实不可篡改等诸多优势，其中真实性是保障精确执法的首要前提。电子发票服务平台的全面推广将助力智慧税务建设，进而可有效提升精确执法。具体而言，电子发票服务平台可实现发票的发行、开具、接收、保

---

① 张学诞、张耀文：《"互联网+"背景下我国税收合作遵从机制的构建》，《税务研究》2020年第 1 期。

存、查验等处理过程的全自动化,实现涉税信息全过程的闭环管理。同时可实现包括发票的自动生成、集中管理、在线稽查、智能服务等多项内容的"全流程"管理,从根本上解决传统纸质发票的"顽症"。将电子发票服务平台与严厉打击涉税违法犯罪行为积极融合,充分发挥税收大数据作用,对发票开具、使用等进行全环节即时验证和监控,可实现对虚开骗税等违法犯罪行为惩处从事后打击向事前事中精准防范转变,精准有效打击涉税违法犯罪行为。

(二)推进纳税服务多元化,利用智慧税务提供精细服务

互联网时代,纳税人的经济行为常常超出时空、传统方式的限制,这就要求税务部门提供纳税服务也不受时空、传统方式的限制。从税务部门角度讲,税收治理模式从"管理"走向"治理"的嬗变要求"为全社会提供最优的税收服务"。税务部门应运用先进的纳税服务理念,依托大数据分析,调整服务供给,搭建线上互动渠道,"点对点"解决纳税人的实际问题,有针对性地为纳税人提供多元化服务。从纳税人角度讲,数字化背景下,其对纳税服务的需求更趋个性化和多元化。发达经济体的实践证明,智慧税务的建设将使纳税服务多元化更具现实性。我国应借鉴发达经济体经验,积极推动智慧税务建设,提升纳税服务质量。智慧税务建成后,将形成以纳税人端、税务人端和决策人端为主体的智能应用平台体系,为税务部门提供精细服务创造有利契机。税务部门可在准确、广泛地向纳税人宣传法律法规和税收政策的同时,准确定位纳税人需求并向其提供精细的个性化服务。具体而言,税务部门可以通过创建不间断提供高标准服务的网上办税服务平台,全天候为纳税人提供高效率、高质量的纳税服务;依托先进技术平台,实现为纳税大户、规模以上纳税人、A级信用纳税人提供定制化、个性化服务,有效降低信息不对称、真正实现服务没有距离;借鉴O2O拓展税法宣传与服务的力度和广度,打造"智慧税务"服务系统,满足纳税人线上、线下、全天候、跨地域的纳税服务需求等,为纳税人提供更加精细的服务。

（三）探索身份认证数字化，利用智慧税务实现精准监管

随着大数据、人工智能、区块链和 5G 技术等新兴技术的广泛应用，信息和数据已然成为巨大生产力，为创新税务管理模式、推动政府治理能力现代化提供了新技术动能。发达经济体税务机关更加关注利用互联网的特性发挥新兴技术动能的作用，以有效提升征管效率。我国应思考如何运用数字技术创新管理模式和管理手段，加强税收监管、打击偷逃税等违法行为，实现精准监管。一是整合各省（自治区、直辖市）网上办税服务平台资源，建立全国统一的自然人涉税数据平台。通过统一数据平台，实现自然人涉税数据的互联互通，对海量涉税数据动态收集、分析，对自然人纳税人的动态风险画像。同时税务部门通过数据平台能够掌握纳税人的纳税申报、财产收入等多种信息，加之利用配套实行的自然人纳税人识别号制度、现金管理制度以及收入监控制度等，可全方位地实现精准监管。二是推行实名办税，探索数字身份认证。实名办税的身份信息采集功能，不仅能为税务机关追究相应的涉税责任提供可靠证据和线索，还能对潜在的税收违法犯罪起到震慑作用。要把"整体政府"理念贯穿到我国的税收治理中，进一步加强税务机关同公安、银行等部门多方合作，保证实名认证信息的真实准确。在各地探索实名办税的基础上，依托大数据等新兴技术，有效对接税务征管信息系统，加快建立办税人员实名信息数据库。借鉴发达经济体数字（电子）身份系统的成功经验，探索数字（电子）身份认证，形成办税便利、信息共享、风险可控的实名办税制度，从源头上遏制涉税风险。未来税务部门可以把实名办税遵从情况作为依据，对纳税人实施分类分级管理，为低风险的纳税人多提供便利，形成激励机制，从而提高监管效率，真正实现精准监管。

（四）基于治理主体多样化，数据整合达成精诚共治

为了构建"党政领导、税务主责、部门协作、社会协同、公众参与、国际合

作"的税收共治新体系,需借鉴发达经济体经验,不断加强部门之间的密切协作,助力实现信息共享,努力提升税收治理效能。基于强化税务部门与其他部门合作共治的视角,要强化"整体政府"理念,顺应数字化时代的发展要求,努力实现部门间数据信息的共享共建。要发挥税收数据及时和精准的优势,与其他部门的数据进行必要整合,提升数据价值,形成行业、区域指标体系。基于强化税务部门与第三方机构协作共治的视角,随着税收征管越来越多地受到第三方技术和数据的影响,电子税务局应逐步发挥统筹作用,既赋予第三方机构权力,还要监管其规范性、合规性。第三方机构参与的税务服务平台,不仅可为纳税人提供信息化背景下的通用一般服务,还为纳税服务的创新发展提供了广阔的平台。应鼓励有效的第三方机构信息系统与电子税务局互联互通。基于税务部门与纳税人协作协同的视角,要尽力为纳税人提供更全面、更便捷的服务,努力将更多涉税信息纳入税收征管系统,使尽可能多的涉税问题在纳税人提交纳税申报表之前或期间就得到识别和解决。

第四节 智慧税务生态建设的逻辑进路

依托金税四期工程推进税收征管数字化,构建智慧税务,着力推进"两化、三端、四融合"。"两化"是指构建智慧税务,有赖于推进数字化升级和智能化改造。"三端"是指智慧税务建成后,将形成以纳税人端、税务人端和决策人端为主体的智能应用平台体系。"四融合"是指智慧税务建成后,将实现从"算量、算法、算力"到"技术功能、制度效能、组织机能",从"税务、财务、业务"到"治税、治队、治理"的一体化深度融合,从而促进税收大数据应用、税收征管效能、税务部门服务纳税人缴费人和服务国家治理现代化的能力和水平得到大幅提升和跨越升级。

一、智慧税务是深化税收征管改革的目标追求

坚持科技创新和深化大数据应用,全面推进税收征管数字化升级和智能化改造,建成具有高集成功能、高安全性能、高应用效能的智慧税务。税收征管技术变革,主要体现在三个方面:一是建设统一信息平台。平台是作为数据存储的载体,只有平台统一才能标准统一,才能有效聚集数据。智慧税务将建成纳税人缴费人端服务平台、税务人端工作平台、决策人端指挥平台,形成国内外一流的智能化行政应用系统。二是汇聚共享各方数据。数据量越大,质效越好。智慧税务将着力推进内外部涉税数据汇聚联通、线上线下有机贯通,逐步实现法人税费信息"一户式"、自然人税费信息"一人式"、税务机关信息"一局式"、税务人员信息"一员式"智能归集,从而打造规模大、类型多、价值高、颗粒度细的税收大数据。三是深化数据分析应用。智慧税务将依托先进技术手段,加强智能化税收大数据分析,能够及时感知各方需求并自动灵敏地作出反应,为纳税人缴费人提供精细化、智能化、个性化服务,为税务人提供自主推送任务、自控监督履责、自动考核考评的管理手段,为决策者提供微观、中观、宏观经济运行研判参考和决策支持。比如,信息化时代产物的金税三期信息系统,无法提供纳税人的个性化服务需求。而数字化智能时代的智慧税务将在"一户式"归集纳税人基本信息的基础上,通过"算法"准确识别纳税人的个性化需求并精准提供优质服务。

二、发票电子化改革是智慧税务生态建设的核心内容

深化税收征管改革、金税四期建设和发票电子化改革作为"十四五"时期税务系统智慧税务建设的三件大事,必须融合推进,从而实现精确执法、精细服务、精准监管和精诚共治。2021 年 12 月 1 日,在上海、广东、内蒙古开始试点的全面数字化电子发票(以下简称"全电发票"),具有以数治税、智慧税务建设里程碑意义。发票电子化改革从纸票走向全电发票,不是指全部发票都要

改为全电发票,而是指在纸质发票、网络发票、信息发票的基础上又增加了全电发票这一新票种,即数据票或数字票。这是一场深刻的革命,其重要意义在于发票向着数字化闭环实现了质的关键性的飞跃,为使发票与各税费种相关联和纳入风险管理流程闭环奠定了坚实的基础。

全电发票呈现出了担当深化税收征管改革突破口的样貌。以"信用+风险"动态监控系统为基本方式,以网络可信身份体系和新型电子发票服务平台为依托,以去介质、标签化、去版式、授信制、赋码制为特征,以全领域、全环节、全要素电子化为运行模式,以电子数据账号化为载体的新型数字化或数据化的电子发票。

电子发票服务平台为纳税人设置税务数字账号自动归集发票数据,供纳税人查询、下载、打印。开票数据可通过电子发票服务平台税务数字账号自动交付全电发票,同时支持多种交付模式。一些国家的法人和自然人设立了数字账号,像目前的社会信用代码和身份证号一样具有唯一性。新设立的"税务数字账号"是税务机关"一户式""一人式"管理逻辑在纳税人端的体现。在为纳税人提供"税务数字账号"更加高效便捷的查询支持,传统获取全量发票信息的难题荡然无存。"税务数字账号"将作为税企衔接的重要支点,从根本上推进以数治税的执法服务监管方式的转变。

深化税收征管改革、金税四期建设和发票电子化改革的融合推进,为智慧税务建设创造了前提条件。在税务执法服务监管新方式背景下,数据成为以数治税的核心资源。全电发票突破了信息化时代的限制,不断扩展应用支撑,强化数字化应用服务,最终聚焦以纳税人为对象的所有经营数据集成和扩展,必然成为智慧税务建设的关键支撑点。

以发票电子化改革为突破口进一步深化税收征管改革。发票数据将作为税收大数据的一种与所有税费种数据相关联用于分析挖掘,在数据、规则、智能的大数据驱动下识别并推送税收风险点,分类精准执法、服务和监管。

金税四期的数字化转型升级和智能化改造,其核心内容是发票电子化改革。三大事项共同构成了当前一个时期税收治理体系和治理能力现代化的主要内容,包括方式(征管改革)、方法(数字发票)和手段(金税四期)。三大事项相互融合推进的具体实现路径和举措要做到:四点切入、四期叠加、四项效能。

四点切入:以数字发票认定为切入点进入企业全经营周期、税费种征纳业务风险全流程周期、大数据一户式全生命周期;以企业开办为切入点进入发票全生命周期、税费种征纳业务风险全流程周期和大数据一户式全生命周期;以风险识别为切入点进入发票全生命周期、企业全经营周期和大数据一户式全生命周期;以大数据一户式规则驱动为切入点进入发票全生命周期、企业全经营周期和风险全流程周期。

四期叠加:发票全生命周期、风险全流程周期、企业全经营周期、数据全生命周期四大周期融会贯通,全方位立体化全时空确保精确执法、精细服务、精准监管和精诚共治。

四项效能:提升发票风险的事前发现效能、事中阻断效能、事后处置效能,以此推进整体性集成式提升税收治理效能;提升税费种征纳业务风险无风险的静音效能,低风险的闹铃提醒纠错效能,中风险的吹哨监控纳税评估、全流程审计、反避税调查效能,高风险的警笛税务稽查执法效能,充分发挥数据驱动、规则驱动和智能驱动效能;提升金税四期数字化升级和智能化改造的支撑、保障、服务、引领的以数治税效能,实现高集成功能、高安全性能、高应用效能的智慧税务;提升事前防范、事中提醒、事后追责的绩效考核、数字人事、内控督查的监督机制效能。

三、治税规则是智慧税务生态建设的制度内核

"税收法定原则"与"罪刑法定原则"是人类社会法治文明的两大优秀成果,构成公民财产权和人身权保护的两大基石。税收法定原则的实质,就是通过立法控制和程序规范来限制征税权的行使空间和方式,进而保护纳税人权

利。2015 年修订的《立法法》将第八条的"税收基本制度"这一专属立法权进一步细化为"税种的设立、税率的确定和税收征收管理等基本制度",并单列为第六项,位于公民财产权保护相关事项的首位。这使得税收法定原则在法律层面有了更为清晰、明确的规定。在税收单行实体法立法领域,截至 2022 年已经制定了 12 部税种法,修订后的《个人所得税法》初步建立了综合与分类相结合的现代个人所得税制度。其他税种法草案也已经进入立法议程。完善直接税制度并逐步提高其比重,形成直接税与间接税搭配合理、地方税体系健全、有利于高质量发展的税制体系。在税收程序法领域,《税收征管法》全面修订已经充分讨论研究、酝酿储备多年,条件不断趋向成熟。

税务执法、服务、监管是税收法律体系公平正义的具体化,体现在每一个具体的税收征纳法律关系之中。税务执法方式不仅要在形式上合乎法律规则,更强调其实质上要合乎法律的精神、目的和原则,实现从注重法律规则到注重法律原则的转变。但目前的税收法律体系尚缺乏有关税法的精神、目的和原则方面的规定。对于税法与相关法律不衔接、变动频繁、税制要素不确定等问题,以及柔性执法、弹性治理、执法权的强化与约束平衡、保护纳税主体权益、信赖合作保护、包容审慎监管等实践中行之有效的办法,迫切需要在税收法律体系中以适当方式作出规定予以完善,以尽快有效解决或改变以上状况。

2020 年,我国第一部以"法典"命名的《民法典》正式通过,标志着我国迈进了法典化立法时代。可以适时启动《税法典》或《税法总则》的立项起草工作,进一步完善现代税法体系。现代税法体系应当弘扬税收要素法定、监控征税权、量能课税、实质公平、程序正义、保护纳税人权益等价值,而税法总则是规定税法价值和原则的最佳载体,能够保证它们在整个税法领域得到协调一致的贯彻。但鉴于《税法典》作为一个税法体系,其立法起草工作将十分浩繁、旷日持久,即便是启动《税法总则》的立法起草也需要长时间可行性研究论证。因此,可以先从《税收征管法》的修订完善开始,在其中明确税收治理精神、目的、原则、价值、规则等。将容错容缺机制、触发式监管、执法权的强化与约束平衡、税收数据共享协作、税收数据安全、信赖合作保护、司法救济制度、适应数据要素特点的税收征收管理制度等实践中行之有效的办法和适合中国国情的有益国际经验做法纳入其中。

四、优化执法方式是智慧税务生态建设的本质要求

技术变革必然带来业务流程变革和税收征管制度创新,从而实现税务执法方式的优化、征管效能的提升。推进穿透式执法监管方式,不断提升税务执法精确度。全电发票的改革、"信用+风险"双动态监管方式、金税四期将有效提升各税费种关联发票管理的征管监督能力。税务机关对发票的用途进行更广泛管理,结合"纳税人数字账号"将更加深化对纳税人的整体理解,从而实现精准风控的目标。要根据对新产业新业态新模式鼓励创新包容审慎监管的要求,开展调查研究,持续跟踪新业态发展动向,及时了解其创新发展涉税诉求,提供更加精确精细涉税服务。高度重视平台经济领域税收秩序不规范、税收监管体制不适应等问题,及时修订涉税法律法规,明确税收政策适用,不断完善税收征管措施和制度,持续促进纳税遵从,营造公平竞争的税收环境。

推进预测式纳税服务方式,提升优质高效智能税费服务。通过向纳税人提供更多发票数字化应用服务支持,包括发票开具项目预先管理、用途管理等,实现发票的分类精细管理,将推动为纳税人要素化发票管理和要素化"预填申报表"的改革目标实现。围绕服务纳税人办税全流程,打造数字化一体化税费服务平台,多措并举推动服务转型升级,推动业务办理由"流程驱动"向"数字驱动"转变,办税模式向"线上自主办理为主、线下协助办理为辅,双向互联互通"转变,办税方式向"数据预填、要素申报、税费联办"转变,办税手段向"智能化、数字化、场景化"转变,使纳税人办税更加智慧简约;建立"全国集中+智能应答+全程互动+问办查评送一体化"的新型征纳互动服务模式,以"个性化信息推送+智慧化人机交互"为切入点,推进纳税咨询从解答问题向解决问题转变,助力税费服务的便利化、智能化、集约化、高效化转型。

提升重点领域风险智能防控和监管精度。从促进全国统一市场建设、营造公平竞争税收秩序等方面出发,以智慧税务建设推进创新完善税务监管新体系。"全电发票"管理已经落地与纳税人风险、信用和经营实质的衔接,体现出税务征管对于纳税人一体化管理和动态管控的能力,纳税人的整体风险状况将更加精确和动态化。经济体运行效率的底层逻辑的改变,一方面对业务经营产生更直接影响,另一方面将改变税法遵从风险、内部控制风险、税务规划风险的管控方式。对逃避税问题多发的行业、地区和人群的风险防控和监管水平有待提升。对逃避税问题多发的行业、地区和人群,根据税收风险适当提高"双随机、一公开"抽查比例;持续加强与公安等部门在信息共享、联合办案等方面的协同,充分发挥税收大数据作用,进一步提升打击涉税违法犯罪行为的精准度,既以最严格的标准防范逃避税,又避免影响企业正常经营。依托发票电子化和大数据分析应用平台,完善税收风险预警指标体系,健全虚开增值税发票、骗取出口退税和偷逃税费全链条风险防控机制。基于指标体系,结合稽查办案专家经验,利用丰富的算法模型从重点行业、主要税种维度构建模型分析,实现对重点领域企业涉税违法行为的发现识别和风险智能精准预警。

加强预防性制度建设,加大依法防控和监督检查力度,严厉打击隐瞒收入、虚列成本、转移利润以及利用"税收洼地"、"阴阳合同"和关联交易等逃避税行为。基于虚开增值税发票的涉税违法行为特征,利用已有税务稽查的丰富基础数据,对虚开违法特征和行为进行总结,提炼出具有智能识别模式的分析组件,从而对虚开违法犯罪进行事前主动监测,及时发现预警,事中事后快速反应,达到打防结合的虚开稽查监管效果。基于资金流、票流及物流等维度,结合行业特征知识,构建智能识别模式,从海量的数据中对企业骗税违法行为深入分析挖掘,快速精准发现骗税违法线索,为税务稽查打击骗税提供及时准确的情报支撑。基于企业偷逃税行为特征,综合利用税务内外部多源数据,构建企业偷逃税行为分析模型,实现对企业偷逃税行为的快速、精准识别。

深入分析、总结涉税违法犯罪严重程度较高的行业违法特征,并结合行业领域知识进行深度分析,挖掘其中的规律性和趋势性。基于行业特点和行业知识,利用企业违法行为预测、敏感商品挖掘等智能化算法模型,主动监测重点行业动态信息,对异常的涉税行为进行提早发现,为税务稽查提供有针对性的监管辅助支撑。基于企业提交的纳税申报、财务报表等数据,结合企业的开票情况,建立对纳税申报、财务报表以及发票往来情况的智能化监测分析组件,支持对企业进行商品开票量监测、申报异常监测以及税负率异常监测,实现重点税种、重点行业企业异常行为的常态化监测。融合情报分析和在办案件数据,针对不同涉税违法行为,从行业分布、区域分布、犯罪趋势等维度对税收违法走势进行违法态势分析预测。

除智能分析监控精准预警外,还要进行常态化监管。一是进一步推行风险导向下的"双随机、一公开"监管,实现随机抽查执法事项和执法对象的全覆盖。进一步做好对市场主体干扰最小化、监管效能最大化,切实为基层减负。二是对虚开、骗税和逃避税问题多发的行业、地区和人群,适当提高税收风险导向下的"双随机、一公开"抽查比例。三是对隐瞒收入、虚列成本、转移利润,利用"税收洼地"、"阴阳合同"及关联交易等逃避税行为,加大依法防控和检查力度。

在大数据等信息技术和电子商务、数字经济等新经济新业态新模式快速发展的今天,税务监管方式必须加快从职能化向自动化、智能化转变。一方面,要掌握大数据时代新经济新业态新模式的行业特点和管理服务需求;另一方面,要加快数字化升级和智能化改造,将税收大数据更加广泛地运用到新经济业态税收分析及监管。

建立包容审慎的新产业新业态新模式治理规则,科学实施有效监管,推进数字经济综合服务,促进依法纳税和公平竞争。一是对新经济市场主体从登记、认定环节就按新业态分类做标识,未登记的与相关平台沟通作补充。二是争取企业平台等第三方的支持,实行业态内容标识,如微信、微网、直播、跨境电商等。三是在增值税电子专票、普票上增加票面新业态种类标识和统计。四是取得人民银行、银保监会、外管局、网联、银联支持,对新业态交易金额全面穿透,标识统计。五是利用大数据云平台的数据资源,设置风险预警模型,运用人工智能监控风险,作好应对。通过转变监管方式,对新业态新模式实行触发式监管,做到放手而不放任,为新业态提供宽松规范的税收发展环境。

第六章　大数据与税收征管的融合

第一节　大数据时代税收征管面临的挑战

一、大数据治税理念尚不牢固

大数据治税不仅是税收管理的技术革命,也是管理思想的深刻变革。实际上,要强调的是大数据思维应该从整体思路上转变,大数据思维尚未建立,已经成为限制我国税收征管新理念和方法创新的重要因素。要改变对大数据的思考方式,需要注意数据本身的巨大价值,并强调对数据的综合分析。这就要求税务部门与社会各界之间进行协调与合作,进行数据交换和共享,并且需要从"以票管税"到"以数治税"的实质性转变。

借助风险管理对纳税人进行差别化管理,是大数据与税收征管融合的重要切入点,针对低风险纳税人优化服务、高风险纳税人强化管理,以此让管理更加精细化、科学化和专业化。以事中、事前监控取代事后风险管理,加强对风险的早期识别和控制,从"无差异化管理"转变为"差异化管理",并根据风险等级对纳税人进行分类。大数据技术支持税收风险管理的建设,并提供了科学的分析工具。对海量的税收数据,税务部门可使用大数据技术进行挖掘,通过历史数据分析、横向数据对比,从而预测和判断纳税人的涉税风险,准确查找和判别风险,及时开展后续服务。使用大数据技术将"以经验为主导"转变为"以数据为中心",从而更好地了解税收管理服务的现状和变化趋势。

二、大数据治税实践尚存在短板

(一)缺乏全面的数据采集和完善的大数据处理工具

当前,税务机关缺少集中的数据收集平台,设置的数据收集接口过于分散,导致所收集的与税收相关的数据之间明显缺乏关联,致使数据不集中以及使用效率低下。与税收相关的分散数据,从数据分析的角度来看,没有带有完整的数据分析指标的技术分析软件。大多数数据分析仍处于简单比较或比对与税收相关数据的水平,并且分析表明,现有的与税收相关的信息无法获得更多有价值的纳税人和税收信息。

(二)缺乏与大数据相匹配的制度建设

大数据时代,完善税收征管体系,健全税收规则势在必行。现代政治文明的重要标志是依法行政,其在税收领域的具体体现就是依法治税。实现税收法治的前提和基础是税收立法。金融机构、行政机关等第三方协助获取涉税信息的义务履行不到位,主要是因为现行税收征管体系尚未建立完善的涉税信息获取机制。因此有必要从税收征管的法律层面寻找制度化的解决方案,以解决双方的信息不对称这一阻碍税收征管质量的核心问题。

(三)缺乏与大数据相匹配的成熟分析能力

大数据的目标是创造价值并分析价值驱动力,而分析方法是大数据治税的重要因素。长期以来,常见的数据分析形式包括查看报表、简单查询、复杂查询、税收负担分析和收入预测。典型的应用程序特征基于原始摘要、分类和简单计算。现有的分析方法主要依靠指标,通过指标功能库,行业特定指标,税收类别指标和扩展指标组合,联合指标等进行分析是有效果的,但是指标方法本身的缺点使其效果不理想,因为它既费时又费力。大多数数据应用程序仍处于起步阶段。诸如数据指标和风险管理分析之类的业务流程尚未得到广泛使用,并且尚未实现有效的税收分析。此外,与税收有关的信息,简要的规则摘要,数据查询和基本趋势描述仍然是数据分析的关键应用程序,仍然不具备数据分析和利用的能力。

第二节　大数据时代税收征管规程和模式完善

一、专业化风险管理

(一)问题揭示

1.数据质量有待加强

数据质量是大数据与税收征管深度融合的基础,没有高质量的数据,就无法建立先进的税收信息化系统,无法充分发挥大数据的优势来加强税收征管。在目前的税收征管实践工作中,税收系统中采集的数据格式较为混乱。一是由于纳税人的经营信息复杂多样,以及基于对纳税人数据安全权益的保护,导致税务信息系统获取纳税人信息的难度大大增加。二是由于部分纳税人向税务机关报送的信息存在错误或故意报送虚假的财务信息,导致税务信息系统中的部分信息来源不真实。这直接影响到税源管理工作的质效,导致国家税源的流失。三是"数据孤岛"现象的存在。由于税务信息化系统分别部署,数据库互不相通;以及政府间各部门独立建设信息化系统等客观条件的限制,很多纳税人的数据信息已经采集入库,但分别储存在不同的层级和地域,既缺乏联通,又无共享机制,各级部门之间囿于单位自身利益缺乏主动进行数据交换的动力,这些都导致了"数据孤岛"的存在。

2. 分析方法缺乏体系

在现有的税收征管与大数据融合的过程中，既有大数据算法存在缺陷，也有税收风险防控机制不全面的问题。这些都导致了目前的分析方法不成体系。在大数据算法上，尽管目前与税收风险有关的指标已经在税收系统内进行了全面的构建，但是一方面税收风险指标的质量整体不够高、效率不够优；另一方面对于各风险指标，受到涉税数据来源的限制，不能充分发挥大数据算法的数据分析作用。在税收风险防控机制方面，目前专业化的纳税风险机制尚未嵌入制度化管理，导致难以充分利用大数据技术进行全面的税收风险分析，体现在由于纳税人和税务机关应用风险指标的异质性，对大数据技术识别风险带来了困难。

3. 人才培养力度不足

税收大数据体量巨大、结构复杂、排列无序、异质性大，如果在税收征管中充分发挥大数据算法的优势，需要税务与算法的复合型人才进行数据开发和技术挖掘。但当前，税收风险管理人员以业务人员为主，由于年龄结构、知识结构、业务能力等方面的限制，对于大数据算法下的新技术和新知识仍需加强学习。首先，在大数据方面，税务机关严重缺少专业性人才，建立税收数据模型、进行统计分析的成本过高，税务数据的挖掘不够充分；其次，目前的税收管理仍具有传统经验判断的路径依赖，对于数据的应用还停留在整理和描述统计方面，难以进行有效分析监控。由于大数据专业人才的不足，导致税收征管与大数据融合不够深入，无法满足税收风险管理精细化、科学化和专业化的需求。

（二）解决方案

1. 加强数据质量管理

能否在现有的庞大、混乱、无序的海量数据中，获取准确、清晰的所需要的征管资源，决定了税收征管与大数据的融合深度，决定了税收风险管理的成败。随着金税工程的不断推进和大数据算法的不断发展,我国正在不断加强税收征管与大数据的融合,并逐步开始构建税收大数据云平台。通过统一建设的税收大数据云平台,逐步开始建设涉税信息政务共享平台,从源头开始加强数据质量管理,加深大数据在税收征管中的应用。一是建立科学规范的数据获取机制。除了不断提高从纳税人处采集数量的质量之外,还应当建立从互联网获取数据的信息采集系统。将税源信息和申报信息分级分类管理,加强税源信息的核对与审核,避免数据失真导致涉税风险与分析结构偏误的问题发生。二是完善信息采集系统,从获取静态信息升级为获取全面的动态信息。通过拓宽数据获取渠道,展开数据获取维度,延长数据获取时间,对纳税人的涉税数据进行动态的全天候的获取与管理,以便于进行数据交叉比对,识别异常涉税信息,及时对税务机关和纳税人做出风险提示。三是加快数据交换与数据共享机制的建立建设步伐。在金税四期建设中,税收大数据云平台快速构建之际,通过顶端设计和涉税大数据云平台的建设,逐步加强各级各地税务机关、税务机关与其他政府机关、税银、税企等之间的数据共享与数据协作,建立信息共享的模式,打破"数据孤岛"的壁垒。

2.提升风险管理体系

加深大数据与税收征管融合,优化税收风险管理体系,提升税收征管质效,要充分利用现有的税收征管系统,并推广应用新技术、新算法、新平台。首先要充分利用现有的税收征管系统,充分发挥智能化、信息化、电子化、便捷化的优势,借助金税工程和大数据平台,开发企业信息数据分析系统和税收风险管理工具,对纳税人的基本情况数据、申报数据、经营状况数据、纳税遵从数据、完税状况数据、信用数据等进行全方面多维度的特征标签管理,充分发挥大数据技术在税收征管中的应用,建立更加精准有效的风险模型,实现全方位的税收风险管理。同时,要加强区块链、5G等新技术在税收征管领域的推广与应用。利用区块链技术,实现对纳税人交易信息和涉税信息的全流程完整记录,发挥区块链不可篡改的优势,保证记录准确性和完整性的同时,节约税收征管过程中的纳税遵从成本,大幅提升发现漏洞、识别风险的能力。

3.重视专业人才培养

加强税收征管与大数据的深度融合,需要一大批业务与技术的复合型人才,需要一支优良的税务管理团队。第一,需要鼓励专业型人才各司其职,发挥其优势作用。税务系统内部人才来源广,但是由于传统的人才培养和人才管理重业务轻技术,很多税务系统的专业人才被埋没或被迫转型。需要改变人才激励和培养的方向与目标,使专业人才在适合的岗位发挥作用。第二,需要建立人才培养机制,着重培养复合型人才。需要建立明确的复合型人才培养目标,制定完整的复合型人才培养方案,保证复合型人才发展梯度,不断壮大税收大数据人才和复合型人才的队伍,并选拔一批同时具有丰富税收专业知识、实践经验和专业技能的优秀干部。第三,需要适当借助外部力量,发挥第三方智库等资源的力量。在充分整合税务系统内部资源的同时,聚合学界和社会各界的相关领域资深人士、专家学者,共同为大数据与税收征管深度融合提供优化方案,发挥全社会的智慧与才能。

二、内部工作机制

(一)问题揭示

1.认识不充分

在目前的税收征管实践中,由于税务管理人员、涉税服务机构和纳税人对传统工作方式的依赖,以及税收信息化系统的不成熟,导致涉税工作人员对于信息化的重视程度不够,认为信息化非但没有减轻办税人员的工作负担,反而为其带来了更加沉重的工作量的问题。随着金税四期工程在全国范围内的全面建设和税收服务的全面推进,如果不能充分认识到科技在税收信息化工程中的重要性,将严重阻碍大数据与税收征管信息化的深度融合。

2.思路不明晰

一方面,传统的税收信息化建设工作多以项目为节点,缺乏长远的规划、缺乏跨税种跨部门的联动。这导致了税收信息化建设过程互相割裂,系统相互独立,数据形成孤岛。另一方面,由于缺乏统一的数据标准、系统规范、后端逻辑和前端窗口,导致无论是后台开发人员还是前端使用人员,都只能依赖于单个系统进行工作。大数据背景下,信息化建设各自为战,缺乏明晰的建设思路,税收征管就难以充分发挥大数据的优势。

3.体系不完善

大数据背景下,税收领域的信息化建设的体系不够完善,集中体现在前台操作、业务处理、系统运维、纳税服务等四个方面。在前台操作层面,业务流程复杂,工作环节繁冗,人为操作较多,系统管控不足,不仅工作效率不高,同时也增加了人为失误的风险。在业务处理方面,既有的税收信息化系统,在建设过程中侧重以业务功能的多、全为目的,缺少对于纳税人的精细管理和个性服务,既增加了纳税遵从的成本,又降低了征管质效。在系统运维方面,历史遗留问题积重难返,诉求反馈链条复杂冗长。在纳税服务方面,由于纳税服务体系基于既有的税务管理人员展开建设,对纳税人的针对性不强、流程复杂、服务缺位的现象普遍存在。

(二)解决方案

1.提高信息化提升税收征管质效的认识

提高信息化水平,在税收征管中深度融合大数据,具有重要的战略意义和实践意义。

科技是第一生产力,是税收征管腾飞的翅膀。经过多年的信息化建设,已经建成并投入使用以金税三期工程为核心的多个应用系统,取得了一定成效,为税收征管业务和行政管理的开展提供了有力的支撑。但是随着新经济新业态不断出现,纳税人的需求日益丰富,信息技术日新月异,新技术的应用场景也越来越多,税务部门已经开始在工作中应用大数据、区块链等技术,例如深圳税务的区块链发票、上海税务的"AI+一网通办"税务试点以及广州税务的新型云计算平台。信息化工作不进则退。随着商事登记制度的深化改革和营商环境的持续优化,纳税人数量越来越多,税收数据的价值日益凸显,信息化建设亟待"整合、规范、创新"。信息化规划发挥着支柱性作用,谋定而后动,不仅是顺应当前发展形势变化的需要,更能够洞察未来发展趋势,对实现大数据与税收征管深度融合和税收治理能力现代化有着至关重要的作用。

税收管理服务智能化,是未来的必然方向。长远来看,信息化建设必须要围绕智能化的体系延伸、拓展。首先,智能化代表了管理观的进步。要继续充分运用大数据进行智能管理,电子日志、考勤管理、工资管理、数字人事、绩效管理等,都是对行政工作智能管理的初步实现和探索。税收业务管理方面,大数据平台、"12366"智能咨询等方面的应用也十分具有代表性。其次,智能化代表了优质服务水准。智慧服务是指能够根据已有的税务信息,由系统识别纳税人的需求并主动为其服务,最大限度地降低运营成本,同时服务又多、快、好、省,产生良好的社会效益和经济效益,实现税务部门和纳税人的"双赢"。再次,智能化代表了高效管控能力。力求充分利用大数据,进行后台分析,取代手工的简单、重复劳动,快速精准发现问题,甚至对一些常见的、低复杂度的、可量化的业务问题,可以及时给出解决方案,或自动处理。

2. 明晰中长期信息化推进目标思路

整合。实体合并、"四个融合"等各方面工作都有序推进,信息化建设方面,各类应用系统进行了升级改造,取得一定的效果,运转良好。目前,各应用系统于外部已呈现为一个整体,但实际上内部仍然分了很多模块。尤其是电子税务局,原国税、地税承担的征管业务实际仍在相对独立的系统办理,只是通过链接实现面上整体对外,导致系统偶尔出现响应时间长、速度慢的情况,极容易出问题。

优化。要进一步优化完善现有税收信息系统,完成税务部门"一个系统"

建设,消除"信息孤岛"。组织开展征收管理、行政管理、数据应用等各类税收信息系统优化整合升级,实现互联互通、逻辑整合、业务协同、信息共享的"大系统",同步做好大数据支撑平台、基础设施平台等基础平台的优化整合工作。进一步做好电子税务局建设,最终建成由纳税人端服务平台、税务人端电子工作平台、业务处理和大数据支撑平台组成的新一代电子税务局,将全部税收信息系统整合优化并纳入其中。

规范。现行有些系统模块需要进一步规范,比如税源管理一体化平台,既有税源管理功能、税收分析功能,又有大数据分析功能;而 BI 系统,也具有分析、统计功能。需要对两个系统重叠部分进行规范,将功能科学地分门别类,一体化平台要侧重于管理改造,BI 系统侧重于大数据分析改造。要进一步规范信息化项目管理,按照遵循规划、环节把控、分权制衡、资源节约的原则,进一步明确需求、技术、采购、财务、监督等部门在信息化项目立项管理工作中的操作规范,按照"只减不增"原则,进一步加强信息化项目经费管理,确保所有信息化建设经费统一管理、合理安排、到位执行。

创新。创新是信息化建设的生命力。在税务领域中,IT 新兴技术顺承时代的发展和政策的推进,同样有着越来越多的实践和应用,引导推动税收治理模式的改革创新,当前大数据、区块链、人工智能、机器学习、云计算等 IT 技术在税收征管的领域里更是发挥着重要创新引领、创新驱动的作用。

3.构建技术业务深度融合的工作体系

在现代网络安全技术、云计算、互联网技术支持下的业务变革正在全方位加速业务与技术的深度融合。在税收领域,比较突出地体现在"业务处理智能化""系统运维扁平化""前台操作简单化""纳服全程便利化"。

前台操作简单化。要进一步优化业务流程,简化工作环节,简化各类表证单书,把前台业务操作、数据录入工作进行最大程度精简,不仅可以提高工作效率,大幅减少办税等待时间,进一步优化税收营商环境。更重要的是可以减少人为失误,提升工作质效,提高数据质量。

系统运维扁平化。要进一步贯彻"各负其责、分级处理、快速响应"三项原则,依托市区两级"集中+分散"的工作模式,搭建"业务部门+技术部门+运维厂商"共同参与的扁平化组织架构,深入整合运维资源,通过合理的工作机制充分发挥各部门的业务优势和技术优势,打造出运行协调、反应迅速的运维体系,持续提升运维工作的质量和效率。

业务处理智能化。智能化的目的在于提高税收管理服务的效率,推动税务部门向"精细管理"和"个性服务"方向转变,同时降低工作失误和偏差的概率,保证数据质量的准确性,强化信息处理能力。

纳服全程便利化。要以纳税人办税便利度为衡量标准,全面实现办税事项"一网通办"和税收数据共享,实现跨部门数据共享,应用先进技术实现行政审批事项全过程、全环节网上办理,大力推广"非接触式办税",使纳税人多跑"网路"、少走"马路",持续推动实体经济降成本、增后劲。

三、外部协同机制

(一)问题揭示

1.外部协同的参与主体有限

目前,与税务部门参与协同的主体很有限,仅仅包括市场监督管理、国土、银行等部门。究其原因,一方面是税务部门存在一定的顾虑,如出于税务数据的安全考虑,对实现交换的主体资格审查较为严苛;另一方面,公众参与的积极性不高,区别与党政部门一致的工作目标(如优化营商环境等),社会团体、公众及市场主体的目标与税务部门存在差异,参与税收宣传、税收风险管理积极性不高。

2.外部协同的事项覆盖面不够

税务事项根据事项发起方不同,可以分为依纳税人及缴费人申请事项及依税务部门职权事项。在目前的外部协同机制中,税务部门对外协同的事项多以前者为主,例如在企业成立与注销时,依纳税人申请,税务与市场监督管理部门协同为纳税人办理登记;在纳税人申请购汇及对外支付时,税务部门与外汇管理部门协同。税务部门依职权事项虽有涉及,但仅限于对外部门数据的增值利用,对漏征漏管户的巡查、涉税疑点的搜集、失信纳税人的惩戒等实质性操作事项涉及不多,同时依申请事项方面的共治还停留在窗口并联等物理上的缩小距离层面,部门间的业务系统交互和业务流程融合还不够。主要原因:一是数据直接应用程度低,各部门的数据标准和口径各异,关联度低,针对获取的外部门数据,税务部门需要花费大量的时间和精力进行再加工,一定程度上影响了税收共治在风险管理等依职权事项方面的内容延伸;二是依职权事项执法风险大,依职权事项往往涉及执法问题,而社会主体缺乏执法资格,同时专业能力不足,无法简单地将依职权事项推向共治领域;三是纳税信用等级不完善,纳税信用等级作为税收共治的重要链接工具,其自身还存在扣缴义务人、自然人、个体工商户和其他类型纳税人还未纳入的问题,导致其在联合惩戒等依职权事项的共治程度不高。

3.外部协同的机制保障不足

目前在税务部门和外部门及其他主体的协同工作中,虽然也建立了一定的制度和平台,但外部门及其他主体的税收共治积极性仍然不足,没有形成高效的税收共治合力。其中原因,一是法律保障不足,虽然《税收征管法》明确了税务部门及外部门协同税务机关执行征管任务,但未对有关部门、协助事项、协助方式及未协助的后果等进行界定,导致在实际协同共治过程中的强制性约束不足。二是机制保障不足,缺乏相应的考核激励机制,对绩效导向的部门和单位来说,参与税收共治的紧迫感和重要性不高。三是平台保障不足,现有共治平台都是在保障税务部门发起的共治业务,对外部门或其他主体发起的获取涉税信息或参与征管服务等方面的平台暂未建立,使得外部门或其他主体"想要参与但无法参与"或"能参与但无法高效参与"。

（二）解决方案

1.拓展外部协同的参与主体

在"政府主导、税务主责、部门配合、社会参与、纳税人自治"的协商共治格局框架下,要持续将党政部门、社会团体及市场主体等各类企事业单位、个体工商及自然人纳入税收共治领域中。

一是争取更多的社会主体参与税收共治。要开发身份验证功能,扩大电子化服务范围,税务部门用"政府大脑"数据网络联通多元主体,必须要确保技术和数据架构的通用性、强大性、安全性,部门、机构之间分门别类构建税务信息交换和协作机制,形成税收共治格局。要做到党政部门的全覆盖,党政相关部门纳入共治;要做到社区等自治组织的全接触,社区作为城市基层管理中的重要环节,掌握了税源的经营情况、经营地址等第一手涉税信息,将其纳入将有效增强税源信息采集力量;要做到社会团体的广合作,如与纳税人权益保护协会、个体劳动者协会、企业家协会等社会团体加强税收宣传、信息交换等共治工作;要做到公众参与的多渠道,可以开展电视媒体发声、行风监督员项目、纳税人自治为代表的"社会发展项目",探索公众参与、公众自治的模式。二是培育新型税收共治社会主体。获取现有社会主体的合作必然涉及固有人力、物力、财力等利益的重新分配,推进难度较大,而培育新型税收共治社会主体可以直接根据共治需求设立,采用由党政界、知识界、实业界、媒体界等不同人员共同参与的复合形式。此类主体目标明确,且涉及多部门多领域,发挥主体专业知识优势,在信任半径内相互合作、相互制约,实现各参与主体的税务价值最大化。

2.外部协同的内容全事项嵌入

当前,对于税收管理的"堵点"和"痛点"集中表现在征纳双方信息不对称及税收征管技术和力量难以满足需求等问题上。通过外部协同机制的建设,实现征纳双方的便利和高效。

不断丰富税务协同服务举措。一是推进"一网通"信息系统建设,实现跨部门业务深度融合。在各部门业务联办的基础上,将税务发票申领环节、清税注销环节与市场监管部门的设立、注销登记,公安部门的公章刻制缴销,银行的开户、销户等环节予以整合,实现企业开办及注销的一站式办理;"一网通"信息系统将逐步拓展至全部依申请事项,如不动产登记、社保费征缴等。二是构建数字税务账户,实现多主体数据紧密联系。完善单位主体电子账户,汇集海关、科技、国资等部门数据,为企业提供预填报、自动申报服务,根据行业协会指标等标准,提供风险预警提示并及时推送税收优惠政策;建立其他个人电子账户,可参考英国税务海关总署(HMRC)操作,针对自然人纳税人的数字税务账户,交互银行、第三方互联网交易平台数据实时更新纳税账户收支数额,纳税人通过"我的账户"可随时确认及时享受优惠,减轻纳税人实际申报工作量,并有效防范申报错误和违法行为的发生。

不断提升税收风险管理质效。首先,强化数据交互,实现纳税人分级管理。共享新型社会主体信息,打造防范涉税风险的"敏捷型组织",做到涉税数据早知道、涉税风险早预警。联合多部门建立新办企业综合评价体系,收集法人征信记录、企业关联关系、交通违章信息、水电欠缴记录以及银行信用记录等纳税人"行为痕迹",建模打分,按分数分级纳税人,并将相关信息推送给其他协同部门。以联合公安、交通部门为例,通过评价平台及时掌握法人社会关系、户籍、住所、出行轨迹等信息,针对新登记开业前几天可能存在较大的"虚假法定代表人"注册风险,实现税务风险的登记预警,并将信息推送给公安和交通部门。其次,深化数据挖掘,加强税费种管理。税费种管理是税务部门征收管理的落脚点,税费种管理的好坏直接反映出征管质效的高低。而各类税费种在实际征管过程中,若能充分运用外部门数据,可实现类似"区块链"的相互印证效用。最后,打通业务流程,实现税务端口前移。经济的低位运行增加了纳税人退出市场的行为,为防范税费流失,维护执法刚性,税务端口应向前。

不断拓展税源管理链条。当前税源管理主要集中于系统登记在册的税源,受制于税务机关征管资源和技术的不足,税务机关很难完全掌握纳税人生产经营全面的信息。首先,细化信息数据共享规则。明确信息共享的范围、内容、格式、流程、基本业务规范,对培植税源、增加税收收入和组织地方财政收入将产生积极作用。其次,强化基层税源自治。设置"全科网格员",将未登记税源信息调查报送、注册地实地核查记录、催报催缴事项提醒、企业状态变化信息采集等事项纳入"全科网格事项"准入清单,并通过网格员的"基层治理 App"实现任务管理和信息反馈,帮助税务部门实时获取第一手信息,减少税务部门反复下户和重复劳动,将属地管理的颗粒度细化到村(社区),形成重心下移的税收社会协同管理网。最后,强化新型税收行为分析。网销、网红直播、代购等新的经济业态,由于其产品生产模式、企业组织结构、税收交叉管辖等问题,税务机关需要和第三方支付平台建立协同信息采集机制,纳税行为发生后及时进行数据采集存储,堵塞税收漏洞。同时加强与事务所、审计机构以及专业技术部门就新经济模式的业务实质和征管方式的交流分析,共同防范税款流失。

3. 税收协同的机制全覆盖

数字化背景下,不同部门、不同业务和互联网的深层次融合显得尤为关键。税务部门应高度重视平台建设,以开放包容的胸怀、改革创新的勇气、合作共赢的心态,合力拧成税收协同一股绳。

加强与政府部门合作,建立健全跨部门合作机制。一是出台有关税收协同的地方性法规。虽然我国目前已有相关地方税收保障的规定,但只有部分省市出台了有关税收保障的地方性法规。应结合各地实际情况,在中央和地方层面,分别出台有关税收协同的部门规章和地方性法规。二是以信息共享作为治税的出发点和着力点,打造政府税收协同管理平台,实现平台全覆盖。三是明晰激励制度,对参与税收协同机制的人员制定绩效考核统一标准,定期对工作任务进行考核,把绩效考评结果运用到评先评优、干部晋升等各个方面,奖励先进,惩罚后进,确保跨部门税收协同工作取得实效。

加强与金融部门协作,建立健全信息共享的协同机制。一方面,建立横向监督机制,加强与银行等金融机构的相互合作、相互监督,促进税法遵从,保证税款准确入库,与银行共享高风险企业国外分支机构的相关信息,包括名单及交易、营业额等经营业务的详细内容,增加银行透明度,降低银行协助逃税的风险。另一方面,深入开展"税银互动",组织开展形式丰富的宣传推广活动,充分发挥纳税信用在普惠金融体系建设中的重要作用,破解民营和小微企业融资难题,加强数据管理,保护企业合法权益,建立"税银互动"效果评价体系,及时反馈成效,提升守信激励的示范效应。

加强与社会团体和公众协同,建立健全管理服务的互助机制。根据OECD曾做过的统计资料显示,17个国家税务管理部门使用Facebook、Twitter、YouTube社交媒体工具宣传电子税务产品,提供纳税服务。澳大利亚政府的播客(GovDex),新加坡苹果手机的个税计算应用客户端,爱沙尼亚专门的纳税人论坛培训纳税人、提供最新的政策,应用社交媒体加强多方互动沟通。加强与社会团体和公众协同:一是借力社会团体力量,与纳税人协会、产业联盟、社区、行风监督员、爱心企业、专家学者、媒体等各方力量加强关联,通过"团结合作,资源共享,协作共赢"的模式获取专业涉税优惠和政策,做好税法普及教育和税收优惠政策宣传,强化社会公众协同治税意识和能力,实现优势互补、税收协同的目的;二是实现纳税人高度自治,引导纳税人利用钉钉、微信群、QQ群等征纳沟通平台实现互助答疑,充分发挥第三方公共社交平台作用,充分发挥、放大各通信方式的优点,以税务人员为办税咨询的管理和服务主体,同时借助其庞大的用户人群和即时的通信效果,促进纳税人之间的互相沟通和用户群内部交流。

加强与司法部门相互协作,建立健全对税收违法行为的惩戒机制。加快自然人税收征信系统的建设,将自然人纳税人纳入信用评价管理范围,对自然人进行评级分类管理,对存在违法信息的自然人予以惩戒降级,降低其"二次违法"的可能性。

另外,探索建立联合各部门的综合信用评价管理体系,将单位和个人的涉税违法信息纳入评价平台,并将评价结果综合运用于单位的政府土地供应、招投标、政府采购、行政许可和个人的贷款融资、交通出行、出入境、荣誉授予等方面。

第三节　大数据赋能税收征管数字化创新

一、利用大数据技术进行税收征管应用探索

(一)税收风险管理中大数据算法的应用

1.大数据技术带来的机遇

大数据技术的应用能够促进税务机关提高对纳税人信息掌握的全面性。税收大数据可以反映纳税人的涉税情况,是与纳税人相关的多维数据。大数据的多维性有助于数据的交叉应用,提高税收大数据处理的效率,并降低税收征管的系统性风险。

大数据让数据治理和数据控税成为可能。大数据可以计算纳税人的风险偏好,并通过对税收风险偏好进行定性、定量分析和预测来减少信息不对称和税收风险。通过大数据技术的应用,加强智能化税收风险控制。

随着纳税人生产经营信息流、资金流、产品流等数据信息的激增,税务部门有必要借助飞速发展的大规模计算技术,将信息与税务系统中的发票数据、报关数据等相结合。利用对数据的整合,通过计算准则(算法)让数据说话,分析纳税人的风险偏好和行为选择,为不同类型税收管理行为提供解释性和预测性数据服务。

大数据为促进纳税人税收风险的内部控制提供了机会。税收大数据与税收收集与管理的深度集成将帮助税务机关解决关键税收问题,并提供初步筛

选意见,以促进公司合规。这些纳税人可以支持税企合作和合规协议,共同建立税收风险内部控制体系,逐步形成企业定制的税收服务和税收风险控制互动机制的相互合作、相互促进。

2. 大数据算法应用的路径探索

拓宽数据采集范围。积极构建"顶层规划、总体布局、综合治税——全面收集四类涉税数据、挖掘并加工——申报表预填和校验申报扫描风险点并智能模型分析——自动推送预警提醒、任务分配——线下应对结果录入和反馈评价——交换情报和知识共享"框架,积极与各相关部门协调沟通,在其他政府部门和涉税社会机构的协同下,全面采集四类涉税数据,并实现充分的加工整合,探索运用大数据技术进行分析识别和预测报警。涉税数据主要包括四种类型:最基础的底层数据来自税务系统内部,如核心征管、出口退税、发票底账等;由纳税人提供,获取涉税合同信息、财务信息、交易信息等数据;与其他政府部门和社会部门合作,获取相关的行业数据和银行数据;最后是互联网涉税数据,例如电子商务平台的涉税数据。同时,注重通过法律形式确保数据安全性和机密性,加强对税收相关数据使用的内部控制和审计,并保证涉税信息的安全性和保密性。

加强标准化和规范化。按照国家标准、行业指引、大数据工作规范,统一税务内外部门的系统接口标准和数据标准,进而高效率、高质量地整合税务系统内外等不同维度的数据,特别是将其他政府部门、银行等社会部门的数据同税务系统内的数据进行关联,从而便于构建指标模型,建立相应的风险控制和预警信息,跨部门之间展开业务合作。在税务系统内,实现各方来源的数据集成,并在共享指标和模型的基础上,实现线上模型自动计算、风险自动预警,线下业务便捷对接、任务同步管理。将税收数据与业务指标充分关联。

建立智能的预测分析系统。全面使用离线计算和技术、机器学习和手动统计分析来挖掘数据并建立和改进三种类型的模型:风险预测、智能监控和决策分析。通过对税务系统中集成的标准化数据进行清洗、加工,将风险模型集成为决策分析包,为决策提供数据分析服务。分析的结构可以进一步进入特定的风险数据库中进行汇集,形成风险指标、风险特征为主体的中层数据仓,为申报校验和实时推送预警提醒提供数据支撑。后台自动计算和排序的风险结果,将成为事中和事后管理的重要参照,为纳税人和税收政策的实施监管和评估提供决策助力。

改进和优化现有的事后管理方案。事后管理的风险评估流程优化可做如下安排:风险扫描——风险识别——风险分析——风险推送和手动响应——风险反馈和评估。大多数的风险管理工作都可以通过在线回复得到解决,而少数的重点工作通过税务部门的尽早接入也可以实现风险的早期发现和解决。通过大数据与税收征管的紧密结合,可以实现风险点的自动筛选和排查,税务部门的工作重点可以集中在高风险点等关键问题,实现税收征管效率的提高。

3. 网络爬虫技术在税收征管中的应用

网络爬虫技术的优势提高了税收的征收和管理功能。Web 爬虫技术在信息获取方面的主要优势包括:首先,极大地丰富了税务系统的涉税信息来源,通过互联网中的搜索引擎关键节点,可以实现外部涉税数据的连接,扩大税务机关的视力范围。其次,可以收集多维数据。无论是政府公共信息、行业网站还是所有者许可的运营商网站,网络爬虫技术都尽可能地搜集数据,从而有助于减少信息不对称性。再次,精准工作定位。根据工作重点,税务机关可以从互联网中获取指定的涉税相关信息,例如新三板上市公司限售股解禁信息、房屋和土地大额交易信息,从而增加了数据收集的充分性并减少了用于数据存储和计算的系统资源的消耗。

网络爬虫技术在税收收集和管理活动中的应用案例。近年来,多个地区的税务机关一直在尝试通过网络爬虫技术收集和分析纳税人在税收调查和税收风险管理中的生产和经营活动,并取得了显著成效。据相关报道,青岛市国税局通过利用网络爬虫技术,对互联网中的涉税相关信息进行抓取,发现两家非居民企业 M 和 N 具有风险疑点。经过税务工作人员的分析,认定两家企业具有导管公司的特征:其实际控制人位于境内公司,而境内公司在纳税申报时相应的资产信息、应纳税所得信息等均异常低于实际范围;境外公司也明显不符合"受益所有人"的身份认定条件,不应享受相关的税收协定优惠待遇。经过多方面涉税数据的比对,终于揭开其真相,追缴税款3000多万元,有效地避免了税收主权的丧失。

（二）税务征管实践中区块链技术的应用

1."区块链+税收征管"的概念

整体层面来说,"区块链+税收征管"是指用区块链的重要技术来创新甚至引领税收征管效能的提升,加速实现税收征管领域的电子化、数字化,确保税收数据的安全和权属安全。具体来说就是运用区块链的特点,即分布式部署、总分协同、上下游清晰等打造电子发票,在发票虚开、错开、发票真伪鉴别、发票全流程管理等方面发挥巨大作用,有效打击传统电子发票模式下难以防范的偷漏税问题,大幅降低税收征管成本。

区块链技术下的涉税数据更加公开、透明。在区块链技术下,交易数据将更易见透明,与企业交易有关的税务数据有望实时同步且不可篡改,税务机关将能够以更低成本的方式获得清晰的涉税数据,增加了信息的真实性和可信度,提高了税法遵从度。

区块链技术下的价值链判断更加准确、真实。税务机关在区块链的帮助下,得益于其透明性的特征,从而更容易识别经济活动的价值创造地。在传统经济下,税务部门难以对诸多网络关联交易进行监督和管理,税源流失严重,"以票控税"的征管手段面临新的挑战,使用区块链技术价值链判断更加准确、真实,将有助于提升征管质效。

区块链技术有助于推动征管方式变革。与生产经营活动相关的涉税数据之间的集成、验证、追踪,较为复杂,成本较高、效率较低。区块链有助于提高税收征管效率,有助于推动征管方式变革。首先,区块链技术将提供在税收企业两侧同步存储公司财务和交易数据的可能性,并确保数据的透明性和防篡改性,这意味着区块链将成为信息管理和税收征管的强大工具。其次,在低成本的前提下,区块链模型就可以实现税收相关信息的流通和管理,做到可视数据的全面监控和防伪。再次,区块链电子发票实现了纳税人"无须纸质发票,无须专用设备,全程手机自助操作,交易即开票,开票即报销"的需求。

2."区块链+税收征管"的应用

"区块链+税收征管"模式的可能性和可行性分析。在可行性方面需要国家层面和税收制度、机制以及相关技术环境的支持。一是制度层面的支持。推动《区块链信息服务管理规定》落地实施,为区块链相关技术的信息服务提供监管制度的保障。二是税务机关内部制度的支持。在税务总局内部,基于征收管理、风险控制、税收数据保障与应用,建立了"小三角"框架体系,分别负责系统规划建设和数据生产、负责系统稳定运转和数据安全、负责管理大数据及其应用。三是区块链应用技术环境逐步成熟。税务机关内部方面,区块链技术应用于税收征管已在多地税务机关得到了成功应用。税务机关外部方面,腾讯、阿里、百度、部分金融机构以及其他行业已经进行了许多区块链技术的应用探索,内外部条件初步成熟。

"区块链+税收征管"模式实际应用策略。致力于建立属于税务部门的"区块链分布式分类账",创建"超级电子发票",并加强收款管理。在税务机关与社会共建的税务区块链系统中,企业的财务数据与交易数据能够及时便捷地在税企之间得到同步,这些被同步的数据在绝大多数情况下几乎不可能被篡改或发生误传。同时由于其可溯源性,对于交易数据的上下游能够做到透明和匹配;随着区块链系统的深度应用和在市场中的深度融合,在打破了现有的"数据孤岛"困境,整合了全链条的交易数据之后,在区块链中对于每条交易数据都可追踪,从而保证了全市场信息的税务管理。强有力的技术保证和完善的数据支持,提高了财税领域的质效,推进了税收现代化的进程。

二、构建税收征管大数据云平台

(一)总体架构设计

在大数据来源方面,也就是基础资源方面,要整合现有资源,全面覆盖征管数据、电子税务局行为数据、第三方交换数据和其他外部数据。在数据交换和集成方面实现多渠道归一化管理。

在大数据平台方面,形成智能数据平台基座,提供完善的数据治理体系,全面提供人工智能支持,实现数据驱动能力精益化。包括大数据交互与汇集、分布式存储与计算、管理与监控。同时为人工智能的应用提供数据、算力和工具支撑。

在大数据服务方面,实现业务服务与公共服务融合化。公共服务提供公共服务和信息的统一管理,包括关联、行为视图,以及纳税人业务标签库等。业务服务方面实现业务功能逻辑,覆盖事前预防、事中监控和事后防控,包括服务功能精准聚合、风险管理、办税过程智能审核、信息内容精准推送和信用管理等,全面支持税务总局"信用+风险"管理体系。同时,通过大数据服务为数据应用的智能化提供全面支持,包括为智能业务、智能指挥、智能纳服、智能分析、智能风控、智能稽查提供服务。

在大数据应用方面,实现快速响应各类应用需求,包括电子税务局、核心征管、风险处置和决策分析等,为业务创新敏捷化赋能,将全国税收征管大数据云平台的能力转为实现创新快速落地的能力,并为局内外用户在不同渠道的应用提供一致且连续的应用体验。

在技术部署方面,全国税收征管大数据云平台总体架构分为四层。最底层的是基础云平台,基础云平台统一为大数据平台、业务协作平台、电子税务局等提供计算资源。在基础云平台之上的是大数据平台和业务协作平台。在业务协作平台和大数据平台之上的是共享服务层,共享服务层包括应用服务、

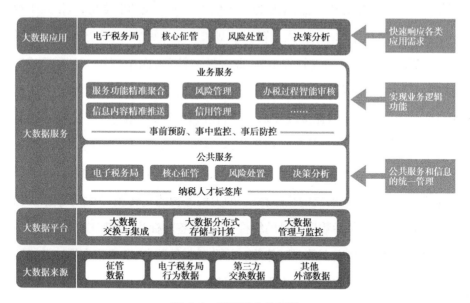

图 6-1　深度融合构架图

数据服务和业务服务。大数据平台面向分析,采集来自电子税务局、征管业务系统数据、业务协作平台以及税务机关外部的数据,并通过数据服务支持业务系统和决策系统的应用。业务协作平台面向交易,通过应用服务为电子税务局和征管业务系统提供共享服务。在共享服务层之上的是应用层。应用层与共享服务层、平台层以及基础云平台共同构成数据管税后台。

(二)功能架构设计

全国税收征管大数据云平台在功能方面要实现通过智能税务局驱动业务发展。功能包括以下方面:数据采集、数据加工及存储、数据服务、数据分析、数据治理。其中,在数据采集功能方面,要提供批量数据迁移、数据库实时同步和实时数据集成功能,建立税务机关和其他政府部门、第三方之间的数据共享通道及数据安全制度。在数据加工及存储方面,建设数据底端存储、中端加工、顶端计算、批量处理、图像绘制等多种功能,满足前台查询、中台计算、后台存储的需要,做到实时性、交互式、批量化,并能够满足多重场景的个性化、定制化需要。在数据分析方面,主要通过提供工具来实现功能支持,包括人工智能工具(包括人工智能平台、人工智能模型和第三方算法库)和数据分析工具(包括数据分析工具、标签管理工具、业务模型管理)两个模块。在数据治理方面,通过加强对数据既有的标准和质量的管控,提高数据资产的质量和数据工具的效用。通过整合制度与技术、明晰顶层设计与落地标准等手段齐头并进,持续不断地加强数据的管理和优化,以巩固大数据云平台的数据基础,充分发挥和放大大数据云平台的优势,形成大数据云平台支撑下的新局面。通过这些工具实现数据潜能的快速释放,助力税务智能化转型,为税务数据资源的整合提供助力,包括数据目录的编排、数据标签的标注、管理工具的设置、访问接口的安排、数据安全的保障等等。并借助于云平台,实现集合的一站式数据管理,为后续其他数据开发应用做好铺垫。

(三)数据采集与交换架构设计

全国税收征管大数据云平台在数据采集与交换集成方面,需要覆盖系统内外部数据,外部数据集成的线路中来自政府数据共享交换平台的数据,通过外部数据交换平台集成,来自纳税人的数据通过业务系统备份数据库集成,来自互联网及第三方的数据直接通过大数据云平台数据采集系统进行集成。税务机关内部数据通过业务备份库和大数据云平台数据采集系统进行集成。

(四)数据汇聚与存储架构设计

根据数据来源和运算要求的不同,数据汇聚总体分为批量数据汇聚与实时数据汇聚。在数据源方面,主要包括数据库、文件数据和流式数据。支持税务机关主流场景的批量、实时数据汇聚,以及统一存储的需求,实现所有组件全流程调度功能。

在存储计算方面,根据运算要求的不同,主要分为离线任务计算、实时检索计算、实时流计算、交互查询和多维分析。其中离线任务计算、实时检索计算和实时流计算基于 Hadoop 实现,交互查询和多维分析基于 MPP 实现。通过统一的数据服务层在"Hadoop+MPP"之上为在线分析、在线查询,离线分析、离线查询等各类数据应用提供高性能的交互和分析体验。

(五)数据治理架构设计

要让数据形成数据资产,让数据真正能够被利用起来,需要有专门的技术方案、数据管理平台工具以及完善的数据管控的组织架构、制度和流程,以实现对数据的有效管理,提升数据质量。

税收征管大数据云平台的数据治理架构目标分为四层,最底层是数据资产资源层,向上一层是数据资产集中层,之上是数据资产服务层,最上面是数据资产机制层。

在数据资产资源层,数据管理范围包括源系统数据、传统数据仓库数据、Hadoop 平台数据、管理分析类 BI 应用数据以及外部数据。数据资产的划分可以遵从多个维度,从逻辑建模的视角来看可以分为在线数据和离线数据。在线数据主要面向于数据使用方面,直接支撑各类应用,采用三范式维度建模,满足不同类型应用。在线层数据主要以分析型数据为主,支撑各类数据应用的访问,采用 ADS 分析型数据库存储,维度建模,实现分析聚合统计、即席查询。离线数据主要负责数据的清洗集成、归集、加工融合以及数据的智能化,完成数据资产的沉淀,支撑在线层。离线层数据主要以操作型数据为主,采用分布式云数据库 DRDS 存储,表单等大数据量的数据采用 OTS 非关系型数据库存储。离线层数据又分为操作型数据(基础层)、公共加工数据(中间层)、应用模型加工数据(模型层)。操作型数据(基础层)是从各源端各系统集成过来的数据,这些数据从结构和数据上与源端系统基本一致,增加了一些标识字段。除用来作为整个大数据云平台的基础数据外,还作为业务系统数据的备份,存储全部周期数据。公共加工数据(中间层)包括数据归集、明细数据、数据标签、主题数据。应用模型加工数据(模型层)将一些共性的数据资产下沉,可灵活扩展,支撑上层数据应用的建设,满足各应用系统的共建共用。

在数据资产集中层,主要是根据税收元数据对数据进行清洗、加工之后,形成数据的标准化管理区。我们主要关注税收元数据的管理。税收元数据采集包括自动或手动采集管理,税收元数据存储包括税收元数据实体存储、税收元数据流向关系存储、税收元数据关联关系存储、税收元数据组合关系存储。税收元数据管理包括税收元数据维护、税收元数据查询、税收元数据变更、税收元数据关系维护。税收元数据质量管理包括税收元数据一致性检查、税收元数据属性检查、税收元数据关系健全性检查。税收元数据视图包括管理视图、视图授权和税收元数据影响分析,税收元模型包括元模型结构管理、元模型维护管理、元模型关系管理,税收元数据分析包括税收元数据血缘分析、税收元数据影响分析、税收元数据热图。

在数据资产服务层,数据应用的搭建范围包括数据资产分析、使用、税务数据流管理和服务。其中数据资产分析包括数据资产的地理位置确定、联结度分析、亲疏关系比较。在税务数据分析的链条中,必须包括税务数据的数据采集、数据指标锚定、数据属权的确定、数据使用的申请、数据质量的打分等等。

数据资产机制层,主要指的是对数据进行分级分类管理,建立明晰的数据目录,通过设立标准化的工作流程和应急管理机制,并设立常态化数据管理工作进行长期有效的运营和监督。数据资产机制层内容详见图6-2。

数据治理					
标准跟踪核定	数据质量核查	数据资产管理		数据融合归集	数据安全管控
业务口径	数据质量校核规则与方法制定	数据资产目录管理	数据资产采集 / 资产目录编制 / 数据资产使用	归集任务创建	数据分类分级
					账号权限管控
数据口径	数据质量监测			归集任务执行	数据隐私
	数据质量分析	元数据管理	元数据标准 / 元数据制定 / 元数据使用		数据安全审计
技术标准	数据质量修正			归集任务变更	数据安全策略

图6-2 数据资产机制层

第四节　大数据时代税收数据管理与数据安全

一、税收数据管理

(一)数据标准管理

数据标准管理的目的,是通过制定并下发统一的数据规范,以实现在特定范围内的数据形式和数据工作流程的约束,保证数据可以在最小的资源消耗情况下准确传递信息。数据标准的主要内容包括数据元素标准、数据表标准、数据规则标准、限制和规范业务数据、数据模型和数据质量的基本特征,以及阐明由数据元素定义的业务规则。

同时,由于经济组织形式的不断发展、税收行业的不断变化、涉税数据的日渐复杂,税收数据的数据标准和数据标准管理也应是动态的管理过程。要随着经济组织形式和涉税数据形式的迭代,更新数据标准,并从维护流程、组织架构、管理机制、维护环境等多方面实行动态更新。

数据标准管理遵循征管税收系统信息标准,支持建立集成的数据标准系统,对来自各处的各种类型的数据执行统一的标准化处理,输出统一的标准化结果实现对数据质量的监控和改善。

(二)元数据管理

元数据是描述数据的数据,用于构建、管理、维护和利用的数据,并且是大数据与数据收集和管理功能在数据资源利用中进行深度集成的核心。元数据管理在数据业务的全过程都有体现,是大数据与业务深度融合的重要基础。元数据管理是指对业务元数据、管理元数据和技术元数据的集成管理。在元数据管理的基础上,建立事实数据、维度数据和数据集成数据等关键元数据对象,集成管理相关应用程序以及管理维护机制。通过改进质量管理、数据审核、数据生命周期管理等,提高关键元数据对象的元数据质量,为元数据内容支持和应用程序功能支持提供支撑。

与大数据紧密集成以及税收收集和管理相关的主要问题涉及三个方面:一是创建反映关键大数据术语的业务定义并显示对业务词汇敏感的大数据的词汇;二是了解大数据基础平台对元数据的持续支持,将元数据与大数据存储库相关联;三是使用可以操作的元数据来监视大数据流,并使用技术性元数据来支持数据亲密性和进行影响分析。

(三)数据质量管理

数据质量是数据应用的基础。衡量数据质量的规则主要包括六个方面:第一,数据是否完整,有无缺失;第二,数据是否按照指定的格式进行了采集和存储;第三,数据值的代表含义是否有明确统一的规范;第四,数据是否有误传,是否保证了每一条数据的准确可信;第五,数据是否有多次上传的或忘记上传的;第六,数据是否在规定的时间内完成了上传。数据质量管理要通过事前预防、事中监控与控制、事后评估和改进的设计思路,依靠技术加管理的手段,对重点的数据实体和数据处理过程,基于数据标准规则进行数据质量的监控、评估和优化。

同时对于数据质量管理至少应形成五个方面的基本能力:一是需求管理能力。需求是数据治理的发起点,通过需求管理对各级税务机关或其他部门提交的数据质量需求进行统一管理和维护,实现增、删、改、查功能。二是规则管理能力。规则是需求管理需要调用的数据,通过具体规则的设定实现数据质量管理的扫描、校验等。三是任务管理能力。任务管理要实现需求管理的任务定制,调度和监控质量扫描进程状态、质量扫描进度、扫描结果和健康状况的能力。四是质量问题应对能力。对扫描出来的异常数据进行后续处理。五是综合监控能力。应包括对数据治理各环节的查询、跟踪、监控,自动生成质量评估、质量报告、质量改进计划等能力。

（四）数据生命周期管理

大数据与税收征管深度融合的关键是数据，从数据的产生，到数据的收集、清洗、存储、分析、加工、共享、应用，以及最后数据的备份和销毁，全链条都需要相应的数据管理，即数据生命周期管理。数据根据使用频率分成冷、热数据。热数据是近期经常被查询使用的数据，冷数据指历史很少被使用的数据。针对冷、热数据采用不同处理方式，能有效提高系统的查询效率，缓解大数据平台因数据膨胀造成的压力。冷数据处理可以将大数据平台当中占用存储空间大、查询频率低、时间很久而又对系统运行性能有一定影响的历史数据进行处理，转储到低成本存储介质上供查询的处理过程。针对不同生命周期阶段的数据建立多层次的数据自动存储体系，既有效管控系统整体在线数据规模，降低系统运营成本，又满足最终用户的数据访问和应用的需求。

（五）数据资产管理

数据资产管理是整理系统内的元数据，并通过目录、数据资产关系图谱、数据搜索、数据地图的方式实现包括数据资产登记、数据资产目录结构维护、数据资产评估、数据资产服务等能力。通过对元数据采集和梳理等工作，完善元数据的管理，以此为基础构建良好的税收大数据资产体系结构。在多种管理工具（包括元数据和主数据）的帮助下，智能化、自动化管理得以实现。根据税务元数据和主数据定义和模型，元数据能够直接对接税务部门或其他政府部门的信息共享目录系统。

（六）数据集成交换管理

数据集成交换是指完成数据源端的数据在目标架构的集中，为数据的进一步加工提供数据准备。采用批量数据集成交换与实时数据集成交换的方式完成数据的归集,保证数据集成的完整性、可追溯性,为数据的进一步加工提供有力的支撑。通过对数据集成交换的流程管控,保证数据集成按标准流程、规范进行管理从而最大限度地保障数据集成过程中的容错性以及数据一致性。

数据集成交换管理主要实现将税收征管信息系统等内部业务系统数据、政府部门第三方交换数据、互联网已采集数据集成到税收大数据平台的任务和过程进行管理和监控。数据集成交换管理需要针对不同来源和不同类型的数据,提供专用的数据采集交换工具,并提供统一的界面进行采集、转换、集成、共享等各项功能的管理,在设计和部署过程中屏蔽各类专用工具差异,配置管理上做到统一化、自动化和集中化。其主要功能包括对采集需求、获取数据、派发数据、清洗数据等数据周期的任务派发、管理、监控等。能够提供关于涉税数据采集的样式、周期、用途、模板等具体方案给用户自行选择和定制,同时在数据集成过程中能够进行自动筛选和智能匹配,输出错误、无效和有问题的数据给管理人员,以辅助管理人员更好进行相应的数据采集集成管理工作,实现涉税数据的分级采集和统一管理。

二、税收数据安全

税收大数据面临的挑战是来自多方面、多维度的,要满足未来大数据应用的需要,并应对来自各方面的挑战,需要构建一个全面合理的大数据安全架构,以从根本上予以解决。

(一)基本原则

1.在体系结构上实现"统一规划、央省两级、分级控制"

考虑到税收信息系统的当前状态,建议在系统结构中实施"统一规划",即由税务总局统一对税务大数据安全进行规划。在数据集中整合和运用上实现"央省两级"进行建设,即基础征管和全国共性数据在税务总局层面集中并落盘,对于各省个性数据在各省局层面集中并落盘。在安全措施方面采用

"分级控制"原则,即在数据集中、传输、应用方面明确分级控制。

2.在安全技术上实现"分级脱敏、外控合规、内控审测"

大数据要求将数据集中统一处理,而应用则要求将数据精确到细节,有着较高的私密性要求。因此,需要根据实际应用场景的差异,按照有关国家标准,执行数据安全分类分级规范,并做到分级脱敏,在安全可控的范围内保证数据可执行和精确性。针对大数据平台内数据交换与共享的数据种类繁杂、数据来源多样、数据敏感度不同等问题,用不同的合规控制机制,对数据执行差异化的处理,并实现数据交换数据的共享。基于大数据整体的建设安排,采用"内控审测"的原则,保证各部门在统一的策略下均执行严格的管控,并独立进行安全审计和评测,保证各个环节的建设都符合相关安全等级要求,安全环节都可以追溯。

3.在安全架构上实现"分布管控、垂直监控、协同治理"

鉴于数据链条环节繁多、数据生命周期漫长,有必要从整体出发,对数据执行过程中设置多个安全节点,实现"分布管控",以确保每个链接的安全性和策略一致性。针对税务总局的税收大数据安全管理的完整性和税收管理特点,通过采用从上到下的"垂直监控",即以税务总局为中心,涉及的各内外部单位以及服务厂商为安全技术负责单位和具体实施机构。在涉及的各内外部单位及服务厂商之间,建立横向的合作关系,通过协作机制,实现安全架构的全面覆盖。

(二)税务大数据平台管理组织结构

合理有效的税收大数据安全体系结构不仅是一个技术问题,而且还涉及税收系统的管理,有效的组织结构是实现税收大数据管理的基础。

税务大数据安全架构的搭建,既需要信息技术的支撑,更需要税务系统管理制度的变革,特别是有效的管理组织架构的建设和完善。目前,税务总局大数据云平台和各省级税务局均已设置大数据和税收风险管理职能机构,建立起税务大数据管理组织架构。税收大数据中心的大数据管理和税收风险管理,通过建立与内部和外部数据源单位和数据应用单位链接的管理机制,形成一个相对完整的专业管理团队,统筹管理各级税收大数据,并实施云计算开发执行计划。

(三)税务大数据安全架构

根据上述税收大数据安全体系结构的基本原则,使用新的税务大数据安全框架。在大数据云平台的基础上,重新搭建税务大数据安全架构,实现全系统内的数据集成与标准化管理,同时满足各级税务机关的数据需求,便捷数据的统一处理,并通过丰富的标准化接口,便于各级税务机关之间实现税务信息的共享和自我利用,保证了数据的完整性、可移植性、灵活性、安全性、可追溯性等优势。

总体而言,该体系架构将由上、中、下三层构成:最上层是大数据的税务应用层,直接关联业务人员的应用场景;中层为大数据系统,借助税收大数据云平台实现;底层为基础的元数据,通过接入数据采集系统,实现数据的动态更新。税务大数据安全架构的核心则由上述三个层次的中层,即核心关注于大数据云平台:大数据云基础设施层、大数据应用服务层、大数据平台监管层、大数据平台保障措施。

1. 大数据云基础设施层

基础设施层具有在大数据平台中执行数据存储、计算、交换的功能,因此在现有的云平台的安全机制上,应加强对平台安全机制的审查,包括平台权限的管理、风险的实时监控、平台信息的溯源等多种安全功能。在基础设施层,重点保障的是大数据的存储安全,以数据为核心,覆盖到数据收集、数据清理、数据分析、数据输出、数据展示等多个环节,建立全面的安全管理体系。

2. 大数据应用服务层

应用服务层主要面向数据的应用端,直接与业务人员的应用场景相匹配,因此应着重注意信息技术输出环节的风险可控。包括权限的管理、数据输出过程的监控、泄露检测、接口规范等多个方面。并关注在应用的搭建、使用、清理等不同阶段,是否存在潜在的隐私泄露隐患,特别是恶意应用,以防止带来重大数据安全问题。

3.大数据平台监管层

平台监管层是大数据系统中安全架构的核心。因为大数据系统需要打通各部门之间的信息壁垒,数据交换势必成为数据库运行中重大的不确定性因素,平台监管层则需要对全系统内的数据共享和数据传输进行风险控制。监管层需要实现风险评估、问题预警、应急处置等多种功能,并随着数据交换的规模和重要性实现分层分析管理。严格来讲,所有的大数据传输均需要通过监管层的许可。

4.大数据平台保障措施

大数据平台的安全架构是特定系统的安全技术的组合。因此,围绕大数据平台自身,包括大数据平台的附加模块和组建,需要安全保障系统的技术解决方案,具体包括平台自身的运维管理、用户权限、服务器部署、工作规范等方面。

总之,大数据云基础设施层关注系统运行,大数据应用服务层关注接口规范,大数据平台监管层关注数据共享,大数据平台保障措施关注底层运行。

(四)税务大数据的监管体系

1.建立大数据下的新型管理评估体系

基于税收现代化和征管智能化的发展需求,建设大数据与税收征管深度融合的大数据采集和应用责任制度,明确各部门之间的权责,将工作流程标准化,并建立完善的评估体系和奖惩机制,保障大数据背景下各级各类机构各尽其职,及时、规范地履行部门职责,共同推进大数据的应用。

2.建立数据交换的标准规范体系

以税收征管和纳税服务为核心,最终结果面向纳税人,围绕各项涉税服务流程,将申报信息、征管信息、外部信息等进行统一部署,全面推进数据和系统的标准制定和规范执行。并随着经济社会的发展和纳税人情况的动态更新而与时俱进,满足大数据的底层需要,保证数据的可读性和完整性,充分发挥数据在税收中的放大效应。

3.建立大数据下的风险管理体系

现有的税收数据管理制度已经滞后于大数据时代的数据特征,应随着大数据与税收征管的深度融合,围绕大数据的特点,持续优化规范税收数据管理制度。包括围绕大数据资源的分级分类管理;数据采集、清理、加工、分析、应用、展示等全生命周期的管理标准;数据共享的标准和机制等。同时在制度和技术两个维度,升级现有的风险管理体系,并敦促各实施主体,包括税务机关和其他涉税部门,定期按照风险管理体系就可能的风险进行排查。围绕涉税数据的风险管理,建立安全防护、安全评估等机制。

(五)加强税务大数据的安全保障

对于大数据应用的安全性要求,当前的信息保护技术仍然面临着各种挑战,为了解决大数据应用过程中的各种问题,有必要对现有的信息保护技术进行改进或研究新的大数据安全技术。适度增加科技研发和大数据算法安全性能转换的人员和资金投入,包括分布式部署情况下数据安全保障、利用区块链技术存储和加工数据、防止外部网络入侵、建立风险监测和预警机制等问题进行深入的可行性研究。

要提升数据在税收征管中的应用价值,首先我们需要解决数据本身以及数据开发利用过程中的安全和隐私问题,其次也还需要解决效率和标准化的问题。

1.构建全栈式涉税数据安全体系

构建全栈安全防护体系,保障数据全生命周期安全。数据安全包括多个方面,提升数据在税收征管中的价值,主要关注数据使用和流通安全。要保障关键节点的数据安全,就要做到在关键数据入库前提下,实行双向风险隔离和三级安全管控。

双向风险隔离即构建数据资源与数据应用"解耦"的应用体系,形成有效的数据保护层,从而隔离从资源端到应用端的数据泄露风险和从应用端到资源端的数据滥用风险,促进高效的数据流和安全配置,解决数据流和安全对立的难题。

三级安全管控是指围绕技术环境、管理体系、流程审核对数据源、数据基础组件、数据产品的安全管控。技术环境方面,根据不同的业务场景和安全等级选择隐私计算技术,加强对数据源、数据产品和数据应用的管控。在管理体系方面,围绕数据、数据主体和设施制定管理体系。各管理体系应从不同维度,根据不同的安全要求,制定相应的安全管理措施,形成全方位、多层次的安全管理体系。在流程审核方面,搭建数据"黑箱",围绕数据使用的全过程,以技术和人工的方式,定期和不定期对数据源、数据流方向、数据开发、基础组件开发、数据产品开发、数据产品应用等流程进行审核。

2.基于隐私计算沙箱的应用实践研究探索

数据安全的关键在于不暴露原始数据,数据应用的关键在于对数据处理结果的运用,隐私计算可以很好地解决这一问题。隐私计算领域有不同的技术形式来保障数据隐私和安全。隐私计算根据数据流出与否,计算方式为集中还是协同,可以分为四种不同的实现路径。

数据流出,集中计算。对数据进行变形、扰动和加密是该技术路径的核心,可以保证数据流出时的隐私安全。主要有三种安全技术:数据脱敏、差异隐私和同态加密。总的来说,这些技术通过对数据进行操作来保证数据流出的私密性,但每项技术有其自身的局限:第一,数据脱敏容易受到攻击,更容易从技术上恢复敏感信息。第二,差异隐私会降低机器学习的准确性。第三,同态加密的低效率运算。

数据流出,协同计算。安全多方计算属于密码学领域,其目标是为所有参与者计算一个函数。该函数的输入来自不同的参与者,同时确保这些输入不会泄露。该技术实现了安全性要求,应用价值主要在于安全性要求高的场景。然而,在实践中仍然存在不足:一是效率低下,由于使用了很多密码方法,很难在短时间内完成复杂的计算任务;二是编程难度大,涉及众多密码学技术大大增加了应用编写人员的学习成本和工作量,应用过程复杂导致难以实际落地;三是调试难,面对复杂的分析问题,由于只有最终的执行结果,用户很难逆推来优化整个数据分析过程。

数据不流出,协同计算。联邦学习的概念最早是由谷歌在 2016 年提出的。这项技术的核心思想是,虽然有相同的中心服务器或服务伙伴,但参与者的原始数据只会是本地的,不会用于交换和传输。真正参与聚合并完成训练的是模型转换的数据信息。总的来说,联邦学习有助于打破数据孤岛:可以在数据不流出局部区域的前提下,联合多个参与者对模型进行训练。但也存在着一定的隐私泄露风险和一些兼容性问题。

数据不流出,集中计算。可信计算平台是通过隔离机制构建一个安全可控的区域。在这个足够安全的空间中,数据在不流出的前提下集中训练,从而保证内部加载数据的机密性和完整性。具体包括可信执行环境和数据沙箱技术,可信执行环境通过软硬件隔离的安全机制,建立安全隔离的执行环境,防止外部攻击者(包括系统管理员)窃取可信执行环境内部运行的数据。

数据沙箱技术,通过构建一个可信的计算环境,使外部程序能够在平台上进行执行。这样,既可以用外部程序处理数据,也可以保障数据安全。由于数据沙箱将调试环境和运行环境分开,数据需求者和分析者都无法查看真正的全量数据,以实现对隐私安全的保护,是较优的解决方案。

第七章　数字技术赋能税收风险管理

第一节　数字经济背景下税收风险管理
面临的机遇和挑战

在大数据、云计算、人工智能和区块链等新技术迅速发展的背景下,以应用新技术为特征的数字化转型已是大势所趋。以新技术为依托的数字经济呈现出强大的渗透力和穿透力,对我国税收征管风险管理带来了一系列的挑战。反过来,数字技术的蓬勃发展所带来的管理思维的转变和管理模式的重塑,将为我国税收风险管理创造新的机遇。而未来税收风险管理模式的创新正是来自对上述挑战的针对性化解和对机遇的精准把握。

一、我国税收风险管理面临的机遇

(一)数字技术的发展增强了涉税信息收集、分析和运用的能力

挖掘和利用好涉税信息是进行税收风险管理的基础,而数字化背景下新技术的广泛应用,将在涉税信息的收集、分析和运用等方面提升税务机关的涉税信息管理能力。数字技术的发展使得涉税信息能够转化为数据进行存储、

整合和传递。在涉税信息的收集方面,大数据技术所具有的数据量大、高速和类型多样等特征极大地提高了获取涉税信息的数量和自动化程度,提升了提取和筛选有效信息的能力,降低了税务机关的税收涉税信息收集成本。在涉税信息的分析和运用方面,将大数据与云计算相结合,能够对从纳税人、其他部门和涉税第三方等多渠道获取的数据信息进行交叉比对和风险分析,准确识别和检测纳税人的税收风险点。运用数字技术对涉税信息进行大量收集、深度挖掘和有效分析,不仅可以提升税务机关工作效率,也可以提高税务机关风险管理能力。

(二)信息共享效率提升,降低信息不对称带来的税收风险

信息不对称是导致税收风险增加的重要原因之一。纳税人在及时、全面和准确获取税收政策方面与税务机关存在着信息不对称,在数字经济背景下,跨地区、跨行业的新型商业模式也增加了税务机关获取涉税信息的难度,进一步加大了纳税人与税务机关的信息不对称。完善的涉税信息共享机制可以帮助税务机关有效利用数据资源,降低信息不对称带来的税收征管风险。移动互联网、大数据、区块链等数字技术,为税务信息共享平台的建设和税务系统的互联互通奠定了基础。第一,可以利用税务信息共享平台充分了解纳税人的资金流向,及时掌握涉税信息,有针对性地开展税收征管工作,降低征纳双方因信息不对称所带来的税收征管风险。第二,通过利用大数据、云计算等先进数字技术对共享信息进行分析和处理,甄别和筛选出能满足税收征管风险管理需要的有效涉税信息,从而提升税务机关的税收征管效率。第三,纳税人可以通过税务机关在其官网、公众号等平台发布的最新税收征管政策,随时随地开展税收征管咨询,在线学习税收征管风险管理知识,消除纳税人的涉税疑点。从纳税人的角度缓解征纳双方信息不对称的矛盾,提升信息共享效率,降低税收征管风险。

（三）人工智能技术的推广使用减少了税务机关机械性重复性工作内容

在数字化背景下，我国税务机关不断探索和推出新型办税方式，逐渐推动机器学习、模式识别和人机交互三大通用技术在税收征管工作中的运用，优化人机协作模式，降低税务人员人工处理所带来的操作性风险。充分运用人工智能技术，通过推行自助办税、网络办税、线上咨询等多种业务，提高工作质效。此外，数字化办税方式的推广使用还有利于将税务人员从大量机械性重复性工作中解放出来，接受系统的税收风险管理理论和实践培训，提高税务机关整体的税收征管风险意识。还可以运用人工智能构建风险特征工程，增加风险分析识别的准确性，有效提升征管质效。

（四）"智能税务系统"提高了办税效率，有助于提高纳税人满意度

税务机关通过对大数据、云计算、人工智能等数字技术的综合利用，推出了多种形式的"智能税务系统"。如通过数据采集和分析比对，呈现出纳税人的缴税历史和办税需求，使税收征管和服务更具有针对性，也有利于提前对税收征管风险进行管理。相较于传统税收征管制度下税收管理员"点对面"的征管模式，新型税收征管制度凭借大数据、云计算等数字技术，先将海量的涉税信息进行筛选、提炼和整合，向税务机关识别和展示纳税人的偏好和实际需求，税务机关再据此向纳税人提供"面对点"式的有针对性的服务，协助纳税人完成纳税活动，提升纳税人纳税体验。比如结合互联网推出全天候的在线智能办税、针对纳税人个体差异的精准服务甚至是办税大厅的导税机器人等，构建面对面办税、网上办税、移动端办税以及自助机器办税的全方位办税系统，打破纳税人履行纳税义务的时间和空间限制，为纳税人提供全天候、简便化和高效率的办税服务，优化纳税环境、降低纳税成本、提高纳税效率。同时，

"智能税务系统"中人工智能技术的使用也有利于税务机关进行税源的监控和风险管理。感知智能技术中的人脸识别技术可以为实名办税提供保障,将纳税人的涉税行为与身份直接关联,避免自助办税中出现冒名顶替的问题,降低自助办税过程中的税收征管风险。因此,综合利用数字技术建立的智能化税务平台不仅能够实现办税渠道的升级和丰富,而且还为纳税人提供了便利的自助办税场所和协助纳税平台,有利于提高纳税人满意度,降低税收遵从成本,提高社会税收遵从度。

(五)5G 技术有利于提升税源监控与税收风险预警水平

税收风险的重要起因是税务机关难以对重点税源进行准确的测度与监控,无法实现税收应收尽收,造成税收收入的流失。而"互联网+税务"战略的实施有利于加强税务机关对重点税源的监管能力。这种能力的提升一方面源于"互联网+税务"战略所带来的对重点税源的自动化监测,使得税务机关对各项经济活动的掌控更为精准,时间也更为提前,使税务机关对于风险的处置更具有靶向性。而具有高带宽、低延时、大链接等特性的 5G 技术则可以为"互联网+税务"战略的实施保驾护航。在 5G 时代,视频、云服务将和语音通话一样成为基础服务,也将实现 4K、8K 等高清视频的实时传输。利用 5G 技术的优势,可以实现对纳税人涉税信息的实时采集,既方便纳税人纳税申报,又加强税收征管风险管理。同时,5G 技术高带宽的特点使得 4K 高清视频回传成为可能,在税务稽查移动执法记录仪、线上教学等场景中都能够得到有效应用。数字技术的使用大大降低了税源监控投入的人力与物力成本,提高了税收风险管理的投入与产出比例。而且这种自动化监控相较于人工的稽查与监控而言更具有执法刚性,减少了税收执法过程中权力寻租的可能性,降低了税收执法风险。

5G 技术的引进还大大提升了税务机关的税收风险预警能力。数字化背景下实时更新的数据为税务机关提供了分析社会经济形态、行业发展状况、企业发展前景等问题的动态信息,结合税务登记、纳税申报等环节产生的静态信息,有利于实现全面、准确的税收监控网络覆盖。另外,在传统的税收征管模式之下,税务机关只能通过日常巡查、纳税评估和税务稽查等环节获取的信息,通过人工分析的形式进行风险预警,而数字经济背景下税务机关能够基于其广泛收集的涉税信息,综合运用大数据分析、云计算等手段实现按行业类型、企业规模、风险来源等多角度的税收征管风险分析,在与纳税人互动中实现风险预警。

上述税源监控与税收风险预警水平的提升也有利于税收风险控制方式的改进。利用区块链和云计算等技术,容易改变以往税务机关"以票管税、以税负控税"等事后控制为主的管理模式,实现真正的"数据管税"目标,并结合互联网开放、共享、互动的本质,加强与重点纳税人之间的遵从合作和互动,由以往偏重于税务监管职能向"监管+服务"的形式发展。

(六)构建税收信息技术管理平台,提高税收征管体系的透明度

税务机关基于互联网和大数据分析等数字技术建立的税收信息管理平台,为征纳双方进行信息交换提供了一个公开、统一、权威和安全的场所,缩短了纳税人与税务机关之间的距离,提高了税收征管体系的公开透明度,有利于加强各方对税收征管的监督,实现降低税收征管风险的目的。一方面,税务机关通过该平台发布官方税收征管政策及针对性解读,并采用便于纳税人理解和记忆的形式进行解释说明,将其收集整理成一个便于纳税人检索查阅的税收知识库,提高税收政策的可及性和易读性,增强税务机关税收征管工作的公开透明度。另一方面,利用现代信息技术(如区块链)实现税收信息管理平台的实时数据更新功能,让税务机关、纳税人及其他涉税第三方都能够实时关注税收征管活动的最新进展,实现信息资源共享,不仅能够为纳税人提供自我改正的机会,同时还能加强相关主体对税收征管活动的监督,减少税收流失,降低税收征管风险。

（七）区块链技术提升税收征管风险管理水平

区块链是一种去中心化的分布式的账本数据库,是通过去中心化的方式维护一个安全可靠数据库的技术方案。区块链具有四个重要特征,分别为不可篡改、不可复制的唯一性、智能合约和去中心自组织,这些特征使得区块链上所记录的数据能成为税务机关开展日常税收征管活动和风险管控工作的可靠依据,并为税收征管风险管理提供技术支持。第一,不可篡改产生于"区块"+"链"的独特账本形式,一旦对某一个区块中的数据进行修改,就必须对链接在此区块后面的所有区块进行修改,从而保证了链上数据的真实准确和历史可追溯,使得整个涉税行为和涉税数据清晰可见,为涉税信息的真实性提供保障。第二,不可复制的唯一性是保证互联网完成价值表示的基础,区块链技术第一次把"唯一性"普遍地带入了数字世界,让互联网上的虚拟物品能够模拟现实中的实物变得唯一。第三,智能合约特征是指由区块链的参与各方就合约条款达成一致意见并编写合约代码,在达到触发条件时能够根据预设条件自动执行的合约,智能合约允许各方设定各种复杂的条件,大大扩展了区块链的应用可能性。在纳税人身份明确、交易信息全面的情况下,纳税人的纳税义务很容易确定,智能合约就能够自动执行计算出该纳税人的应纳税额,纳税人也将自动把应缴税款划转至税收上缴账户,从而实现整个纳税过程的自动化,提升了税收征管效率。第四,去中心自组织是指在区块链上,一个"人"或"组织"不能够独立地控制区块链,从而也没有某个"总部"的服务器会遭到攻击,这一特征使得区块链具有较强的容错性和抗攻击性,以及能有效防止链上各参与方之间的相互钩稽。当区块链的涉税数据出现税务争议时,数据之间可以相互佐证,提升税收征管的效率和准确度。例如在数字经济下电子商务交易活动中,交易合同、发票、应税凭证等均呈现"无纸化",增加了交易活动的隐蔽性,过程极易被无痕篡改,导致涉税信息的真实性难以得到保证。而区块链的上述特征表明,若纳税人的所有涉税行为都被记录在区块链上,那么纳税人将无法通过隐瞒或篡改其应税所得等行为实现偷逃税的目的,试图应用技术手段来伪造和复制各类涉税凭证的非法行为也会第一时间被发现,减少税务机关和纳税人对网络安全问题的担心。区块链中的智能合约技术在日常税务征管中的运用,有利于减少征纳双方在简单涉税事务中花费的时间和精力,提高税收征管效率,这一特征还能够增强税收征管风险管理过程中的客观性,减少因征纳双方的主观原因导致的风险管理偏差,降低国家税款流失的风险。

随着区块链技术的飞速发展,服务于国家战略的区块链技术不必绝对满足去中心化特征,与其他形式的区块链相比,主权区块链在网络中是分散多中心化而不是去中心化的,这样不仅保证了区块链技术提高涉税信息透明度和可信度,弥补了税务机关因涉税信息掌握不全面而降低税收风险管理效率的问题,而且满足了政府相关部门对区块链技术的监管需求。总的来说,区块链技术的集成应用在新的技术革新和产业变革中起着重要作用,将其科学运用于税收征管领域有利于促进涉税数据在各主体间实现数据共享、优化税收业务办理流程、降低税收征管成本、提升征纳双方和涉税三方之间的协同效率。尤其是区块链发票的运用,能很大程度上避免遗失、伪造、错开和虚开发票的风险,满足发票可验证性和可追踪性需求,有助于推进由"以票管税"向"数据治税"的转变,并将税务管理提升到税收治理的层面,进而在税收征管过程中建设高度可信的涉税互动,达到提高税收征管能力、降低税收征管风险的目的。

二、数字化背景下税收风险管理面临的挑战

(一)新的商业模式层出不穷,给税收征管制度体系的适用性带来挑战

数字化与任何一个传统行业的融合都伴随着大量新技术、新模式、新业态

的产生和发展,例如近几年在数字经济背景下涌现并飞速发展的网上购物、网络借贷、在线约车和网络直播等新型交易模式,都为税务机关的税收征管带来了不小的挑战。数字化技术的飞速发展推动新型商业模式的不断更迭,而数字化税收治理理论的研究和相关业务的普及却较为滞后,尤其是基层税务机关的数字化基础和认知能力较为薄弱,再加上税务机关尚未将数字化技术的应用与绩效考核指标联系起来,不利于对税务人员形成激励和税收征管数字化的有效推进。税务机关对市场最新技术及新型商业模式的了解本身具有认识时滞,税务机关对新兴商业模式的税收要素进行重新认定、就其潜在的税收征管风险进行分析和讨论等政策制定环节将进一步产生决策时滞,而从税务机关税收征管措施出台到纳税人完全了解税收政策、按要求处理涉税事项并依法履行纳税义务之间又可能存在一定的执行时滞。因此新的商业模式出现后的一段时间内,税收征管风险管理实际上是处于缺位状态的,至少是无法达到精准的风险识别、科学的风险评定和等级排序并及时采取针对化的风险应对处理的理想状态。此外,不能排除税务机关短期内对某种新型商业模式认识不全面而导致风险管理政策产生偏差,或政策实施不及时造成税收流失的客观情况。不论是时滞存在的必然性还是因对新事物了解不全面而产生税收风险的偶然性,都说明了不断涌现的新型商业模式给税收征管风险管理带来挑战,以及要求税务机关具有较高的税收征管风险管理能力这一事实。

(二)税源隐蔽性和流动性增强,加大了税收风险信息搜集的难度

数字化背景下,大量电子商务、互联网金融等新兴业态的崛起,以及电子交易、跨域经营和交易虚拟化等新型交易模式的飞速发展,不仅对实体化的税源管理和传统的税收属地征收管理模式形成了挑战,还进一步增强了税源的隐蔽性和流动性,加大了税务机关对纳税人征管风险信息搜集的难度。此外,在数字化技术发展带来无限商机和"大众创业、万众创新"政策支持之下,市场中出现了越来越多的小微企业和个体工商户,而以电子商务为代表的新型

商业模式降低了个体成为商品和服务供给者的门槛,越来越多的个人直接成为市场的供给者,互联网平台和信用中介体系的完善大大增加了线上小额交易成交量。数字经济行业中的从业者可以不受时间、空间的限制随时随地进行交易,社会经济中发生的上述变化无疑增强了社会经济活力,但同时对税收征管风险管理也带来了不小的挑战,例如小微企业和个体工商户主动申报纳税的意愿不强、进行交易的商品和服务种类及形式更丰富且难以监管等问题极易导致国家税款的流失,线上交易不开或少开发票行为的普遍存在则进一步加大了税款流失的风险;"微商"等线上交易模式基于社交平台进行自主交易,避开了线下税务登记的环节,使得税务征管难以开展;数字经济行业还存在买方、卖方和实际成交地点不一致的情况,虚拟化、无形化的线上交易不受时间、空间的限制,在税收管辖权的划分方面加大了税收征管的难度。商业模式的新变化增强了税源的流动性和隐蔽性,税务机关获取全面、准确、真实的涉税信息难度加大,税收征管潜在风险凸显,对税务机关提高税收风险信息收集能力的要求日益迫切。

(三)涉税行为多元化复杂化增加了涉税信息获取的难度

数字化背景下,涉税行为日益多元化和复杂化,其潜在风险事项也不断呈现出新形式,税务机关的涉税信息获取能力落后于纳税人的涉税信息隐匿能力,导致税务机关获取的信息不全面或质量不高,易于弱化税收征管风险管理活动。第一,在获取纳税人涉税信息的过程中,由于税务机关对纳税人信息提取能力不足、信息获取过程缺少法律保障等方面的原因,纳税人向税务机关提供的涉税信息可能存在不全面、不准确的问题,导致税务机关的风险分析结果产生偏差。我国目前的税收征管体系中工商登记、发票管理和纳税申报等环节发挥着关键性的作用。而在数字经济本身所具有的虚拟化特征使得账簿、发票等从纸质版转为电子数据储存,数字经济的无纸化、无痕化和财务账簿的电子化使得涉税数据十分容易被篡改,涉税信息的真实性难以得到保证。第二,数字经济背景下,新型商业模式中交易者数量庞大,且大多进行匿名交易,无纸化的过程使得税务机关难以确定纳税人和应税收入,也难以对税源和交易过程进行有效监管。在资金流和物流相对独立的网购交易中,网上银行和第三方支付平台的广泛使用使得资金流向更加复杂。再加上部分税务人员对企业所使用的高度智能化的信息管理系统缺乏了解,只能被动地提出具体数据,要求纳税人提供,而无法及时直接从企业内部调取涉税数据并进行追溯和关联查询,不能保证纳税人所提供纳税数据真实性和准确性,也就不能保证准确识别纳税人的涉税风险并达到税收风险管理目标。第三,税务机关对处于技术前沿的企业实施税收征管风险管理时,所需的涉税信息往往涉及企业较为核心的商业机密,而税务机关在纳税人不愿意主动配合的情况下要获取此类信息往往是比较困难的,这无疑又进一步增加了税务机关信息获取难度。

(四)既有税收管理制度设计难以满足风险管理需求

数字技术的发展会影响社会经济发展和推动商业模式创新,进而倒逼税制改革,要求建立有利于实现资源优化配置、激发社会创新活力、实现经济健康发展的现代税收管理制度。税收征管是税收管理工作的核心组成部分,税收管理制度不完善将不利于数字化背景下税收征管工作的开展,进而制约了税收征管风险管理效率的提升和税收管理现代化的实现,具体而言主要表现在以下方面:第一,税收法定原则是我国税收领域的一项重要原则,而我国税收征管风险管理领域相关法律缺位问题突出,除了在《企业所得税法》《个人所得税法》等法律中对税收征管工作进行简单说明之外,我国仅有一部自2001年开始实施的《税收征管法》对税收征管工作进行了规定,但该法并未确定现代风险管理理念和方法在税收征管工作中的地位,无法满足税收风险管理的要求。第二,将互联网和大数据等技术手段运用于税收征管没有专门的法律渊源,例如信息管税相关立法空白,地方层面的法规规章难以形成全国层面对数据共享问题的统一规范,使得开展税收风险管理必然涉及的信息收集和共享问题缺乏法律保障。第三,开展税收征管风险管理的组织机构设置、风险管理流程、管理效率评价和监督制约机制等内容,高度依赖国家税务总局等相关部委颁布的规章制度和地方层面颁布的地方法规和规章,法律约束力低,难以在全国范围内实现统一筹划,无法针对数字化环境下广泛存在的跨区域、跨行业经济行为开展税收风险管理。

第二节　税收风险管理数字化转型路径

在新一轮技术变革浪潮的推动下,引领时代发展的高技术、高附加值企业纷纷开展数字化转型。与此相适应,税收风险管理也面临转型问题。推行"以数字驱动、用数据说话"为核心的数字化转型,实现从"纸质+经验"向"系统集成+智慧管理"转变,打造具有智能化、自动化、系统化特征的全流程税收风险管理数字化监管体系,提升风险管理部门整体工作效能,是当前税收风险管理变革的必由之路。

一、税收风险管理数字化转型的内涵

数字化转型超越了信息的数字化或工作流程的数字化,核心在于实现"业务的数字化",它带来的将是模式的创造、业务的创新以及核心竞争力的突破。

(一)数字化不等于无纸化和信息化

无纸化强调资料报送、流转、存储过程中的载体要尽量减少甚至彻底摆脱传统的纸质文稿,而依托电子设备、互联网、数据云端等介质采集、传送和存储。区别于传统的手工操作,信息化侧重于信息技术在风险管理中的研发和应用,包括软硬件的建设。近年来,税收风险管理工作中涉税信息保存、工作记录流转、重要工作成果提交等环节已基本实现了无纸化,而且依托大数据平台建立的各种分布式信息系统确实能有效支撑风险分析、任务统筹、风险应对等税收风险管理中的重要环节。然而,从税收风险管理的全流程看,当前的无纸化和信息化,更多的是从载体、工具、方式的角度对风险管理进行数字化改造,提升管理效率。而数字化绝不仅仅只是解决将纸质表单电子化、将纸质传输转为电子传送、系统模拟手工操作等问题,而是要在无纸化、信息化的基础上,从风险管理流程入手,运用大数据、云计算、人工智能等新技术,以数字驱动为理念,将岗责体系、业务规则、内控监督等内化于系统,从根本上改变税收风险管理的模式。

(二)数字化转型以数字驱动为理念

税收风险管理的数字化转型既不是简单地构建一个信息系统或平台,也不是机械地汇总、统计数据或者静态地分析、解释数据,而是要实现风险管理工作的"数字驱动"。不同于当前税收工作创新更多依赖于信息驱动、技术驱动,"数字驱动"是在税收风险管理所有业务实现系统化、数字化后,税务机关能充分发挥数据的作用,透过数字发现管理服务对象存在的问题,通过数字展现自身管理服务工作的质量,真正实现"让数据说话"。

(三)数字化转型以构建监管体系为目标

税收风险管理通过让全流程工作系统化,推动风险管理运行机制构建,用数字记录、展示、驱动各环节,从而实现税收风险管理工作的"透明化"。数字化转型后的税收风险管理,能最大限度去除业务工作的行政化,构建包括税务人端工作质效、纳税人端管理服务效能两方面的直观、动态、精准数字化监管体系,具备"监控高精准、防控立体化、打击快协同"的显著特征。

税收风险管理数字化转型,是指在无纸化改造、信息化建设等前提下,在充分运用数字化新技术的基础上,运用大数据思维,以"数字驱动"为理念,对现有税收风险管理岗责体系和业务规则开展数字化改造,建立具有智能化、自动化、系统化等显著特征的全流程税收风险管理数字化监管体系。智能化。

从涉税风险分析和执法风险防控两个维度,运用人工智能等智能化新技术开展大数据和情报信息的深度分析,尤其运用税收风险管理"穿透论"①,注重对"人"的行为分析,从根本上提升税收风险管理效能;自动化。以数字为主要驱动力,通过智能化设置关键阈值,触发税收风险管理全流程、各节点采用"接力棒式"自动运转,环环相扣、处处留痕,实现数字驱动下的自动化工作模式;系统化。将税收风险管理岗位职责、业务规则、数据情报、系统支撑等视为整体,打通林立的系统、集成散乱的数据,在税收风险管理全流程中体现各方面关联性、统一性和协同性。

二、税收风险管理数字化转型的路径选择

(一)建立一套基于系统平台的数字化岗责体系

围绕"做什么",内置于系统的数字化税收风险管理岗责体系主要包括以下三个显著特征。

1.业务模块化

区别于行政化的岗位职责,数字化转型的岗责体系是根据现行税收风险管理运行机制和机构设置,将业务流程细分为单一事件和活动,形成一系列相对独立的业务模块,并以岗位为节点匹配、归集业务模块。不同于现行通过行政指令、外部考核压力驱动,业务模块化是实现风险管理全流程以"接力棒式"自动运转的重要前提,也是数字化留痕、记录、驱动的基础。

2.流程定制化

在模块化的业务活动下,税收风险管理流程不再是一条简单、固化、履带式的流水线产品生产链条,而是灵活、串联、模块化的"接力棒式"智能开发工序。在税收风险管理的不同流程中,税务人员可以根据任务性质、风险等级、应对资源等多个维度,为每一批任务量身定制应对环节、应对团队、流转程序

---

① 深圳市国家税务局课题组:《深圳国税税收风险管理十论》,《税务研究》2018年第5期。

等流程。例如,在风险任务统筹阶段,统筹人员可以根据实际情况,对"案头审核""地址核实""实地调查"等应对环节,合理配置哪些环节属于"必经环节",哪些环节属于"可选环节";在风险任务分配阶段,分配人员对简单任务选择由单一科室应对,对复杂任务选择跨科室组团应对,可以按照紧急任务通过快速通道、普通任务通过一般通道方式推送。在对传统税收风险管理流程细分模块化后,税收风险管理流程将以实现管理效能最大化为目标而灵活调整变化,最大限度消除纯行政化、无实质产出的非必要环节。

3.角色个性化

随着数字化税收风险管理模式中管理流程的可定制,各岗位的角色定位也就有了调整再造的现实要求。就税收风险管理整体流程而言,省级税务机关风险管理部门的岗位定位对上是"参谋部",对下是"配药师"。前者指根据全流程税收风险管理数字化监管体系,风险管理部门为领导决策层提供精准、动态、可视的涉税风险状况分布,从而引导税收风险管理重心的调整和资源的调配;后者指根据智能风险分析系统扫描形成的风险任务,风险管理部门配置个性化操作指引、详细的应对规范和标准、需要使用的数据及操作工具、必需的监控措施等"药方"供应对人员使用。与此相对应,市(区)级风险管理部门尤其是风险应对部门的岗位定位则是"按方服药",根据"配药师"的配方,按步骤、标准化"被动"操作,即可完成风险任务。

(二)创制一套基于系统操作的数字化业务规则

围绕"怎么做",与数字化岗责体系相匹配的数字化业务规则是一套具有"业务+操作"双重特征的税收风险管理工作"指导书",它具有以下主要特点。

1.操作标准化

业务规则旨在控制税收风险管理工作的质量,同时通过规范化的操作提升工作效率。首先,税收风险管理数字化业务规则要以模块化的税收风险管理活动为单位、以实现岗位职责为目标而制定。数字化业务规则最重要的特征便是内置于系统,蕴含于每一次点击和每一步操作之中,以系统提示、强制监控等方式规范操作行为。其次,系统化的业务规则主要采用条目式、清单化的形式简洁展现。在具体操作设计中,尽可能减少文本录入等"主观题"形式,而多采用自动采集、自动转换、勾选、判断等"客观题"形式。最后,实现操作结果产出的可呈现、可衡量、可集成。系统数字化记录每一步操作,同时与内置于系统的业务规则尽可能同步校验,尽可能减少系统切换,实现信息、操作的"一页式"集成。

2. 内容实体化

数字化转型要实现税收风险管理效能的提升,无论是对业务流程的数字化升级还是操作规则的数字化改造,都要以专业化为核心,尽可能压缩不必要的流程环节,去除层层审批、上传下达而无实质产出的行政化、空心化操作。因此,数字化业务规则聚焦各项业务事件和活动在整个税收风险管理流程中的功能定位,为每个岗位所操作的每一事件活动制定明确、具体、详尽的操作规范和标准。

3. "一页式"集成

将税收风险管理的各个岗位职责和业务规则内嵌于系统,实现"系统主动提示工作+人员模块化、标准化、清单化操作+实时监控预警、电子档案一键生成"的系统功能。根据岗责体系及特定业务流程,呈现差异化、可定制、可拓展的"一页式"工作台,同时将每项操作按内容、标准、工具、成果等维度以模块化呈现,便于税收风险管理各岗位人员"一站式"登录系统、"一页式"提示操作。

(三)打造一个全流程风险管理数字化监控平台

以"做什么"和"怎么做"为基础,全流程税收风险管理数字化监管平台重点解决岗责体系和业务规则的系统支撑和落地实现问题。该平台并非简单地将现有手工录入或机外操作移植至系统内,而是在大数据平台和情报中心的支撑下,用内置的岗责体系和业务规则改变行政化驱动的单一生产链模式,解决操作指引不明、边界不清、监控缺失的问题,并实现对不同层级税收风险的智能化动态监控。

1.智能分析平台

在传统指标建模构建风险、分析系统的基础上,突出人工智能等智能化新技术在风险分析环节以及整个税收风险管理流程中的深度运用。按照省、市(区)级风险管理岗责要求,适应不同能力分析人员需求,丰富风险分析和管理工具,降低人工智能风险画像自建和优化门槛,重点建设企业纳税人和自然人纳税人画像群。

2.内控内生化

风险管理应当注重内控风险的事前预防和事中监控,从管理理念、制度、系统等多处着力,将"内控"蕴含于数字化岗责体系和业务规则中,并内嵌于系统。通过明晰化各事件活动的操作标准,并将该操作可能存在的执法或操作风险根据风险等级采用弹出提示、强制监控等手段实施过程监控管理,最大限度实现内控内生化、内控系统化,实现廉政风险与执法风险的双降低。

3.风险动态监控

一方面,基于智能化风险分析手段,分区域、分行业、分事项开展风险状况等级划分,向不同层级的决策岗人员动态展现税收风险状况,提示风险聚集点,充分发挥税收风险管理对提升税收治理能力的重要支撑作用。另一方面,依托系统操作实时留痕、档案自动生成等功能,既实现对税收风险管理工作的实时动态、可量化、可视化呈现,又实现对税收风险管理全流程的动态监控。

第三节 现代信息技术赋能税收
风险管理的应用探索

随着互联网的应用边界不断被扩展,区块链、云计算、大数据、人工智能等新技术的发展为税收征管模式的变革带来了新的发展思路,党的十九大报告提出要"善于运用互联网技术和信息化手段开展工作"。因此税收征管数字化建设既是推进新时代国家治理体系和治理能力现代化的重要举措,也是符合时代浪潮的必然趋势。

一、区块链技术在税收风险管理中的应用

由于区块链具有去中心化、不可篡改、唯一性、智能合约等特点,并且在共识机制、选择性存储、跨链连接、数据分析技术等方面的不断拓展,从而自动建立数据之间的逻辑关系,确保互信和不可篡改的共识机制,使其在税收风险管理中显现出独特的优势。

(一)区块链促进税收风险管理现代化的总体技术框架

1.税收风险管理应用区块链的总体技术目标

税收风险管理应用区块链的总体技术建设目标是通过以区块链电子发票为主体的电子票据作为主控链条,形成面向征管风险管理的完整闭合内环,并进一步联系相关各方,推动面向政府和社会的征管风险管理外环的建设,进而构建面向国家现代化治理的"区块链+税收"技术基础设施与风险管理生态,从而为实现多方合作参与、管理公开透明、有效防范税收风险、提升合作性遵从等税收征管风险管理现代化理念提供一个有效运作平台。

2.税收风险管理应用区块链的总体技术规划

区块链作为一种技术基础设施,为了发挥其在风险管理现代化过程中的最大效能,需要对其根据风险管理的流程与内容进行适配性的技术改造,区块链应用于税收风险管理的总体技术规划框架构想(见图7-1)。

(1)结合税收管理现代化对区块链技术进行适应性改造。如上文所述,数据边界不清,多主体间法律意义上的权利、义务关系需进一步厘清,尚未构建税收报告的标准化格式以及如何保障相关参与方的隐私权利等问题,是区

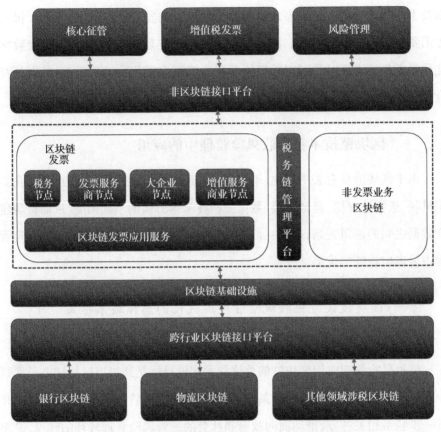

图 7-1　税务风险管理应用区块链技术的框架构想

块链技术在税收管理应用中需要解决的难题。所以,区块链技术作为当初支撑比特币运营的一种分布式记账技术,它的初始适用对象并不是税收管理,从而面临着区块链技术如何与税收管理的各环节及其本质特性结合起来的问题。从一般意义上来说,区块链只是一种技术基础设施,它只有和税收管理的具体内容相结合才能发挥其最大效能。

(2)打造税务链管理平台。通过税务链管理平台,税务机关有权限管理涉税全网节点以及在节点上的信息。例如引入新节点,或者封存、删除已有节点。未来税务链管理平台将融合大数据与人工智能技术,实现对各税收业务场景的拟真,在力争使得大部分的税收管理业务能自动完成的同时,能保证税收管理部门对整个涉税流程的监控与风险的防范。税务链管理功能的实现是由区块链电子发票应用服务层提供相应的技术接口,使得税务机关能获得完整的涉税信息并通过智能诊断系统对这些信息进行自动化的分析。

(3)提供区块链发票应用服务。应用服务层是承载区块链电子发票业务逻辑的分层。它包括用户管理、数据操作、数据保护、授权读取、异常处理五个核心模块,同时对外提供 sdk 和 api 接口。区块链技术在税收管理的应用中,发票应用服务处于一个核心的位置,这是因为在所有经济活动中,发票起着连接出售方、购买方、税务机关三个涉税方的作用,每个利益攸关者都可从发票上提取到自己有用的信息。如何实现涉税三方对发票的便捷应用(如证明交易、报销、纳税)是区块链技术促进税收管理现代化的一个关键所在。

(4)构建跨行业区块链接口平台。基于开放程度的不同,区块链主要分为私有链、联盟链、公有链三种类型。其中私有链只对单独的个体开放,联盟链只对特定的组织开放,而公有链对所有个体和组织开放。作为区块链+税收管理而言,因为其涉及的是典型的公共事务,所以构建公有链是一个理想的选择。通过公证人机制、侧链、中继和哈希锁定等跨链技术构建跨行业区块链接口平台,联结税务管理应用区块链和其他领域涉税区块链,实现多个区块链之间的涉税信息互联互通。也就是通过公有链的打造,所有链条上的参与者不管其处于什么行业、什么身份都能得到相应的服务。

(5)打造与非区块链的接口平台。对于税收管理部门而言,原来传统交易而产生的大量涉税信息和数据还是以传统的方式留存在各个环节,而这些历史信息和数据仍然对税收管理有用。所以在过渡期间,税务管理部门应为区块链与非区块链平台的交互提供一个转接机制,在此期间,两类平台之间的协调与兼容对于顺利推进区块链在税务管理现代化中的应用至关重要。进而税务管理要做好业务逻辑、数据交换等多个层面的接口,将相关涉税处理功能和信息,在非区块链应用和区块链应用之间进行统一传递,构造不同应用之间的紧密耦合。

(二)区块链技术应用于税收风险管理的成效分析

1.区块链技术有利于促进税源的自动监控

税源监控在税收风险管理中具有重要的作用,它不仅用来管控企业的逃、避税行为,而且通过分析税收的构成来了解各重点企业、各行业、地区等对税收的贡献度,并基于此来进一步分析税收与经济的匹配度,并据此来调整相关税收政策与经济发展方略。在区块链的技术生态环境下,一个企业在注册成立后,就成为区块链上的一个参与方,它的各项基本信息都会存储于区块链上,所有与其相关的交易也都会按照时间轴存储于区块链的各个节点。由于区块链的公开透明与可追溯性,记录在区块链上的交易信息对于链上的各参与方来说都是可查询并能使用的。由于依靠区块链技术构建的分布式记账系统完整地记录了每次的交易时间、交易地点、交易内容、交易金额,而企业的注册地、行业归属等信息在注册时即已存储,故税收管理方很容易根据这些信息收集税源监控所需要的各项数据,并根据需要对其进行分类整理与分析。在未来的技术发展与融合中,可以在区块链中专门为税收风险管理部门设置一个税源监控的应用站点,通过这个站点税收部门能够根据事先的设定自动收集各交易过程中的所有涉税信息,并自动生成所需要的各种税源分析报表。

2.区块链技术有利于促进纳税方的合作性遵从

提高纳税人的税收遵从度是税收征管风险管理的终极目标之一,税收遵从度的提高能保证税收的及时足额入库、降低税收风险并促使税收政策设计的初始目标能有效实现。提高纳税遵从度有很多种方式,但在区块链技术出现之前主要依靠的是税法的惩罚性制约和税收伦理的宣传,二者的成效难以说显著,纵使实现了政策设计目标,一般也是一种被动式的遵从。而税收遵从的最高形态为合作性遵从,即征纳双方能实现一种自动的、互相合作的遵从机制。区块链技术的基础之一是共识机制,即所有的交易行为都应符合预先由各方同意的交易规则,而作为区块链核心内涵之一的智能合约正是建立在共识机制之上的。在智能合约的运行机制下,只要交易满足各方所达成的某个共识,该交易行为将被自动执行。税收缴纳作为涉税区块链上面的一环,税务部门将会根据各项交易在设定的计税时间自动计算企业需要缴纳的税收,企业也将自动把上述税收划转至税收上缴账户,从而实现整个纳税过程的自动化。由于各个交易过程是公开的、可追溯并不可篡改,基于上述交易的税收缴纳必定也是真实可靠的,纳税企业难以通过隐瞒交易或篡改数据来偷逃税收,从而实现了税收征纳的合作性遵从。

3. 区块链技术有利于提升征管工作质效

纳税评估是税收风险管理工作中的重要一环,为了做好这项工作,国家税务总局发布了《纳税评估管理办法(试行)》。纳税评估的难点在于涉税信息与数据的采集、处理与比对标准的选择。纳税评估工作完成的好坏重点在于各项数据的准确性、及时性与可比性,而区块链技术的应用无疑可基本保证上述三点。而且只要在税收风险管理的节点上设置一个纳税评估的子节点,则有望根据所提取的信息自动形成纳税评估报告。

纳税信用评级是税务部门实行分类分级风险管理的一个重要手段,但据以进行纳税信用评级的数据往往非常多、非常复杂,变化也很大,而且信用评级的确定也经常需要进行人工评判,因此在区块链技术出现之前,纳税信用评级很难做到客观公正。由于区块链技术实现了高度的合作性纳税遵从并根据真实可靠的数据自动形成了纳税评估报告,所以纳税信用评级工作将自动完成,该项工作的必要性也将大大降低。

税收稽查一般用来查处企业的偷逃税情况,并以此作为威慑手段来促进纳税企业的强制性遵从。在区块链技术出现之前,税收稽查主要依靠对应税收入与企业会计收入的差别、企业交易记录的真实性等的判断,来对企业进行相应的处罚。所以税收稽查出现的前提是对企业交易行为与涉税信息的不信任。而由于区块链保证了企业相关交易的真实、可靠,而企业也难以找到另外的技术来篡改或隐瞒它的涉税交易行为,所以税收稽查的必要性和纳税信用评级一样大大降低。

二、云计算技术在税收风险管理中的应用

云计算以虚拟化技术为核心,具有资源虚拟化与按需部署、计算服务弹性伸缩与高扩展性、网络接入便捷高效、分布式存储技术等优点,能够为税收大数据环境下涉税信息体量扩容和计算能力需求激增提供解决方案,实现税务应用软件与所需 IT 设备和操作系统的解耦合,显著降低税收风险管理成本,将云计算应用于税收风险管理环节,是实现数字经济下税收管理现代化的必经之路。

(一)云计算促进税收风险管理现代化的总体技术框架

1.税收风险管理应用云计算的总体技术目标

税收征管风险管理应用云计算,就是充分发挥云计算的特点,通过 IT 硬件与软件的解耦合,在降低税收基础设施购置成本和税收软件开发成本的基础上,构建满足数字经济背景下大数据存储与处理要求的全国性税收管理信息系统,发挥数据共享优势,消除税收"信息孤岛",识别税收征管风险,促进部门共治。为提升税收征管水平,防范税收风险,改善税收服务质量,满足"互联网+"时代背景下大数据存储与处理的要求,提供可行的技术平台。

2.税收风险管理应用云计算的总体技术规划

云计算包括三种服务类型,税收风险管理运用于云计算,需要基于云计算基础架构和服务类型,搭建集数据存储与处理于一身的税收体系综合云计算平台,具体技术规划如图 7-2 所示。

(1)IaaS 层。IaaS 层指云计算基础设施层,分为由硬件设备组成的硬件资源层和资源虚拟化的虚拟资源层以及对虚拟资源进行管理的资源管理层。硬件资源层及传统 IT 架构下税务部门的硬件资源集合,主要包括处理器、硬盘、内存、系统总线等。云计算采用虚拟化技术打破税务部门原有的设备空间

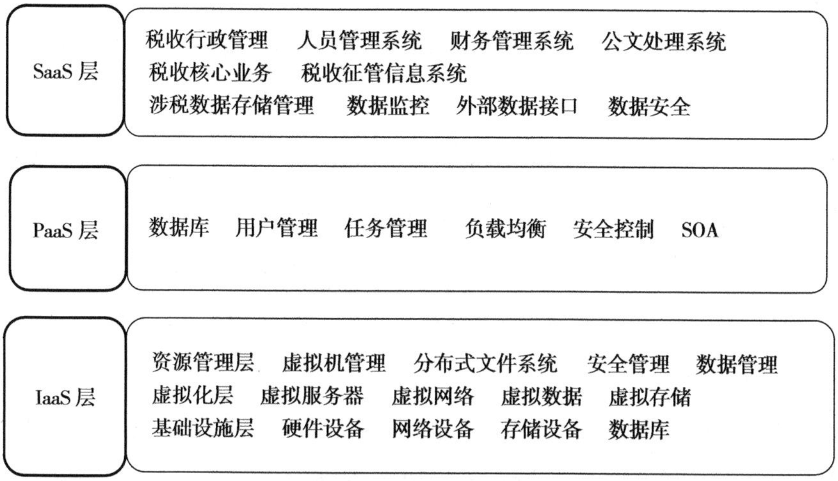

SaaS 层	税收行政管理　人员管理系统　财务管理系统　公文处理系统 税收核心业务　税收征管信息系统 涉税数据存储管理　数据监控　外部数据接口　数据安全
PaaS 层	数据库　用户管理　任务管理　负载均衡　安全控制　SOA
IaaS 层	资源管理层　虚拟机管理　分布式文件系统　安全管理　数据管理 虚拟化层　虚拟服务器　虚拟网络　虚拟数据　虚拟存储 基础设施层　硬件设备　网络设备　存储设备　数据库

图 7-2　税收风险管理应用云计算的框架设想

限制,将相同或相似功能的服务器整合为虚拟化的硬件资源池,并在此基础上创建虚拟机。虚拟化层为虚拟机提供服务器资源、网络资源、数据库资源、存储资源。虚拟机可选用 Openstack 平台的 nova 架构提供计算虚拟化服务,为虚拟机提供 cpu、内存、I/O 等计算能力。网络虚拟化即网络设备的虚拟化,用来实现网络资源互联,并通过逻辑防火墙设置实现多租户网络安全隔离。存储虚拟化技术将不同协议端口的硬件资源整合,满足税收信息系统数据高度集中所需的巨大存储容量需求。资源管理层,即服务提供商利用资源管理软件根据用户的需求对各种资源进行有效的组织,以构成用户需求的服务器硬件平台。

(2)PaaS 层。PaaS 层介于云计算基础设施层和应用层之间,在虚拟化层的基础上,提供税务应用软件开发所需要的操作系统与系统运行环境服务。其提供的服务主要包括:数据库服务,通过搭建 SQL 和 NoSQL 实现对涉税信息的便捷访问。关系型数据库可用来存储用户的账号、地址等信息,非关系型数据库可用来存储文本文件、来自网站或社交媒体的信息、通信记录数据等;中间层为应用软件提供开发和运行环境,突破了不同应用软件开发面临的应用程序限制,为税务软件的高效开发和集成奠定基础,通过用户管理和任务管理分别实现用户对云计算资源的便捷访问和执行用户提交的计算任务。由于支持分布式的应用,税务云平台的搭建可采用此作为中间件。负载均衡网络设备用来分配到达功能相似的服务器前端的数据流量,将高访问量的业务分发到多台服务器上,在横向扩展服务器负载能力的同时,避免因某一服务器故障而造成的访问失败。此外,为保证税务云平台信息系统安全,PaaS层要参照《信息系统安全等级保护设计技术要求》建立安全控制中心,保障云计算设施的运行安全。

(3)SaaS层。SaaS层是云计算部署的应用层,主要提供应用软件服务。本部分基于税收管理的需要设置不同税收管理软件系统,完成各涉税事项。相应的税收管理软件的设计分为三个部分,一是税收行政管理方面,具体包括人员管理系统、财务管理系统、公文处理系统等。二是税收核心业务方面,主要是指税收征管信息系统,涵盖税收征管流程的全部重要环节。三是涉税数据存储管理信息系统,用来存储企业缴纳税款全过程产生的包括企业基本信息、申报材料、税款缴纳记录、税收违法事项等在内的全部涉税信息。同时设置数据监控中心,对涉税数据流进行实时监控,防范税收风险。此外,税收征管信息系统和涉税数据存储管理系统还应设置外部数据接口,用于连接并传输海关、金融、民政、教育等部门的数据,为实现部门间信息共享和协同共治提供技术支撑。数据安全则主要涉及数据访问权限的控制,目的是防止纳税人信息泄露。

(二)云计算技术应用于税收风险管理的成效分析

1.建立涉税信息共享平台,消除"信息孤岛"

涉税信息共享平台建设的目标是在建立税收大数据中心,统领税收大数据的基础上,在各行政部门及其他社会部门间建立涉税信息共享的网络平台,将企业涉税数据纳入整个社会经济环境进行多维度比较分析,精准高效应用于税收征收管理全过程,真正实现"信息管税"由信息收集向信息管理转变。

从行政部门内部层面来看,部门信息绝大部分仍处于"信息孤岛"状态。从外部信息层面来看,第三方的涉税信息也未纳入政务部门涉税信息共享平台。云计算作为新型互联网服务模式,具有强大的数据存储和处理功能,能够满足建立大规模信息共享平台所要求的 PB 级数据存储能力,为多部门信息及时共享提供平台。具体来说,可引入 OpenRefine 工具实现对多部门间数据的清洗与标准化,将处理完成的数据存储与数据集群中,通过 Hadoop 架构存储集群数据,并运用 Mathout 实现对数据的分析①。此外,通过建立外部数据接口,设定数据访问权限,政务部门可基于分布式文件管理系统,通过调用 HDFS 文件接口及时获得金融、房地产等行业的涉税数据信息,实现联网状态下不同节点间数据的通信和传输,真正做到利用大数据实现数据全面获取、管理科学有据。

从税收信息化建设的地理分布来看,中西部地区信息化建设进程明显落后于东部地区,加之其税收管理及计算机管理等专业管理人才缺乏,现有的税收信息化发展进程不利于地区间信息化管税差距的缩小。云计算通过数据节点连接各部门涉税信息,通过网络打破信息化管税的空间阻隔,将软件开发、管理、运维等一系列工作以云服务的形式提供,从而弥补了税收信息化建设的地区短板。

从涉税信息的使用效率来看,目前涉税信息部门间的共享主要停留于利用涉税数据进行税收征管、税务稽核,对税收数据的分析集中应用于税收发生过程的监管以及税收事项过后的稽核与惩罚,而忽视纳税行为发生前税收风险的防控。云计算将各部门信息进行融合,可通过其他部门信息分析提前预见可能发生的税收风险,将税收监管以事后监管为主转为事前风险防控为主。

此外,部门间信息共享不可避免地涉及信息安全问题。信息共享一方面

① 郑志新:《大数据时代电子商务产业数据管理与共享机制》,《信息技术与信息化》2016 年第 6 期。

便利了多方数据获取,另一方面也存在纳税人个人信息泄露风险。将云计算应用于税收管理领域,一定要高度重视信息安全问题,通过身份认证、建立完善的数据隔离防护系统、数据加密等方式,将纳税人信息共享程度局限于涉税信息范围之内,限制各部门获取其管理所需数据范围之外的其他数据的能力,从而有效保护税务部门、纳税人、第三方的信息安全。涉税信息共享平台基础架构如图7-3所示。

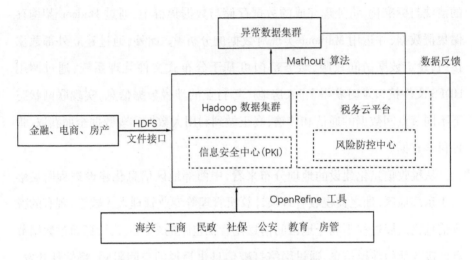

图7-3　涉税信息共享平台基础架构

2.实现"以数治税",加强税源监控效率

《意见》指出,到2023年我国要基本建成以"互联网+监管"为基本手段的税务监管体系,实现从"以票管税"向"以数治税"分类精准监管转变,这就需要云计算作为技术支撑。云计算拥有便捷高效的数据读取和筛选能力,税务部门可通过调用电子商务平台、快递管理信息平台等第三方外部API,实现对电子商务平台涉税交易数据的及时提取,以交易主体确定纳税人,以商品种类确定课税对象,以实际交易数量或金额确定应纳税额,从而避免"以票控税"征管模式下偷、逃、漏、避税现象的发生,使税收征管适应电子经济新时代的要求,真正实现"以数治税"。

3. 聚焦纳税人需求,提升纳税服务质量

首先,建立数字化的税收缴纳模式。应基于云计算平台的非关系型数据库服务,通过赋予税务人员权限钥匙的方式,从云计算数据库主动获取纳税人信息,自动计算生成应缴税额,将应纳税额信息交予纳税人核对,改变原有的以纳税人填报为纳税征管初始环节的纳税申报缴纳模式,从而降低纳税人纳税申报难度。

其次,实现与纳税人的良性互动。在云平台上建立纳税人与税务机关信息交互机制,允许纳税人将纳税需求与政策建议录入纳税人建议采集系统,通过各类建议汇总,及时了解纳税人纳税需求,解决纳税人纳税困难,从而实现税务机关与纳税人的良性互动,提升纳税人纳税满意度,缓和征纳矛盾。另外,云平台税务部门与纳税人信息互通机制的建立可以方便纳税人以匿名方式检举税收违法行为,有利于提高纳税人税收遵从度,降低税收征管风险。

综上所述,纳税服务水平的改善应充分发挥云计算对差异化税收业务系统的高兼容性,在云平台建立纳税服务入口,纳税人通过访问服务入口即可实现按需便捷访问包括政策发布系统、纳税咨询系统、纳税人建议采集系统、税务部门行为监管系统等在内的针对纳税人纳税需求提供全方位服务的纳税服务平台。

4. 优化税收风险管理流程,提升纳税检查、纳税评估效率

将云计算应用于税收风险防控,就是要使其在税收风险识别、推送、检查、处理一整套风险管理流程中发挥作用。

一是建立全国性的税源管理云平台。通过在各交易平台部署搜索引擎,将其他部门行政管理数据和第三方交易数据及时传送到税务部门外网数据存储系统,通过数据采集、筛选、清洗、整合构建标准统一的税源信息,并将其与税务内网系统税收征管信息进行比对,有效识别纳税人异常交易行为和异常纳税申报,锁定纳税检查和税务稽查的风险调查对象,提升调查对象选取的准确性。

二是建立税收风险预控预警中心。在税源管理云平台基础上,严格按照

纳税评估流程,根据评估指标与模型体系自动筛选异常值,对异常指标进行跟踪分析与重点核查,并将结果反馈至风险预警中心,从而自动反映纳税检查和税务稽查的税收风险情况,并制定相应的风险应对策略。

综上所述,以云计算技术为依托,不断优化风险分析识别、风险排序推送、风险应对处理、风险报告反馈等税收征管风险管理的各个环节,形成闭合的税收征管风险管理流程,有利于提升纳税检查、纳税稽查和纳税评估的效率,增强税务部门风险管理能力。

三、大数据技术在税收风险管理中的应用

大数据技术具有高效装载、价值"提纯"、去结构化和可容纳性等特征,能够实现海量数据的实时收集与处理,实现纳税人涉税数据全部汇集和监管,有利于解决数据分散的难题,推进税收治理向"数据治税"转型。

(一)大数据促进税收风险管理现代化的总体技术框架

1.税收风险管理应用大数据的总体技术目标

税收征管风险管理应用大数据技术的总体技术建设目标是建立以纳税人为中心的税收信息管理中心,内接包含金税三期在内的一系列税收信息系统,外联各级政府部门及第三方支付平台等涉税主体,配合信息标准体系与数据安全保障体系两大体系。以大数据的挖掘与分析技术为主,结合人工智能、区块链等信息技术,实现涉税数据自动入库、自动计算、自动比对、自动反馈的信息化征管模式,为减少税收流失、完善税源管控、提高征管效率提供有效支撑,进而实现税收征管风险管理现代化。

2.税收风险管理应用大数据的总体技术规划

大数据技术应该利用目前税收征管的信息化建设成果,采用紧耦合的模式将已建成的税务信息化系统集成起来,实现信息共享。同时完善与外部数据的互联互通,通过关联分析、聚类分析、可视化分析等多元分析方法,发挥涉

税数据对于税收征管的价值最大化,大数据应用于税务管理的总体技术框架由下而上依次为:数据采集层、ETL 数据整合平台、数据存储层、应用层、交互层。规划框架如图 7-4 所示。

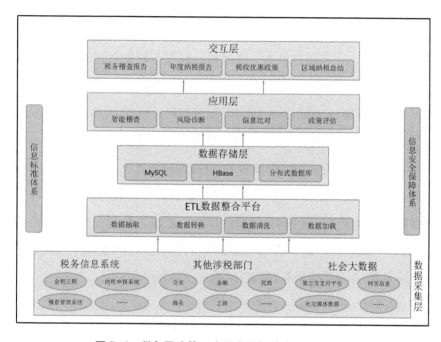

图 7-4　税务风险管理应用大数据技术的框架设想

(1)数据采集层。数据采集主要分为内部与外部采集两个方面:内部采集通过导入金税三期工程已建成的税收信息系统中的数据;外部采集则有三种手段,其一通过与公安、工商、民政等其他涉税部门信息共享,打造各级政府部门信息联动的涉税数据生态圈,其二采集金融机构、第三方支付平台等经济行为数据,其三通过网络爬虫技术采集网页信息及纳税人的浏览行为数据。数据归集后通过 ETL 过程处理再存储到 MySQL、Hbase 和分布式数据库中,实行大数据的统一管理。从数据具体的采集方式来看,要达到数据应用的效果,需构建内部税务信息化系统的数据同步接口、跨部门数据的共享接口与社会大数据的对外开放接口,通过三大数据传输接口,自动采集涉税信息。同时要考虑数据接口的可拓展性,以适应数据动态增长的需要。

(2)ETL数据整合平台和数据存储层。ETL按照税源管理需要对采集的多源异构数据进行抽取、转换、清洗、加载多环节的处理,最后存储到MySQL关系型数据库、Hbase非关系型数据库、分布式数据库等。

(3)应用层。一是智能稽查。通过对以往税务稽查数据进行相关分析,梳理各种偷逃税的手段及可能的税务疑点特征,在此基础上建立所需的数据库模型并设立阈值,如纳税遵从指数模型、风险评估模型、发票虚开模型等等,形成一个大型的智能稽查系统。二是风险诊断。通过整理纳税人过往纳税数据,监控纳税人的经营、生产、投资活动,进行实时信息比对与数据分析,根据科学评级方法设立评估指标值以划分不同的税源风险等级,针对不同等级的税源采用相应的风险应对策略。同时,建立税源动态预测模型,综合税源信息,预测未来纳税情况,将预测值与实际纳税行为比对,如果差异较大则自动发出风险预警,并反馈至税务部门以便进一步开展稽查工作。三是信息比对。一方面,将涉税信息与纳税人自主申报数据进行交叉比对,发现不同数据间隐藏的共同点,检验纳税人申报数据的真实性与准确性,预判可能的税务疑点。另一方面,对同一类型、同一地域或者存在关联的企业做归类处理,方便税收征管人员按不同口径对企业的纳税信息进行横向比对,比如用企业的财务指标与区域内该行业的平均指标做对比,以此分析纳税主体是否存在税务疑点,对可能存在税务疑点的企业给予重点关注。四是政策评估。生成分税种、分区域、分行业纳税评估报告,了解区域税收收入和征管能力,测算宏观经济政策与企业税负程度、区域经济发展状况的关系和效应,捕捉税收政策实施中的难点、痛点问题,为税收政策的评估与完善提供支持。

(4)交互层。交互界面作为向社会公众展示税收征管信息及税务部门工作成绩的窗口,可以分为以下四个板块:其一,公示稽查工作底稿、稽查报告,展示重点稽查案例,供纳税人查阅。其二,通过文字、图表的形式呈现纳税人年度纳税报告,包括信用等级、税款缴纳情况、纳税遵从度。其三,根据纳税人"画像"精准推送相关的税收优惠政策,提示可能出现的纳税风险点。其四,展示纳税人所在区域的全部纳税人及其纳税情况、市场活跃度等,方便社会公众共同监督税务征管的全过程。

(5)建立信息标准与数据安全保障双体系。建立信息标准体系,主要包括统一的数据采集标准、数据的存储规范、接口标准规范,从而可以据此编制数据资源共享目录,建立统一的数据采集和交换标准,按照统一的数据语言对内外部涉税数据进行标准化处理,确保后续数据处理与匹配的有效性。

建立数据安全保障体系,主要包括数据采集安全、交换安全、处理安全、存储安全及使用安全五个方面。具体可以在采集时为纳税人分配虚拟地址,交换中用加密算法对涉税数据设立多重保护,处理中实施数据异常行为监控,存储中建立数据灾备与恢复机制,使用中规范数据访问权限,从而为涉税数据及纳税人隐私提供全面的安全保障。

(二)大数据技术应用于税收风险管理的成效分析

1.构建配合大数据应用于税收风险管理的工作机制

(1)健全信息共享机制。我国现行《税收征管法》第六条中提出"建立、健全税务机关与政府其他管理机关的信息共享制度",但是对于具体的信息共享规范尚未明确,法律约束力的缺失一定程度上加大了涉税信息采集的难度,也制约了税收治理现代化的发展进程。因此完善涉税数据信息共享的法律机制显得至关重要,当务之急一是要明确不同部门和平台涉税信息共享的实施办法,包括共享协税信息的主体、类别、格式、范围、期限。二是制定涉税信息共享的管理原则,具体包括涉税信息的更新、维护、安全保障、追责制度等等。三是制定信息共享的激励与惩戒制度,如将信息共享作为涉税部门考核指标或是纳税信用评定指标,对积极配合提供涉税信息的部门或机构予以奖励,对拒不配合信息共享的部门或机构,按照情节轻重作出惩戒。

(2)建立信息安全保护机制。第一,从顶层设计来看,需要完善基于大数据时代的信息保护相关法律法规,推进我国数据安全保障体系的建立,对信息泄露实施追责制度,严格惩戒破坏网络安全、盗取隐私信息的行为。第二,从基础设施建设来说,完善信息中心的防火、防水、防雷、防震设施,避免因为物理原因造成数据的丢失。第三,从技术保障手段来说,可以用加密算法对涉税数据设立多重保护,具体如通过 SSL 加密技术对涉税数据的传输进行加密,建立审计日志记录和追踪获取用户的数据信息。第四,从税务机关的内部管理来看,税务机关要成立专业的运维中心,负责定期对系统安全性的检查和维护,同时还需要对大数据中心的访问、操作、修改权限进行严格界定,按照数据的涉密程度进行分级保护。第五,要建立数据安全风险预案,完善数据备份和容灾机制,定期开展安全评估和应急演练。

(3)建立复合型人才培养机制。建立完善的人才培养体系,使人才供给始终与大数据发展需要相匹配。具体来说,复合型人才的培养可以通过以下途径来实现:首先,与高校开展产学研合作,有针对性地加强现代信息技术的学习,同时创新人才引进机制,为信息技术人才在税务机关的任职提供职业通道,保障其薪酬福利。其次,就现有的税务工作人员而言,可以定期开展技术培训,培养基本的数据软件操作技能,提升其综合能力。

2.利用大数据优化纳税服务水平

税务机关可以依托大数据的数据化决策有效识别纳税服务中的痛点问题,有针对性地提升纳税服务水平。一方面,税务机关可以充分利用大数据流处理分析技术对线下办税服务大厅的工作模式进行优化,整合分析办税集中时段、纳税人业务办理的等候时长及办理时长、岗位办税量及总办税时长等反映办税服务质量的指标,从而合理配置办税窗口及工作人员,保障纳税高峰期的办税秩序,提升办税服务大厅的管理质效。另一方面,税务机关可以利用大数据监控与分析技术找准改进纳税服务的突破口,优化电子税务局等信息化办税平台体系建设。具体来说,可以通过采集纳税人在不同办税模块的停留时间、修改次数、服务器反应速率以及税收政策浏览行为等信息,科学开展数理分析,结合纳税人诉求有针对性地健全信息系统设计,优化办税平台的业务功能,从而提升办税效率及纳税人办税体验。

基于大数据技术的用户画像功能为建立税源标签体系,实现纳税服务精准化提供了可能。具体来说,可以利用数据挖掘技术获取税源基础数据、纳税行为、经济行为(如投资数据、交易数据等)、网络浏览行为等数据,在数据预处理的基础上搭建分析型数据仓库,利用机器学习算法建立细分模型,依据细分模型或者通过 K-means 聚类分析对税源进行分类,并根据聚类结果描绘用户画像,为不同的纳税人贴上特征标签,建立完善的税源标签体系。税务机关则可以基于税源标签,针对不同特征的纳税人实行"一对一"的税收征管方案,提前预判其需求和行为,将纳税人适用的税收优惠政策、税费减免条例、税收申报操作"点对点"地推送给纳税人,并提示与纳税人相关的待办纳税事项、税收处罚信息等,精准对接其个性化需求,提升纳税服务质效。

3.利用大数据提高税收风险管理有效性

大数据技术结合机器学习、神经网络等算法,构建税收风险识别模型,从而有针对性地实施风险应对。数据的选取可以从四个角度入手,一是基于财务钩稽关系,对纳税人提供的财务报表、凭证数据等财务数据进行涉税风险分析;二是基于不同税种之间的逻辑关系,从税务系统中提取税收征管数据,通过计算分析以识别税务风险;三是广泛获取生产经营数据、交易数据、第三方数据、互联网数据等多维度涉税信息,挖掘数据间的逻辑关系,判断可能存在的纳税疑点;四是与同行业平均税负范围进行比对分析,重点关注税负水平异常的纳税人。从技术实现路径来说,在采集、过滤、清洗、集成数据的基础上,基于不同涉税数据间的逻辑关系,利用机器学习、神经网络等算法进行经验数据建模和训练,输出可能存在的涉税风险,税务部门可基于风险识别结果进一步开展风险防控与稽查工作。

大数据结合知识图谱技术,基于社会网络分析方法,可以提炼纳税主体之间的关联关系组成关系网络,深度挖掘隐形关联,从而发现关联交易方面可能存在的涉税风险。在具体应用中一方面可以通过追溯资金链、发票链、投资链和产销链明晰企业的业务往来、购销关系等,另一方面可以使用网页爬虫获取企业关联交易公告、股权转让信息、股份变更记录等第三方信息,通过自然语言处理技术进行关键词提取、知识融合和语义消歧,借助 java 可视化工具描绘出企业集团的内部组织架构及不同企业的社会关系,有助于解决关联交易难界定、难发现的问题,识别企业利用关联关系进行非公平交易的避税行为,为税务机关有效开展反避税工作提供支持。

四、人工智能技术在税收风险管理中的应用

人工智能凭借其自身具有的自主学习、自主建模、并行运算、规模经济等优势,其应用到税收征管风险管理中,会改变税收征纳流程、征纳关系、征纳方式,促进税收征管水平和效率提升。

(一)人工智能促进税收风险管理现代化的总体技术框架

1.税收风险管理应用人工智能的总体技术目标

将人工智能技术应用于税收征管风险管理,就是要依托人工智能强大的信息获取能力、学习能力,将基于模型算法的人工智能应用技术应用于税收征管的税务登记、发票管理、申报征收、税务稽查、业务查询等各个环节,从而实现纳税主体的智能办税、征税主体的智能管税,在优化税收征管方式的基础上,实现科学管税,精准管税,高效管税。

2.税收风险管理应用人工智能的总体技术规划

人工智能技术包括机器学习算法、知识图谱、统计语言模型、专家系统、遗传算法、博弈算法等,不同算法在不同应用领域各有优势。税收管理应依托人工智能技术,应依据税收管理需求选择合适的算法,实现人工智能与税收管理的高度融合。具体技术框架设想如图7-5所示。

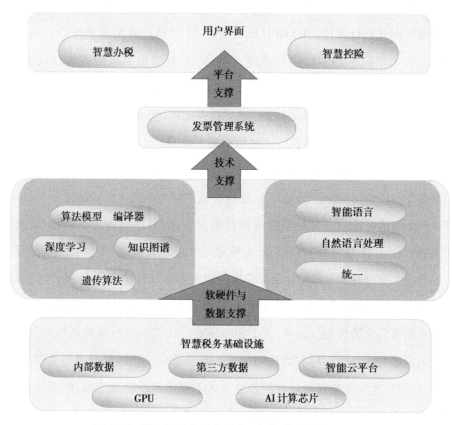

图 7-5　税务风险管理应用人工智能技术的框架设想

（1）构建智能税务的基础设施。基础设施为人工智能技术应用提供软硬件支撑，是人工智能系统构建的前提条件。软硬件设施的构建包括两方面：一是构建基础数据库。数据是人工智能算法运用的基础，数据的有效性、准确性、完整性决定了算法输出结果的准确度，大数据时代的到来为计算机深度学习提供了有利条件，人工智能要充分利用大数据时代数据搜索获取优势，建立便利机器算法使用的数据集群。数据来源包含网络数据、核心征管数据、发票系统来源数据、纳税人来源数据、第三方数据提供商提供的第三方数据，数据形式可以是图像、视频、音频、文本等。二是具备支持数据库运行的硬件设施及软件环境，这里主要强调计算芯片的构建。人工智能对计算能力与速度的高要求使得传统的 CPU 无法满足大量浮点运算和并行运算的需求,以高数据通信效率和并行计算能力的 GPU 成为当前 AI 计算芯片的主要选择。未来,具有高通用性能的 FPGA、高计算速度的 ASIC 应逐步引入到智能税收管理中,满足税收信息系统对数据高处理与计算能力的需求。

(2)构建智能税务的技术体系。技术体系的构建为智能税务系统提供算法基础,是智能税务的技术支撑。主要包括两个部分:一是选择算法模型。深度学习是目前人工智能领域发展的新引擎。深度学习在图像识别、语音识别领域的突破性进展使得其满足纳税服务、纳税稽查领域对纳税人特征识别分类的需求。知识图谱在建立主体间联系方面具有显著优势,适合应用于税收登记认定、纳税申报中的资料真实性审查、税收政策文件流转管理、发票管理等领域。专家系统在充分获取专家经验及专业税务知识方面具有独特优势,适用于税收管理中税收计划的制订、税收宏观预测、税收数据分析等对专业知识以及管理经验有较高需求的环节。当然,人工智能还有遗传算法等其他算法模型,选择合适的算法处理不同的税收管理问题对于税收管理质效的提升尤为关键。需要注意的是,模型算法开发环境的差异要求不同的运行硬件支撑,模型算法编译器将模型算法与底层硬件结合起来,为模型算法的运用提供了技术支撑。二是选用基础应用技术。基于算法模型,人工智能具备了智能语言、自然语言处理、计算机视觉等能力,使人工智能算法实现了理论与具体应用领域的衔接。

(3)将税收征管系统嵌入人工智能应用管理层。税收征管系统主要包括外部信息交换接口(主要用于接收纳税申报)、核心征管系统、发票管理系统、行政管理系统等模块。不同的模块依据差异化的人工智能应用技术集合。因此,应在模块划分的基础上将税收核心征管信息系统按照政策目标细化为基于不同算法模型和应用技术支撑的应用管理模块,从而将人工智能技术与税收管理密切结合起来,使技术为管理服务成为可能。

(4)构建智慧办税系统。智慧办税系统是应用实现层,是税收管理系统与人工智能结合的应用成果。按照税收管理重点,主要分为智能办税系统、智能服务系统、智能风险防控系统。办税系统主要利用检索引擎、推荐引擎、人机交互等实现纳税人与税收管理系统的交互,智能服务系统主要基于记录跟踪、智能语言处理实现智能客服,风险防控系统主要基于纳税人画像实现风险评估、风险追踪、风险推送。

(二)人工智能应用于税收风险管理的成效分析

1.利用人工智能提升税收征管效率

税收管理的首要环节是税源管理,税收征管效率的提升应注重税源监管效率的提升。税源监管可从两方面入手,一是税源识别,二是税源涉税数据的分析推理。

税源识别环节主要完成对税源信息数据的搜寻和认定,可充分发挥卷积神经网络数据自主提取识别的优势和知识图谱通过网状知识结构实现实体间相关属性描述的特点,构建税源识别系统。具体来说,利用卷积神经网络实现人像识别、个体出现频率描述等。对同一纳税人,赋予位置、财产、收入、消费、交通等多维度标签,以此进行税收行为预测,实现税源管理的精准性,降低税收管理的信息搜寻成本[①]。

利用知识图谱形成纳税人之间、纳税人与税务管理部门之间以及行政管理部门之间的节点关系,从而形成全面的税收征管体系图谱,丰富每一纳税节点的多维度信息。可从网络和税收征管信息系统数据库抽取结构化和非结构化数据,提取这些数据的关系图谱和属性信息,并通过指代消解、实体消歧、实体链接、知识合并等过程实现涉税数据的归并、清洗、整合,将处理完成的包含各涉税主体及其关系的税源数据进行推理,提升税源信息的广度,扩展税源信息的维度。

利用专家系统提升税务工作人员的涉税事项推理、处理能力。专家系统

---

① 杨金亮、孔维斌、孙青:《人工智能对税收治理的影响分析》,《税务研究》2018 年第 6 期。

由知识库和推理机组成,知识库包括数据库和规则库,主要实现专家经验数据的存储功能。数据库中包含各种纳税人纳税申报数据、纳税行为事件①、第三方涉税数据等反映纳税人特征的数据,规则库中包含税收法律法规、办税服务厅工作人员行为规范、纳税服务规范等对税收征纳主体行为进行限制的规则体系以及从专家处获取的税收管理经验。此外,专家系统还具备对专家系统处理过程中新生成推理数据进行记录的数据库。推理机包括解释程序和调度程序,主要用于实现用户与系统之间的推理咨询。在税收管理中,将纳税主体涉税信息存入专家系统,专家系统根据规则库中的专家知识得出分析处理结果,为具体涉税事件提出解决方案,从而弥补部分税务工作人员税收管理水平不高的缺陷,提升税收征管效率。具体的专家系统技术构想如图7-6所示。

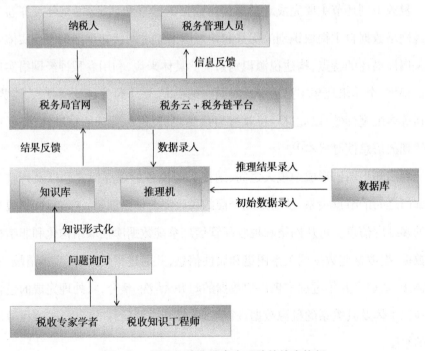

图7-6 税收征管应用专家系统的技术构想

---

① 马伟、陈纪元、金晓扬、方明:《互联网时代税收人工智能大有可为》,《中国税务》2016年第11期。

2.利用人工智能提升纳税服务水平

首先,在纳税人个性化纳税服务需求识别方面,要利用人工智能对大数据的处理能力筛选纳税人行为,根据纳税人个体特征及时主动推送税收政策法规、税收优惠措施、税收征管流程变动等相关信息,做到税务部门精准高效服务[①]。在具体应用中,可采用监督式学习和半监督式学习实现对数据的分类和预测。对训练数据的选取,应选择反映纳税人具体特征的涉税数据作为输入数据,具体包括受教育水平、收入水平、涉税事项、平均纳税申报时间、税收征管信息系统访问频数、涉税事项一次办结率等。输出变量的选取,则选择税法宣传、纳税申报、涉税事项办理、投诉处理和反馈等反映不同纳税人纳税服务需求的变量,通过机器学习算法建立输入与输出变量的相关性模型,用于不同纳税人纳税服务需求的分析,并通过分析结果将纳税人分类,根据纳税服务需求提供不同纳税服务,从而实现纳税服务精准化。

其次,在具体的纳税服务应用设计上,要不断完善人工智能机器人建设。一是拓展"12366"纳税服务平台智能机器人"小慧"的人机交互模式,在现有文字和语音识别的基础上,逐步增添图片识别、视频识别功能,便利纳税人纳税咨询。二是在完成纳税人咨询回复的基础上,添加"小慧"用户意见的反馈环节,从而为智能机器人服务的不断完善提供数据信息。三是促进税务部门智能问询系统与其他政务部门如司法、交通、海关等部门智能问询系统的融合,逐步统一部门间智慧服务系统建设标准,采用自然语言处理方法建设部门间标准化的数据库自然语言接口,实现智能问询系统在部门间的随时调用,满足纳税人的全方位服务需求。四是通过智能语音处理系统对纳税咨询人工座席通话记录进行分析识别,实现对人工服务质效的监管[②]。此外,要拓宽纳税服务终端的服务项目,实现智能服务项目在纳税微信终端、App 终端、Web 终端的全覆盖,便捷纳税人办税。

---

① 杨金亮、孔维斌、孙青:《人工智能对税收治理的影响分析》,《税务研究》2018 年第 6 期。
② 朱杰、陆倩、张宝来:《人工智能在纳税服务中的应用》,《税务研究》2018 年第 5 期。

3.利用人工智能防范税收风险

我国税收风险管理中对纳税人异常业务和异常纳税申报行为的筛选主要是通过人工对异常数据的经验分析和异常指标的统计得到的①,税收风险分析的工作量较大,且风险审查是针对重点企业或重点业务的抽查,无法做到对企业风险的全面核查,亟须采用先进的技术手段减轻税务人员工作量,提升风险防控效率。

人工智能用于税收风险防控,核心工作就是建立风险指标体系,筛选纳税风险主体。具体可采用遗传算法和机器学习算法来检测税收不遵从行为。税收不遵从分为由于税收法规不清晰导致的非主观不遵从和以逃税为目的的主观不遵从。对于非主观的税收不遵从行为,人工智能技术的主要目的是根据变动的税收法规,自主学习并调整原有的指标模型,设立新的指标模型预警值,筛选并确定可能具有逃税风险的纳税人。对于主观纳税不遵从行为,风险防控的主要目标是通过纳税主体已发生的涉税行为精准筛选可能的逃税主体,从而防范纳税主体的税收违法行为。

遗传算法应用于税收风险防控,应侧重于企业行为与税收遵从度关系的建立。首先设定影响企业税收遵从度的初始指标:前一纳税年度纳税遵从度、税收负担水平(用税收总额占企业利润的比重表示)、行业属性、业务范围、企业规模、会计健全程度、企业性质等,将多年度初始指标作为输入指标,将研究年度税收遵从行为作为输出指标进行样本点学习,模拟出初始指标与税收遵从行为的相关关系,从而使计算机具备预测纳税人税收遵从度的能力。将遗传算法计算出的纳税人税收遵从度指标进行升序排列后交由税收检查部门,税收遵从度较低的纳税人(排名靠前)即为重点检查对象,用于税收风险防控。

机器学习算法应用于税收风险防控,应侧重于纳税人涉税业务财务指标

---

① 李为人、李斌:《在税收风险分析中引入人工智能技术的思考》,《税务研究》2018年第6期。

的分析。通过比对纳税人增值税发票使用信息与纳税申报信息,纳税人主营业务及收支数额,纳税人税收负担率,为税务部门风险防控中的重点对象筛选、重点税源筛选提供筛选对象,从而减轻税务部门工作量,扩大筛选范围,提高筛选精准度。此外,机器学习方法可用于预测宏观逃税率,可根据纳税主体经济行为筛选各税种纳税群体,估计应收税额,与实际收缴税额比对,确定逃税规模与比例,为税务部门税收政策的制定提供决策依据。

第八章　基于"税务云+税务链"的信息化架构

第一节　税务信息化架构体系演变历程

　　1963 年日本学者在《论信息产业》一文中首次提出"信息化"这个概念，此后，"信息化"一词便逐渐流行开来。站在国家层面，信息化的基本含义是在经济社会生活的各个方面应用现代信息技术，深入开发、广泛利用信息资源，加速现代化的进程。这个进程是发展的、动态的和不断深化的。也就是说，信息化的作用对象是经济与社会，实现工具是信息技术，内容是开发、利用信息资源，目的是加速现代化的进程。

　　信息化包括六个要素：第一是信息资源。这是前提要素，是一切问题的出发点。第二是国家信息网络。没有网络，即便拥有信息资源的地方也是"信息孤岛"，因此，国家信息网络是整个国家社会与经济信息传输与交换的通道，是大动脉。第三是信息技术应用。唯有通过信息技术应用，能够把信息资源转化为生产力，因此，信息技术应用是信息化的最终体现，具体表现为各行各业的应用系统，例如税收征管系统、银行信贷系统等。第四是信息技术和产业。这是信息化的物质依托，也是信息化水平的制约条件。没有先进的信息技术和强大的信息产业，就没有先进的国家信息网络和应用系统。因此，信息技术和产业构成了信息化的底层平台。第五是信息化人才。这个要素是实现信息化的关键,信息化的哪一个层面都离不开人才。第六是信息化政策、法规和标准。可以说,信息化的这六项要素相辅相成、互为补充,总体勾画了一个国家信息化的建设轮廓。

税务信息化的一般含义是指在税务工作的各个方面应用现代信息技术,深入开发、广泛利用税收与经济信息资源,加速税务现代化的进程。具体而言,是实现税务信息的收集、整理、分类、存储、检索、统计分析、传输和应用的系统化和网络化,旨在履行税收管理与服务职能。应当指出,税务信息化是国家信息化的一个组成部分,它与整个社会的信息化,与其他宏观管理部门的信息化,与企业、居民的信息化密切相关,互为支撑。

信息化架构是指一个大型组织中所有信息系统及其相互间的关联方式,而现在的税务信息化架构体系则是在长期税务信息化建设发展过程中形成的。依据诺兰模型,税务信息化大体要经历初始、普及、发展、系统内集成、数据管理等发展阶段。信息化发展阶段不同,信息化架构体系也随之而变。

一、初始阶段的税务信息化架构(1982—1989 年)

这一时期,税务部门的信息化应用水平较低,此阶段的主要特征是:计算机仅被用于税务部门的辅助管理,大多是数据汇总、统计和打字办公等信息处理工作,虽然有个别税务部门建立了简单的纳税人档案,并利用征管软件实施了征管数据与计会统账的监控关系,但是这些软件功能简单、易用性差、可靠性不足,只能够在局部简单模拟手工业务操作。由于当时的软件技术水平不成熟,对计算机的应用前景探索不够深入,信息化建设整体处于较低水平,因此,在税务信息化的初始阶段,尚未形成真正的税务信息化架构体系。

二、普及阶段的税务信息化架构(1990—1999 年)

1990 年 4 月,财政部、国家税务总局首次提出了实现税务工作管理现代化的总体目标,从此我国税务信息化建设进入了普及(起步)阶段。1993 年,为了防范日益猖獗的出口骗税活动,促进外贸发展,国务院提出建立"金关"工程。1994年,我国进行了分税制改革,并建立起了以增值税为主体的流转税体系。同时,为了加强对增值税的管理,增值税防伪税控系统和交叉稽核系统开始试点,"金税工程"正式启动。随着税收征管系统CTAIS的正式上线运行,各地税务机关也开始采购计算机设备,并对工作人员开展计算机操作培训。同时,伴随一些税务稽查、避税与反避税以及办公自动化等方面的独立应用系统的出现,许多税收业务也由人工操作向计算机操作转变。在这个阶段,数据库、广域网等技术也都开始被利用起来。

但是,总的来看,鉴于信息化技术和税务管理模式的局限性及影响,信息系统建设是从单个部门到多个部门,从局部到全面的覆盖业务,逐步形成了多个独立信息系统并存的信息化架构。在这种信息化架构中,系统与系统之间没有数据交换,系统功能不能相互调用,每个系统自成体系,独立完成特定的业务功能(见图8-1)。

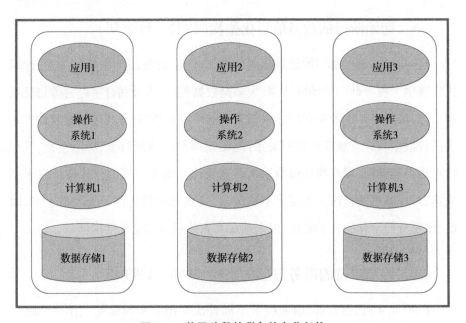

图8-1 普及阶段的税务信息化架构

信息系统中存在着大量数据冗余和数据不一致的现象。信息系统的功能和特定部门的职能相对应,既有交叉重叠又有覆盖不到的地方,造成业务流程被分割到不同的信息化系统中,形成了职责上的空白和管理上的漏洞,这种信息系统架构维护复杂,无法支持业务流程重组和变革,难以助力税务信息化的进一步发展。

三、发展阶段的税务信息化架构(2000—2009 年)

2001 年修订的《税收征管法》中提到,要加强税收征管系统的现代化建设,并且健全税务机关与其他政府部门之间的信息共享机制。2001 年 10 月国家税务总局正式印发了《税务管理信息系统一体化建设总体方案》。到2003 年底,金税二期已经取得了阶段性成果,增值税防伪税控系统在基层实现了广泛应用。2005 年底,国税系统四级广域网运行,省地税局基本与税务总局联网。更加成熟的计算机网络技术被应用和发展,税务系统为了实现上下级之间的信息传递,已经开始运用网络化的内部办公系统。网络自动办税服务系统、办税服务厅监控等系统的应用也给税务信息化建设带来活力。部分省市开始尝试将核心数据纳入"省集中管理"。

这一阶段,税务部门已经认识到信息化架构的重要性,并努力改变前期信息化自然蔓延而导致的混乱局面。比如在一体化建设总体方案指导下,尝试采用门户技术统一业务权限管理;采用工作流技术规范信息处理流程;采用数据仓库技术整合海量数据;采用 SOA 技术降低 IT 和业务的耦合度;等等。随着各级税务部门信息管理工作的进一步健全,信息化管理的不断加强,信息化系统架构进行了合理的改进。在此阶段中,税务各应用系统进行集中部署和统一管理,系统数据进行集中存储和统一备份,各系统之间进行了初步的集成,提高了信息系统的安全保障(见图8-2)。

如果将上述初步的集中、整合看作是基于已有事实的修补和改善,那么随

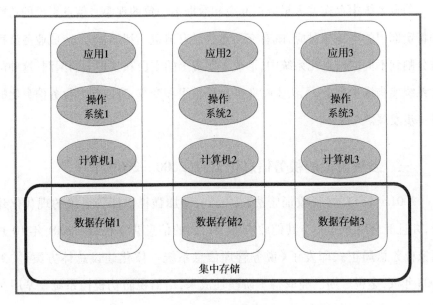

图 8-2　发展阶段的税务信息化架构

后的金税三期建设可以视为是在税务信息化总体架构的指导下对全国税务信息化的重构。

四、系统内集成阶段的税务信息化架构（2010—2019 年）

所谓系统内集成，是指在整个税务部门内部统筹规划，把分散的数据集中起来，把零散的应用系统整合起来。

金税三期工程自 2010 年正式招标启动，2016 年在全国税务系统全面完工上线。在近 10 年的时间里，建设了包括网络基础设施、硬件基础设施、系统软件基础设施、法律法规体系、标准化体系、信息安全体系、运维体系、灾备体系和工程管理体系在内的软硬件基础设施平台和信息化保障体系；开发了征收管理、纳税服务、管理决策和行政管理四大应用系统；实现了涉税数据在省局和总局两级集中处理；业务覆盖所有税种、主要工作环节和国地税各层级；建立了发票信息库、自然人涉税信息库、法人涉税信息库、税收风险管理信息库、外部信息库、政策法规信息库、机构人员信息库,高度体现了系统内集成的目标特征。这一阶段,信息化架构体系的主要诉求是,实现系统和资源优化,实现动态配置、虚拟化管理。在该架构中,支持各应用之间的调用,通过 SOA完成各应用系统的集成和整合。数据方面,通过数据的采集、清洗建立数据仓库,利用数据模型和方法工具进行数据的分析和挖掘,最终通过数据展现辅助决策(见图 8-3)。

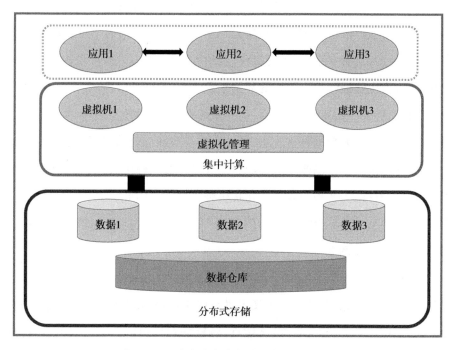

图 8-3 系统内集成阶段的税务信息化架构

金税三期的信息化总体架构顺应了税务管理现代化的客观要求,符合税务信息化发展的客观规律,有力地推动了国家电子政务建设,标志着中国税务信息化告别了以业务系统开发为主的阶段,迈入了以数据管理与应用为主的阶段。

五、数据管理阶段的税务信息化架构(2020 年至今)

当前,税收信息系统运行应用中数据采集范围扩大、业务量大造成的数据增量骤增,以及数据存量的无限增长,税务部门数据的采集、存储、传输、共享、数据真实可信、深度分析以及系统集成后的稳定性都在现有架构体系下遇到了瓶颈。这就说明在大数据管理阶段,需要有更为有效的技术和机制来保证对数据业务处理速度、数据存储、数据共享、数据安全可信、数据分析能力和系统的稳定。云计算技术在处理速度、数据存储和共享方面有着独特优势:资源的弹性部署与按需使用,资源的快速扩展与回收,资源的标准化配置,资源的自服务申请,平台的自动化运维,能满足我国税收信息化新阶段的数据存储、共享、算力需求。区块链技术的本质是一种点对点网络下的不可篡改的分布式数据库技术,具有多中心、不可篡改、可信性特征,能有效解决税收数据的可信度问题,为税收征管提供可信的数据来源。

在新形势下的信息化新任务是树立全球视野,加强顶层设计,实施创新驱动发展战略,加强大数据分析利用,辅助科学决策和综合治税,防范风险,突破重点,更好地服务于税制改革、税收治理、经济升级和民生改善,确保税收职能作用的充分发挥,为实现税收现代化提供强大动能。因此,构建实现数据安全可信、资源共享、协同工作、高算力的基于"税务云+税务链"的信息化架构体系已势在必行(见图 8-4)。

在"税务云+税务链"架构体系中,通过基础设施 IaaS 整合计算、存储和网络资源,利用虚拟化、负载均衡等技术进行优化;通过云平台 PaaS 提供分布式数据库、工作流引擎、安全管理、大数据、物联网和区块链等平台服务;通过软件应用 SaaS,提供各类税务应用服务,以及 AI 工具、数据分析和区块链应用等。该架构具有高可用、高扩展性和高灵活性等特点,能够支持超大规模系统应用运行和高性能计算。

在"税务云+税务链"架构中,税务应用系统可以进行彻底的整合和打通,并通过微服务将应用系统内部功能进行合理拆分,最终更有效、更快速地完成各类任务;基于"税务云+税务链"的大数据平台,为税务信息系统提供丰富、可信的数据,应用大数据分析模型和人工智能方法,进行机器学习和知识挖

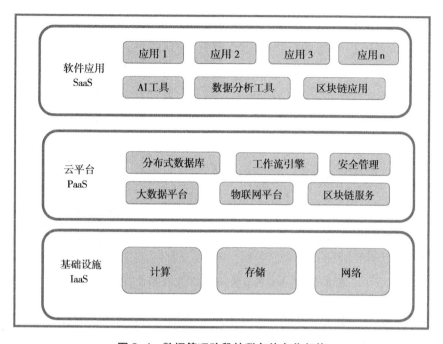

图8-4　数据管理阶段的税务信息化架构

掘,为税务各层级部门提供更全面、更准确、更智能的信息服务和科学决策,这正是"税务云+税务链"的应有之义。

税务信息化从1982年开始到现在历经40多年,从分散到集中、从单机到云计算的演变,支撑了税收各项工作的有效开展。观察税务信息化的发展历程,税务业务和信息化两者存在相辅相成的关系(见图8-5)。

信息化不断驱动税务业务的发展,税务业务又不断推进信息化系统建设,形成良性循环,这是税务信息化架构体系演变的内因,是税务业务不断向前发展的原动力。

第二节　税务信息化架构体系的技术动能

自1946年以来,现代计算机沿着硬件、软件、市场应用和科学理论四条主

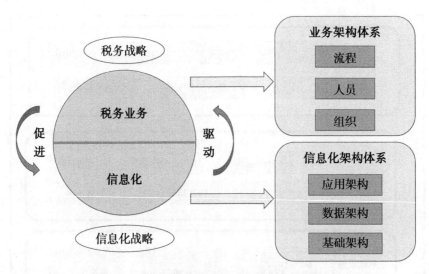

图 8-5　税务业务与税务信息化相辅相成的关系

线纵横发展,信息技术已无可争议地成为所有部门信息化的基础和支撑力量。当今,新一轮科技革命和产业变革加速演进,以宽带互联网、5G 移动互联网、物联网为代表的计算机网络技术,以政府、企业、居民应用各类网络及各类仪器设备、传感器、电子邮件、视频、点击流以及现在与未来所有可以利用的其他数字化信号源为代表的大数据技术,以公有云、私有云、社区云、混合云等云平台和微服务为代表的云计算技术,以机器学习、深度学习、知识图谱为代表的人工智能技术,以"可信的分布式数据库"为代表的区块链技术,彼此联动融合构成更加强劲的新动能,深刻推动着人类经济社会的发展,当然,也毫无疑问成为基于"税务云+税务链"的新一代税务信息化架构体系的技术动能储备。

一、动能之一:计算机网络技术及其应用

(一)计算机网络技术

计算机网络,是指将地理位置不同的具有独立功能的多台计算机及其外

部设备,通过通信线路连接起来,在网络操作系统、网络管理软件及网络通信协议的管理和协调下,实现资源共享和信息传递的计算机系统。

没有人能够否认,我们已经生活在一个密如蛛网的网络世界,从局域网到广域网,从国家公共网到全球互联网,从 20 世纪 90 年代中期开始,多种技术围绕互联网进行融合,新兴产业和传统产业以互联网、移动互联网应用为轴心进行战略转型与业务重组,这在我国被称为"互联网+"。这一全局性走向为税务信息化建设与深化发展奠定了坚实基础,也为建立基于"税务云+税务链"的新一代税务信息化架构体系提供了关键性引领和底层支撑性的条件。

重要的是,组建的网络系统从功能、速度、操作系统、应用软件等方面是否能满足实际工作的需要;是否能在较长时间内保持相对的先进性;是否能为部门(系统)带来全新的管理理念、管理方法、社会效益和经济效益;等等。这也许是在现实的工程项目实施中所要优先考虑的核心问题。

(二)计算机网络前沿发展的关键引领作用

众所周知,计算机网络已经走过面向终端的计算机网络阶段、多台计算机互联的计算机网络阶段、面向标准化的计算机网络阶段,今天我们已然走在面向全球互联的计算机网络阶段——这一阶段也可以称为互联网、移动互联网全球应用的阶段。互联网是 20 世纪人类最伟大的发明之一,它的全局性影响力、普及程度、渗透性和发展速度是任何其他科技成果难以比拟的。正因如此,作为计算机网络前沿发展代表性标杆的互联网、移动互联网技术及深度应用,将极大提升构建基于"税务云+税务链"的新一代税务信息化架构体系的新动能。

1. 世界互联网前沿发展

全球数字基础设施建设稳步推进。全球传输设施、全球数据中心、边缘计算、联网交换中心、全球物联网设施加快部署,应用场景不断扩展。全球网络信息技术发展迅猛。高性能计算机国际竞争激烈,器(Container)技术进一步成熟,计算技术加快向智能计算方向发展,终端操作系统、云操作系统、物联网操作系统多元化取得新进展;大数据基础设施建设、分析技术和可视化工具,虚拟现实技术和产业生态迎来发展新起点。全球数字经济依然向好,发展数字经济成为各国普遍共识,数字经济在各国经济中占据越来越重要的地位。全球数字政府向深层拓展,各国持续加快政府网络基础设施建设,推进政务云应用,云上政务成为数字政府发展的重点方向。互联网媒体已经成为信息传播的主渠道,数字新闻、视频点播、数字音乐、电子游戏迭代升级,5G 技术将深度改善用户体验,人工智能将深刻影响媒体价值链的各个方面。

2. 中国互联网前沿发展

网络基础设施持续优化升级。IPv6 规模部署工作加快推进,网络提速较大。互联网普及与应用效果显著。数字经济助力发展提质,数字经济推动区域发展更加均衡,2021 年我国数字经济规模达 45.5 万亿元,占国内生产总值(GDP)的比重达 39.8%。网络普惠稳步推进。我国已初步建成融合、泛在、安全、绿色的宽带网络环境,基本实现"城市光纤到楼入户,农村宽带进乡入村"。互联网政务服务高质量发展。在线政务服务用户规模增长明显。

如此波澜壮阔的互联网、移动互联网演进形态,事实上,对税务部门建立基于"税务云+税务链"的新一代税务信息化架构体系发挥着至关重要的引领作用,也是决策层在把握全局发展方向和制定核心战略上必须考虑的重要因素。

3. 以移动互联网为代表的计算机网络技术的发展

国家提出大力实施网络强国战略、国家大数据战略、"互联网+"行动计划等一系列重大部署,把互联网作为谋求竞争新优势的战略方向。国家层面在创业创新、协同制造、现代农业、智慧能源、普惠金融、益民服务、高效物流、电子商务、便捷交通、绿色生态、人工智能等 11 个重点领域的"互联网+"行动计划已付诸实践并取得显著进展。

税务层面互联网、移动互联网落地应用的重大举措:"互联网+税务"行动计划。其主要涉及社会协作、办税服务、发票服务、信息服务、智能应用5个方面,包括互联网+众包互助、创意空间、应用广场;在线受理、申报缴税、便捷退税、自助申领;移动开票、电子发票、发票查验、发票摇奖;监督维权、信息公开、数据共享、信息定制;智能咨询、税务学堂、移动办公、涉税大数据、涉税云服务20项内容。

国内外互联网、移动互联网前沿发展,国家层面、税务层面以互联网和移动互联网为代表的计算机网络应用落地举措,已然在大方向、大格局、大框架和主体内容上对新一代税务信息化架构体系"税务云+税务链"起到了关键性的引领作用。

二、动能之二:大数据技术及其应用

(一)大数据技术

大数据是指一般的软件难以捕捉、管理和分析的大容量数据。它是庞大的、多样化的、复杂的、纵深的和分布式的,它是在各类仪器设备、传感器、网上交易、网上政务、电子邮件、视频、点击流,以及现在与未来所有可以利用的其他数字化信号源的应用过程中产生的。大数据体量庞大、类型多样、运转高速,价值密度相对疏松。

大数据时代已经到来,数据正成为与物质资产和人力资本相提并论的重要生产要素,大数据的使用将成为未来提高竞争力的关键要素。大数据给世界带来变革,因为人类有史以来第一次可以真正地收集海量的信息。大数据对人类经济社会发展影响巨大,它能够推动实现巨大经济效益,能够推动增强社会管理水平,能够推动提高安全保障能力。习近平总书记曾指出:要运用大数据提升国家治理现代化水平,建立健全大数据辅助科学决策和社会治理的机制,推进政府管理和社会治理模式创新,实现政府决策科学化、社会治理精准化、公共服务高效化。

实现大数据的采集、传输、存储、管理、利用需要有云计算技术、分布式平台技术、分布式存储技术、人工智能分析技术加以支撑。

(二)大数据应用的关键要素作用

推动互联网、大数据、人工智能和实体经济深度融合,是数字技术赋能实体经济发展的必然结果,其中,大数据应用尤为重要:一是推动大数据技术产业创新发展;二是构建以数据为关键要素的数字经济;三是运用大数据提升国家治理现代化水平;四是运用大数据促进保障和改善民生;五是切实保障国家数据安全与完善数据产权保护制度。大数据在科研教学、工程技术、环境保护、生物医药、搜索引擎、社交网络、电子商务、社会化媒体、智慧城市、政府服务、交通拥堵治理、国土安全等领域得到了广泛应用。

大数据是信息在信息系统里的体现,其应用主体覆盖了政府、企业和个人。应用业务范围上至战略规划、宏观政策,中至风险管控、精准施策,下至舆情调研、隐私保护,无不需要大数据分析。大数据技术能够将大量的数据汇集成从前不可能的方式分析出有价值的信息。从信息化的角度,围绕所有业务、所有场景而形成的以系统内数据为核心的信息化架构体系已经无可逆转地开始并将日益加速地演变为以大数据为"生产要素"的新一代信息化架构体系。大数据对基于"税务云+税务链"的新一代税务信息化架构体系起到了关键性要素的作用,自然地成为它的新动能。当前,互联网+税务已被税务部门视为创新服务管理模式、谋求科学发展的战略方向,而税务大数据深化应用作为其重要依托,毫无疑问将获得前所未有的强大推动力。

三、动能之三:云计算技术及其应用

(一)云计算技术

云计算技术是一种允许便捷地、按需地访问一个可配置计算资源池的模

式,资源包括网络、服务器、存储、应用、服务等,在云平台模式下它们能够以最
小的管理成本和沟通成本被快速地准备并提供给用户。图8-6体现了一般
意义上的云计算技术的概念框架,包括云计算技术的通用特征、核心特征、服
务模式和部署模式。

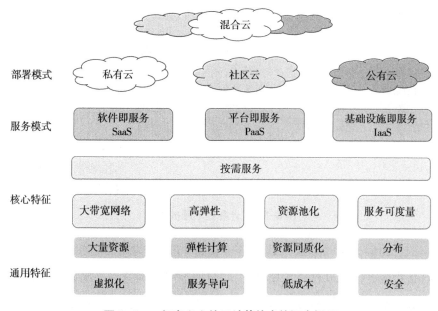

图8-6　一般意义上的云计算技术的概念框架

云计算技术的部署模式包括私有云、社区云、公有云和混合云,具体使用
哪一种云模式由云平台的服务对象决定:

当云平台的服务对象仅仅是单一组织机构时称为"私有云",私有云通常
部署在组织自有的数据中心内,也可以委托给第三方进行建设与管理;

当云平台的服务对象是一群关联的组织机构(比如集团公司或行业联
盟)时称为"社区云";

当云平台面向社会开放,是一种商品化的服务时称为"公有云";

当云平台结合了上述两种或多种服务方式时则称为"混合云"。

选择正确的服务模式是成功部署云平台的关键。业内所公认的三大类服

务模式分别为 IaaS、PaaS、SaaS。

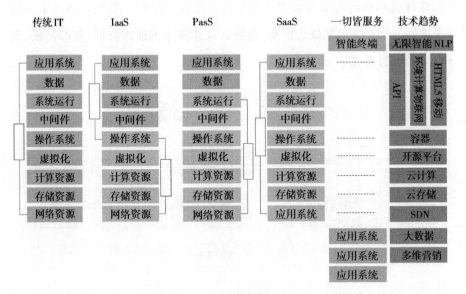

图8-7 云计算技术服务模式

三者的最主要区别在于云服务提供方的服务模式及服务内容的不同：IaaS 是指服务商把硬件资源虚拟化，将计算、存储、网络等基础设施资源以出租的方式提供给用户的服务模式；PaaS 是指服务商把云计算技术资源平台以开发、运行环境的方式提供给用户，用户在此基础上进行程序编码、开发、部署和管理的服务模式；SaaS 是指服务商通过互联网向用户提供软件应用，并按照订购的服务量和时长向用户收取费用的服务模式。

（二）云计算技术的主体平台作用

云计算技术的优势主要表现在：资源的弹性部署与按需使用，资源的快速扩展与回收，资源的标准化配置，资源的自服务申请，平台的自动化运维。

云计算技术不仅仅是指某项或某类技术，更是一种先进的信息化服务模式。当前，我国税务部门的信息化建设正处于由传统封闭式架构向开放弹性架构转型的过渡时期，典型的税务信息化架构仍采用集中部署的软硬件环境,并配备各自独立的税务系统,不利于税收业务的创新发展、不利于税务大数据的分析利用、不利于信息化技术的安全可控,新形势下势必要被云计算技术架构所替代,就此形成基于"税务云+税务链"的新一代税务信息化架构体系。

在这一新的架构体系中,云计算技术与税收管理服务相结合,形成便捷、可靠、弹性部署、按需使用的"税务云平台",税务云平台以其强大的"算力"配合互联网、移动互联网、大数据、人工智能、区块链技术,支撑着各项税收业务创新发展,助力税务治理体系和治理能力的现代化。正是从这个意义上说,云计算技术和云平台应用成为建立基于"税务云+税务链"的新一代税务信息化架构体系的又一新动能。

四、动能之四:人工智能技术及其应用

(一)人工智能技术

人工智能是利用数字计算机或者数字计算机控制的机器模拟、延伸和扩展人的智能,感知环境、获取知识并使用知识获得最佳结果的理论、方法、技术及应用系统。

人工智能包括了机器学习、知识图谱、自然语言处理、人机交互、计算机视觉、生物特征识别等适应不同应用场景的关键技术。以机器学习法为主要功能的人工智能在学习方式上有监督学习、无监督学习、强化学习三种。监督学习是利用已标记的有限训练数据集,通过某种学习方法建立一个模型,实现对新数据、实例的标记(分类),最典型的监督学习算法包括回归和分类。无监督学习是利用无标记的有限数据描述隐藏在未标记数据中的结构与规律,最典型的非监督学习算法包括单类密度估计、单类数据降维、聚类等。强化学习是智能系统从环境到行为映射的学习,以使强化信号函数值最大。由于外部环境提供的信息很少,强化学习系统必须靠自身的

经历进行学习。

人工智能体现了由人类设计,为人类服务,本质为计算,基础为数据。能感知环境,能产生反应,能与人交互,能与人互补。有适应特性,有学习能力,有演化迭代,有连接扩展等优点特征。人工智能可通过与云、端、人、物越来越广泛深入数字化连接扩展,实现机器客体乃至人类主体的演化迭代,以使系统具有适应性、灵活性、扩展性,来应对不断变化的现实环境,从而使人工智能系统在各行各业产生丰富的应用。

(二)人工智能技术的核心引擎作用

人工智能可以凭借其强大的数据自动化采集、智能分析能力,在基于"税务云+税务链"的新一代税务信息化架构中发挥核心引擎作用。

人工智能通过数据处理和分析,为纳税人提供智能纳税咨询服务,从而有效普及税法知识。在获得纳税人授权的情况下,还可自动为纳税人完成涉税事项的申报及申请业务,降低纳税成本,提升纳税合规,也可以为税务机关征收管理服务。能实现税源的精准定位,根据纳税人的行业属性及申报纳税习惯,实时预测税源的变化趋势,分析纳税人的申报行为是否存在管理风险,优化税务管理的工作方式和组织架构,从而实现税源管理的科学化、精细化,提高税收征管质量与效率。

人工智能赋能基于"税务云+税务链"的新一代税务信息化架构体系成为未来重要的发展趋势。在新的信息化架构体系要正视人工智能等新技术给税收领域带来的变革,并在技术创新上不断探索,在应用场景上不断开拓,将人工智能融入更多的税务管理、税务服务场景中。从税务管理的角度来说,要实现高效、全面、细致的税收管控;从税务服务的角度来说,要实现效率高、针对性强、用户体验好的税收服务。相信人工智能技术的应用,将带来税务管理和服务在质量、效率上的全面提升。

五、动能之五:区块链技术及其应用

(一)区块链技术

区块链本质是一种点对点网络下的不可篡改的分布式数据库。区块链以某种共识算法保障节点间数据的一致性,并以加密算法保证数据的安全性,同时通过时间戳和 Hash 值形成首尾相连的链式结构,创造了一套公开、透明、可验证、不可篡改、可追溯的技术体系。区块链技术架构分为六层,如图8-8所示。

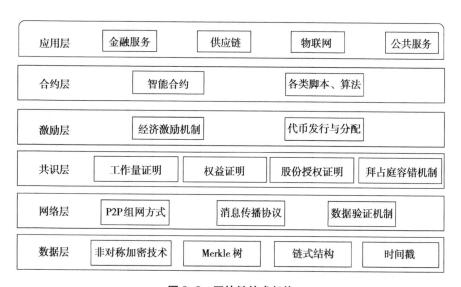

图 8-8　区块链技术架构

数据层:封装底层数据构建链式结构,通过哈希算法和 Merkle 树,将某一时间段内收到的交易记录打包成一种带有时间戳的数据区块,并链接到区块链网络上。

网络层:封装了区块链系统的 P2P 组网方式、消息传播协议和数据验证机制等要素,使得区块链网络中每一个节点都能参与区块数据的校验和记账过程,仅当区块数据通过全网大部分节点验证才能记入区块链。

共识层:共识机制是区块链的核心,是区块链网络中各个节点达成一致的方法,能够在决策权高度分散的去中心化系统中使得各节点高效地针对区块数据的有效性达成共识。区块链网络按参与共识过程的人是否需要有准入门槛分为公有链、私有链和联盟链。共识算法主要有工作量证明机制、权益证明机制、股份授权证明机制、实用拜占庭容错机制等一系列基于四大机制的特殊场景改进方法。

激励层:将价值度量、账户等集成到区块链中,建立适合的价值激励的发行机制和分配机制,通过经济激励遵守规则的记账节点,惩罚不遵守规则的节点,使得整个区块链系统朝着良性循环的方向发展。

合约层:集成各类脚本、算法和智能合约,建立可监管、可审计的合约形式化规范,是区块链可编程特性的基础。

应用层:区块链系统上的链式数据具有不可篡改性以及去中心化的特点,可用来承载智能合约的运行,同时链上数据具有安全性高和隐私保护能力强等显著的特点,使得区块链可以被应用于税务、金融、供应链、物联网、医疗和公共服务等领域。

(二)区块链技术的特征及应用场景

区块链技术有着自身特有的特征,符合当前大数据分析、业务操作的需求,其主要技术特点有:

多中心化。区块链是一种多方共同维护的分布式数据库,与传统数据库系统相比,其主要优势之一就是所谓的多中心化。传统数据库集中部署在同一集群内,由单一机构管理和维护。区块链是多中心化的,不存在任何中心节点,由多方中心节点共同管理和维护,每个节点都可为区块链的参与者提供相应的节点服务并存储链上的数据,从而实现了完全分布式的多方间信息共享。

不可篡改。区块链依靠区块间的哈希指针区块内的 Merkle 树实现了链上数据的不可篡改;而数据在每个节点的全量存储及运行于节点间的共识机制,使得单一节点数据的非法篡改无法影响到全网的其他节点。

可追溯。区块链上存储着自系统运行以来的所有交易数据,基于这些不可篡改的日志类型数据,可方便地还原、追溯出所有历史操作,其方便了监管机构的审计和监督工作。

高可信。区块链是一个高可信的数据库,参与者无须相互信任、无须可信中介即可点对点地直接完成交易。区块链的每笔交易操作都需发送者进行签名,必须经过全网达成共识之后,才被记录到区块链上。交易一旦写入,任何人都不可篡改、不可否认。

高可用。从区块链系统的架构看,每个系统参与方都是一个异地多活节点,远超两地三中心这样的冗余度,是天生的多活系统:每一个全节点都会维护一个完整的数据副本,并且这些数据副本还在不同实体的控制之下,数据通过共识算法保持高度一致。如果某个节点遇到网络问题、硬件故障、软件错误或者被黑客控制,均不会影响系统以及其他参与节点。问题节点在排除故障并完成数据同步之后,便可以随时再加入系统中继续工作。正因为整个系统的正常运转不依赖于个别节点,所以每个节点可以有选择地下线,进行系统例行维护,同时还能保证整个系统的 7×24 小时不间断工作。此外,区块链中的节点通过点对点的通信协议进行交互,在保证通信协议一致的情况下不同节点可由不同开发者使用不同的编程语言、基于不同的架构、实现不同版本的全节点来处理交易。由此构成的软件异构环境确保了即便某个版本的软件出现问题,区块链的整体网络不会受到影响,确保业务、数据高可用。

区块链的特征使其应用场景有三大类:一是价值转移类,数字资产在不同账户之间转移,如跨境支付;二是存证类,将信息记录到区块链上,但无资产转移,如电子合同;三是授权管理类,利用智能合约控制数据访问,如数据共享。特别是区块链的不可篡改、可追溯、高可信、高可用特点,在基于"税务云+税务链"的新一代税务信息化架构体系中引入区块链技术作为信任工具,有助于税务机关解决现有信息架构体系下的数据的共享难以实现,税收数据可信度的难点。其在税收征管业务中可在电子发票、税务登记、纳税申报、税收风险管理、税务稽查等多种场景进行应用。

六、新信息化架构体系下五大动能逻辑关系

五大动能,即互联网、大数据、云计算、人工智能和区块链,在建立基于"税务云+税务链"的信息化架构体系上,用以表达实质性起到的作用,那就是连接、数据、算力、算法和信任。

从这个意义上说,"税务云+税务链"的信息化架构体系建立的内在逻辑:

第一,网络互联互通。以此作为"税务云+税务链"信息化架构体系中的底层支撑。

第二,税务大数据。以此作为"税务云+税务链"信息化架构体系中的战略资产。

第三,税务云平台。以此作为"税务云+税务链"信息化架构体系中的控制中枢。

第四,人工智能。以此作为"税务云+税务链"信息化架构体系中的核心引擎。

第五,区块链。以此作为"税务云+税务链"信息化架构体系中的信任工具。

以"税务云+税务链"为核心的新一代信息化架构体系实现了网络+数据+算力+算法+信任的组合,是新形势下税收创新驱动发展,实现治理体系和治理能力现代化的选择。

第三节　基于"税务云+税务链"的
信息化逻辑架构

一、架构体系建设思路

(一)确立架构体系

建设基于"税务云+税务链"的信息化架构体系必须符合新一代税务信息

建设的总体目标。新一代税务信息化架构体系建设的总体目标可概括为"一二三四",即建设一个中心、两个保障体系、三个平台、四个门户。一个中心是指大数据中心;两个保障体系是指"数据治理体系"和"标准、安全保障体系";三个平台是指"互联网+纳税服务"平台、"互联网+税务管理"平台、"互联网+综合治税"平台;四个门户是指"纳税人门户""税务人门户""领导与政府管理门户""综合治税门户"(见图8-9)。

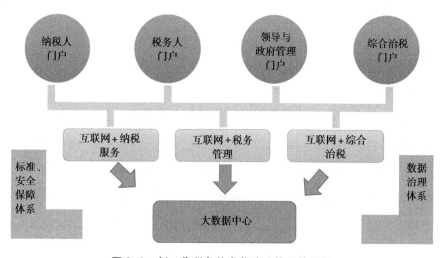

图8-9 新一代税务信息化建设的总体目标

1.一个中心:大数据中心

大数据中心是新形势下主管、统领所有税务大数据的中枢机构,承载税务大数据的生产、分配、交换、消费职能,是税收大数据的唯一集散地。负责实现系统内数据、跨部门数据、相关社会大数据的采集、管理、供应、服务和调度;负责分析主题目录库、数据资产库、指标模型库、税收知识库的建设与运用,以此支撑上下整体联动、前后环节整体衔接、内外部门整体协调的以数据资产为核心的全流程、全要素业务管理。云计算平台是它的运作形态。大数据中心实质是要实现"数出一门",实现信息管税的切实功效,它的职能、管理范围、内容和权限与传统数据中心、信息中心相比都有实质性变化。

2.两个保障体系:"数据治理体系"和"标准、安全保障体系"

大数据是如此重要,这就决定了数据治理体系在信息化发展规划中的地位。简单地说,数据治理体系是大数据有效利用的基础,进而也是整个信息化建设的保障体系。数据治理是在明确数据责任的前提下,为促进数据有效使用和发挥业务价值而展开的一系列业务、技术和管理相结合的实践活动。主要内容是:数据有明确和准确的定义、数据有明确的责任方、数据内容符合标准要求、数据内容符合质量要求、数据的成本与价值可计量、数据集中存储与管理、数据有合理的存储期限和方式、数据进行统一的加工和整合、数据是易访问的、数据访问有安全控制,这些就是数据治理的核心目标。

信息化的首要保障就是制定极其严格的业务规范与技术标准。这是信息化的起始点,也是重要标志,没有规范化、标准化,根本就谈不上信息化。标准先行已经是基本常识。故而,无处不在的标准体系当然要成为信息化发展的又一保障体系,被纳入信息化建设的视野。信息安全对于任何一个国家而言都具有极端的重要性。税务信息的安全直接关系到国家财政税收体系的安全和社会的稳定,正是在这个意义上,安全保障体系必然是税务信息化建设的题中之义。税务安全保障体系应该以税收法律法规作为安全目标和安全需求的依据;以国家、部委或行业标准规范体系作为安全检查、评估和测评的依据;以税收管理体系作为税收安全风险分析与控制的理论基础与处理框架;以安全保密技术体系作为税收风险控制的手段与安全管理的工具。

3.三个平台:"互联网+纳税服务"平台、"互联网+税务管理"平台、"互联网+综合治税"平台

建设面向纳税人群体的"互联网+纳税服务"平台,实现扩展的、深入的、多渠道的纳税人服务体系,满足纳税人享受更充分、均等、便利、高质量服务的需要。创新"互联网+纳税服务"新模式,建设网上网下融合联动、涉税事务全

天候、全方位、全覆盖、全流程、全联通的电子税务局纳税人服务平台,以它为统一对外窗口容纳、承载所有来自税务部门面向纳税人的征收管理、纳税服务一切事项。最大限度地便利纳税人,增强纳税人满意度和税法遵从度,增强纳税人的获得感,助力诚信社会发展。

建设面向税务人群体的"互联网+税务管理"平台,实现统一、联动、集成的业务处理和综合办公平台,满足管理人员更规范、便捷、高效工作的需要;实现系统数据、跨部门数据和相关社会大数据的有效归集与分析利用,满足决策层科学决策和中观、宏观管理的需要。创新"互联网+税务管理"新方法,建设与金税三期现有应用系统有机融合、业务贯通、功能健全、数据充分、模型有效、界面友好的电子税务局税务人智慧型电子工作平台和辅助决策平台,以它为统一对内窗口容纳、承载所有来自本局各层级、各职能部门履行职责、办理公务、分析预测和决策的一切事项。最大限度地规范税务人、服务领导人,为各层级、各职能部门提供舒心、满意、有效提升管理与决策效能的有力手段。

建设面向社会的"互联网+综合治税"平台,实现政府、企业、居民更大范围的互联互通、信息共享和协同工作,满足整个社会综合治税、共建税收诚信的需要。创新"互联网+综合治税"新理念,建设大数据综合治税平台,以它为统一窗口容纳、承载所有事关全社会综合治税的事项。核心是营造良好的税收工作环境,建立健全党政领导、税务主责、部门合作、社会协同、公众参与的税收共治格局,形成全社会协税护税、综合治税的强大合力。

4.四个门户:"纳税人门户""税务人门户""领导与政府管理门户""综合治税门户"

四个门户是三个平台上客户的合理划分,正是为纳税人、税务人、领导人和综合治税四大群体履行税收义务、完成税收职能、强化税收征管,优化纳税服务,促进纳税诚信,进行科学决策、建设人民满意的服务型智慧税务局提供了强大的运作环境和手段,对建成与国家治理体系与治理能力现代化相匹配的现代税收征管体制,开创税收现代化新格局必将起到重大的积极的促进作用。

(二)制定路线规划

对"税务云+税务链"的发展蓝图和路线做出规划。"税务云+税务链"的建设蓝图要放置于税务管理深化改革的总体框架当中,要映射税务管理的现代理念和改革方向。既要充分论证,多次试点,逐步推广,特别要与现有征管模式的对接,妥善安排好并行试点和全面转换的时间点。

在深入研究基础上,统一规划。对于税务管理中的信息技术利用,虽然是以鼓励创新为主,但由于税务部门公共部门的性质,以及信息产品特有的规模效应,尤其是在税务管理部门机构深化改革的背景之下,统一规划既有必要,也有条件。加强研究有助于提高统一规划的科学性和前瞻性。对于"税务云+税务链"这种前沿性、探索性强的架构体系,没有现成的模式,每一步的创新需要多次的探索和研究以保证规划的可行性,既不过高定义目标和要求,又要引领前沿,保证建设的有序进行。

(三)鼓励探索创新

推行试点,科学探索。"税务云+税务链"建设不仅所涉及的技术都是当前互联网、硬件设施发展产生的较为前沿性技术,更体现了技术促进征管业务、管理理念的更新。所以"税务云+税务链"建设既属于现有重要核心业务的技术升级,还有征管业务的重构,既要技术可行,还需要做到运行方案可靠。要解决可用性、安全性、兼容性等若干重大技术和业务问题,在试点中,要深入理解"税务云+税务链"理念,进行科学探索,例如加强与涉及各方合作,综合考虑企业业务信息、财务信息、税务信息一体化集成和实现。另外,在鼓励探索的同时,也应该设立一定的科学技术标准和门槛,例如推广方案前通过国家权威部门的认证。

二、架构体系建设内容

(一)最优云计算+区块链参考架构模型

回顾信息系统架构的发展历程,大致可分为传统集中式的大中型机时代、互联网时代、云计算与大数据时代等,目前处于互联网技术和行业深度融合的"互联网+"时代。"互联网+"时代是云计算与大数据技术和行业深度融合的一个阶段。而区块链技术的"无中心化特征"无形中规避了中心化的分布式架构在中心节点上存在的致命弱点。同时,比特币底层的区块链技术还解决了互联网时代的以下难题:①高昂的信任建立和维护成本;②信息防伪;③计算成本难以核算,计算无法与成本绑定。区块链技术解决了"互联网+"时代的信任和安全难题,可以预见,下一步将迎来"互联网+"与"区块链+"相结合的信息系统架构新时代。

目前,大型 IT 企业、咨询公司已有成熟的基于云平台融合区块链的通用开发平台,例如,类似于云计算的 IaaS、PaaS,由基础设施支撑层、区块链核心组件服务层,以及相应的开发测试套件组成的区块链通用开发平台,能够完整地提供一站式、低成本搭建和部署区块链应用的技术服务。部分这样的平台出现,随着区块链应用的迅速发展和各相关参与者的大力投入,其服务覆盖度、研发便利度、运维智能度,以及高稳定性、大容量、低成本,均是未来的税务构建基于"税务云+税务链"IT 架构的重点参考。

微软基于 Azure 的 BaaS。用户可以在云平台提供的 BaaS 低风险环境中与不同的技术互动,以最简单高效的方式搭建区块链虚拟机测试环境(微软针对不同的区块链实现提供了一系列可复用的模板),大大降低了用户的开发成本。目前该服务已经可以支持 26 种不同的区块链实现,其逻辑架构如图 8-10 所示。

该架构分为基础平台层、中间件层和工业级解决方案层,基础平台层可以

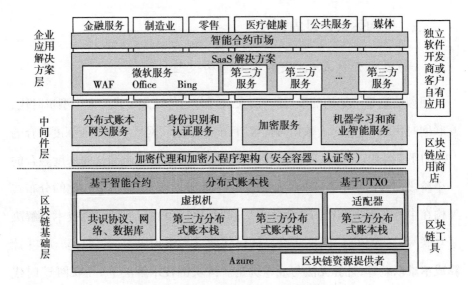

图 8-10　微软 Azure BaaS 的逻辑架构

集成基于智能合约模型（如以太坊，Eris 等）或 UTXO 模型（如 Hyper ledger）的区块链平台，中间件层提供了对现有工具的封装，联盟链节点可以直接采用虚拟机或 UTXO 适配器中的加密代理来使用这些工具，适用于垂直应用的通用企业级联盟区块链构架。

　　此外还有量子链，该平台是由量子基金会主导致力于开发比特币和以太坊之外的第三种区块链生态系统，通过价值传输协议来实现点对点的价值转移，并根据此协议，构建一个支持多个行业（包括金融、物联网、供应链、社交、游戏等）的去中心的应用开发平台。安链云是由众安科技主导开发的新一代架构平台，安链云是由链路由和安链以及其他区块链系统组成的区块链云网络，试图融合云计算、大数据、存储等技术，提供企业级区块链应用开发平台。安链采用三层架构。一是协议层：提供区块链底层原始数据不可篡改的存储、同步等基础服务。二是扩展层：实现安链的各种功能，包括监管、隐私、智能合约、监控分析与结构化数据存储与查询等功能。三是应用层：运行于安链上的各种应用，例如银行、医疗等。

（二）"税务云+税务链"架构设计

已有的典型平台架构一般采用分层的方式组建,底层主要基于云计算平台,融合区块链技术,提供 IT 基础设施和应用基础服务,而高层为应用层,根据不同的应用需求,采用 SOA、模块化以及微服务的方式加入业务功能包。税收云计算架构也应当采用层次结构。例如,可将"云计算+区块链"基础架构自下而上分为六层:数据层、网络层、共识层、激励层、合约层和应用层。其中,数据层、网络层、共识层属于协议层,是区块链最基本的架构层,其主要功能是维护网络节点。协议层提供数据层封装链式结构、网络层构建网络环境、共识层规定节点奖励制度。激励层通常发生在公有链中,主要负责激励的发行机制和分配制度。例如,对于电子发票云平台的参与方,共同维护平台正常运行是每个成员的责任与义务,由此产生的利益分配可以参考税务部门的意见和成员需求。合约层包含了脚本、代码以及智能合约,特别是其中的智能合约,可以简单地理解为是一种达到触发条件即可自动执行的电子合同,这是区块链系统能够解放传统信用体系最关键的部分。应用层同传统的 OSI 网络协议模型应用层相似,封装了各种应用场景和案例,比如各种网站和手机 App等,是提供给使用者使用的窗口。区块链云平台的构建,也可通过基于云计算结合区块链技术,构建一个具有公有网络的联盟链模式的区块链,通过区块链的基本技术框架再利用云计算的三层架构（IaaS、PaaS、SaaS）,结合税务管理的业务需求就可以形成基于区块链的税务业务云平台（见图 8-11）。

这里将基于区块链的云平台逻辑架构分为五层,分别为基础设施层、安全层、存储层、开发层和应用层。其中基础设施层对应了云计算中的 IaaS 层,主要负责基于 P2P 的分布式网络架构;安全层主要负责保证整个云平台的安全性,包括身份认证和权限管理;存储层主要负责系统内关键信息的存储,是一种基于区块链的分布式存储系统;开发层融合了区块链中的合约层和共识层,包含智能合约和共识算法以及各类应用接口;应用层主要负责与使用方的对

SaaS	应用层	企业级电子发票 开票系统		企业级电子发票 报销系统		企业级电子发票 查询系统		业务应用
PasS	开发层	接口管理						区块链 系统
		发票产生 接口	发票信息 查验	授票信息 查验	发票入账 报销	发票信息 检索	其他发票 接口	
		智能合约			共识算法			
	存储层	分布式存储系统						
	安全层	身份认证			权限管理			
IasS	基础设施层	基于P2P的分布式网络						网络层

图 8-11 "税务链+税务云"技术架构

接,包括企业级的报销、查询、开具系统等等。

但是,考虑到税务部门信息化主要是金税三期以工程建设的一系列平台和应用为支撑,因此在构造基于"税务链+税务云"的 IT 架构时,必须立足于金税三期平台的已有基础进行构建和优化,初步设想的总体技术架构如图8-12 所示。

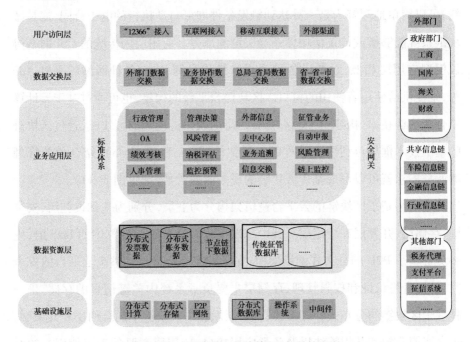

图 8-12 "区块链+云计算"总体技术架构

274

图 8-12 所示的总体技术架构分为用户访问层、数据交换层、业务应用层、数据资源层、基础设施层。其中,基础运行环境层提供系统运行所需的基础软硬件环境,在该架构中,主要是分布式计算环境、分布式存储、P2P 网络、分布式数据库、分布式操作系统、相应的中间件以及各类节点。分布式和去中心化是该层最主要的变化。数据资源层分为兼顾传统信息系统的税务征管数据库和数据仓库,以及需要的分布式数据账本、节点链下数据以及外部数据接口库,此为新增数据。区块链技术的应用,将改变既有的税务管理业务流程。例如从征管业务环节看,链上监控将会根据业务规则捕获重要的共有链上的纳税人行为信息。业务追溯会根据管理需要,通过税务共有链或私有链追踪数据源头,为数据分析和风险管理提供依据。自动申报管理可实现自动申报、风险评估等智能化的管理工作。数据交换层以账本服务接口、应用服务接口、数据整合平台为基础,为区块链底层账本与各应用系统之间、区块链应用系统与外部系统之间提供数据传输、验证等功能。用户访问层包括各类访问节点,主要有移动类、浏览器类、客服类等。虽然分类简单,但每一种节点可通过配置实现不同的功能,如浏览器节点既可以作为验证节点参与共识,也可以作为只读节点管理个人信息。外部系统包括政府部门、行业平台、外部数据源及其他支持系统,其中,共享信息链将成为税务外部门数据的重要来源,依靠政府公共事业区块链、金融信息链等共享链,税务部门将能主动获取重要的纳税人行为信息,并自动采集到税收管理相关业务流程中,共享信息链将改变原有数据接口的方式,实现不同区块链之间的信息交互等。

三、基于"税务云+税务链"的信息化架构体系实施路径

(一)路径规划

构建基于"税务云+税务链"的信息化架构体系,体现了国家治理能力现代化在税收领域的实践,属于实现税收征管现代化的重要内容。基于"税务

云+税务链"信息化架构体系的实现路径具有以下特征：

数据性。基于"税务云+税务链"信息化架构体系起源于互联网、大数据的兴起,分布式处理、存储,安全性保障,都是为了业务数据的存储和利用,新技术的发展又扩展了数据利用的范围。

智能化。基于"税务云+税务链"信息化架构体系的基础就是提高信息化建设基础性设施水平,在计算处理能力、数据存储能力方面有了很大的改善。从而使税务机关在税收征管中获得更多的信息和处理涉税事项的方法和技术,税务云平台的运行、业务的开展都可以使用人工智能方法进行管理和测算,不断增强税务机关征管能力。

服务性。"税务云+税务链"应用于税收征管,以税收征管为核心服务于税务机关征税和为纳税人提供便捷的税收服务。

风险性。"税务云+税务链"信息化架构体系下更加强调风险控制与风险管理。一方面,对纳税人潜在风险的识别与判断;另一方面,其更加强化税收征执的风险管控。还要对实施过程进行风险控制,以防范信息化架构体系的实施带来的数据风险、设备风险、安全风险和政治、法律风险。

（二）组织管理

组织层面:"税务云+税务链"信息化架构体系因其具有新一代税收信息化体系特征,其实施应在国家层面统筹开展,应由国家税务总局统一组织领导,负责体系的筹建、目标规划、方向制定与系统升级。省以下各级税务局作为税收征管工作的执行者,是整个征管体系的重要组成部分,也是整个信息化架构体系的主要支撑。各地税务局根据具体的部门不同,在体系中拥有不同的权限与分工。

人员层面:"税务云+税务链"信息化架构体系实施需要同时具备税收专业知识与IT技术,才能更为深刻地理解实施过程中存在的问题与风险,进而为"税务云+税务链"信息化架构体系有效实施提供人力保障。

职能层面："税务云+税务链"信息化架构体系应以现有金税三期工程为基础,总结已有的经验和成果,结合"税务云+税务链"拓展外延与内涵。重构税收征管业务,更新征管理念,体现了现代化服务纳税人和规范征管的良性循环。

（三）技术手段

"税务云+税务链"信息化架构体系运用的方法和技术集合了互联网发展以来的一系列最新成果。但税收管理过程的综合性、复合型、复杂性决定了其技术手段并非单个或几个技术的机械性结合。相比于现有的信息系统的理念是重流程、重基础的技术设计,新一代"税务云+税务链"信息化架构体系应更加注重以纳税人为核心的服务提供。这就要求新一代信息化架构体系在业务上首先应吸收金税三期基本业务支撑。同时,运用"税务云+税务链"实现对海量的数据输入与存储和传输,确保政府部门、社会信息单位、纳税人信息数据的真实性与不可更改性。

（四）风险控制

基于"税务云+税务链"的信息化架构体系实施,从基础的硬件设施,多种多样的软件、中间件的使用,海量数据的存储、管理和分析,到涵盖税收管理全过程各项业务的应用,开发部署应用的时间耗用,都对体系的实施带来多种风险。因此,在实施过程中要识别存在的风险,制定风险应对预案,评价风险的大小,再根据预案开展相应的风险应对,减少或消除可能存在的风险。

四、架构体系生态环境

由于区块链本身多方参与、共同维护的技术特性,天然要求只有在众多节点参与的区块链生态下才能充分发挥技术优势。建立基于"税务云+税务链"

的信息化架构体系需要促进其发展的生态环境。税收与国民经济其他部门直接相应,税收征管只有融入纳税人的生产经营有关的各个环节,构建各级税务机关及相关各类纳税人、政府部门、各类金融机构、运输部门企业共同合作的区块链生态体系,才能使得基于区块链的税收征管各类应用场景真正发挥优势。构建基于"税务云+税务链"的信息化架构体系,需优化现有的税务信息结构,形成完善的税务区块参与者、征管业务等多类角色与应用需求,包括各类企业纳税人基本信息及信用、居民自然人基本信息及信用、非居民个人纳税情况、财产情况、开具及取得发票信息、经营、税收风险情况,提供不同纳税人、不同生命周期、不同维度的信息对接,才能为"税务云+税务链"整合提供所需的生态环境。

必须以税务机关为核心组织牵头构建税务链生态圈,并制定相应的税务链技术发展行为指引,应以合作开放的心态积极带动或参与税务行业性区块链生态圈建设。通过基于"税务云+税务链"的合作平台,以税务链为基础,加强与金融链、物流链、政府涉税链的合作,形成基于"税务云+税务链"信息化架构体系的生态环境(见图8-13)。

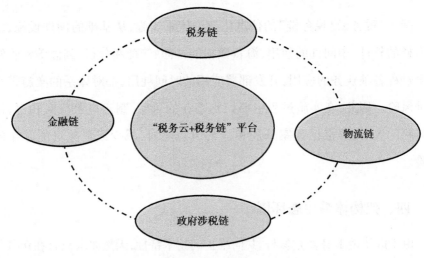

图8-13 "税务云+税务链"生态环境

税务机关通过"税务云+税务链"的技术,重点实现以下三方面目标。

一是构建纳税人、税务机关、生产经营申报纳税的信息共享和交流,实现基础信息、申报纳税信息的"不可篡改性",明确纳税人、税务机关相应的法律责任。

二是构建税务发票(信息链)、资金链、物流链的信息共享和交流,实现"可信信息管理"。基于纳税人"三流"(发票流、资金流、货物流)数据编织纳税人税务管理信息区块链。

三是构建包括税务机关在内的政府涉税信息监管链,通过建立税务、工商、财政、海关、银行、法院等部门的区块链交换和合作,税务机关可以对交易链条上政府管理部门各方的信息进行全面掌握分析,提升征税效率和准确性,并能够指导税收征管、税务稽查等具体工作的有序化、有针对性开展。

第四节　"税务云+税务链"信息化架构体系应用场景

——以深圳市税务局为例

一、深圳市税务局云平台现状

云技术的发展和应用,为税收信息化在数据中心的整合、充分利用以往投资的IT资源、降低能源消耗和IT运维成本、提高IT系统的效率和性能等方面带来了发展机遇。通过整合、优化和新建的方式,将传统基础设施体系的改造与云平台的建设结合,搭建标准统一、新老兼顾、稳定可靠的税务系统内部基础设施架构,逐步形成云计算技术支撑下的基础设施管理、建设和维护的新体系,提高基础设施对应用需求的响应周期,降低成本,为税务信息化的建设提供高效的基础设施保障。

国家税务总局深圳市税务局(以下简称"深圳市税务局")结合信息化现

状及云平台建设,对基础设施云、大数据云平台、纳服平台混合云进行了有益的探索与实践。基础设施云通过底层资源池化实现以服务的形式提供标准化的 IT 基础设施,包括计算、网络、存储以及安全、备份、容灾、监控、运维等,现共管理虚拟机 2200 台,通过自助申请、缩放资源,极大地提高了业务的敏捷性和灵活性;大数据云平台是集中大规模共享的大数据平台,满足当前多样、高效和海量的数据应用需求,实现实时动态扩容,自助和自动部署服务数据应用;纳服平台混合云是电子税务局的基础,融合纳税人端公有云和税务局端私有云的纳服平台混合云,实现按需进行资源的自动弹性伸缩、动态部署功能。

(一)基础设施云平台

深圳市税务局搭建基于 Vmware 整体解决方案的云管理平台,使用通用的 X86 服务器,通过软件定义的方式,实现了计算、网络和存储的虚拟化,同时从管理与监控上实现了自助式的流程管理和服务,统一的监控与运维,降低大规模下的运维压力,提高 IT 的响应与体验(见图 8-14)。

图 8-14　基于 Vmware 整体解决方案的云管理平台架构

在底层,利用软件定义计算、软件定义存储和软件定义网络,实现了底层的基础架构的虚拟化,利用分布式的方式把资源进行池化,使得基础架构可以具备松耦合性,横向扩展性,快速部署能力。在此基础上利用 vCenter 管理平台实现了对整个虚拟化环境下基础资源的统一管理。利用 Operations 管理平台实现对整个虚拟化的监控、告警、状况分析和报表输出。利用 Automation 组件实现自动化,实现自助式门户,行政授权和审批,设计与自动交付,以及应用发布和生命周期管理。简化结构和硬件资源,简化运维,同时还支持弹性横向扩展,快速的部署能力。

深圳市税务局以 100 多台 4 路物理服务器为核心建设基础设施云,现共有将近 2500 个虚拟机,其软硬件设备及物理部署如图 8-15 所示。

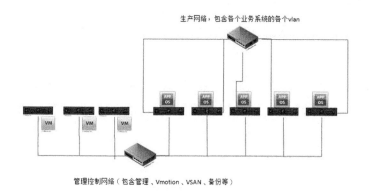

图 8-15 基础设施云物理部署图

在这个环境中,我们采用 3 台 PC 服务器作为一个管理集群,用来安装虚拟化环境下的管理单元,包含 VC、VRA、VRO、VSAN 和 NSX,还可以包括其他第三方的组件。而其他 PC 服务器则组成对外提供服务集群,集群里面的虚拟机就是提供给各个应用系统使用的生产虚拟机,满足业务的需求,网络资源、存储资源相对独立,避免彼此之间的资源竞争和影响。其他 PC 服务器备用,将陆续根据业务的需要,逐步扩充到深圳税务基础设施云。

(二)大数据云平台

为了加强数据管理、深化信息应用,深圳税务部门现已搭建了大数据云平台,在加强收入分析、促进收入增长、支持风险管理、强化税源监管、提升纳税服务水平等方面,都发挥了巨大的作用。大数据技术是云计算技术的延伸。大数据技术涵盖了从数据的海量存储、处理到应用多方面的技术,包括海量分布式文件系统、并行计算框架、NoSQL 数据库、实时流数据处理以及智能分析技术,如模式识别、自然语言理解、应用知识库等等。通过大数据云平台建设,将税收数据应用功能全部集中在平台中实现,提供统一、开放、高效的基于海量数据的数据统计查询、数据分析以及数据挖掘平台。

深圳市税务局大数据云平台整体框架包括数据湖、数据治理工厂、数据应用广场、数据超市和社区门户(见图 8-16)。

大数据云平台针对数据资源引入云计算 IaaS 层资源池,为集中后的数据资源提供高可靠性的海量数据存储环境,支撑未来的数据仓库、数据集市以及非结构化的数据存储,实现分布式的存储管理,使得整个数据环境具备高度的伸缩性和扩展性,满足未来快速增长的数据规模。

(三)纳服平台混合云

新一代电子税务局从技术保障角度引入了云计算作为基础支撑,除了私有云、IaaS 外,增加了混合云、PaaS,使云计算支撑作用更加完善(见图 8-17)。

纳服云平台是由腾讯公有云和电子税务局私有云两部分应用组成的。腾讯公有云部署的应用主要针对纳税人通过互联网各个渠道办理的业务,包括办税服务、发票服务、信息服务、社会协作等业务。电子税务局私有云应用一方面要处理来自互联网转发的业务,同时还需要处理来自税务人员的业务,包括纳服综合管理业务以及一些智能审批等业务。在腾讯公有云和电子税务局私有云网络之间通过专线进行连接,实现请求传输和数据交换。腾讯公有云上的应用和数据库会部署到 VPC(Virtual Private Cloud)专有网络区域,以确保是安全隔离的网络环境。电子税务局私有云应用和金税三期等内网核心应用之间,通过 ESB 总线进行应用间调用,通过 OGG/

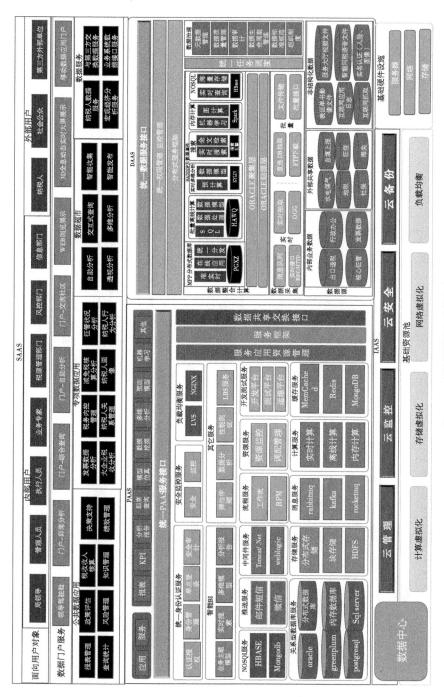

图8-16　大数据云平台整体框架

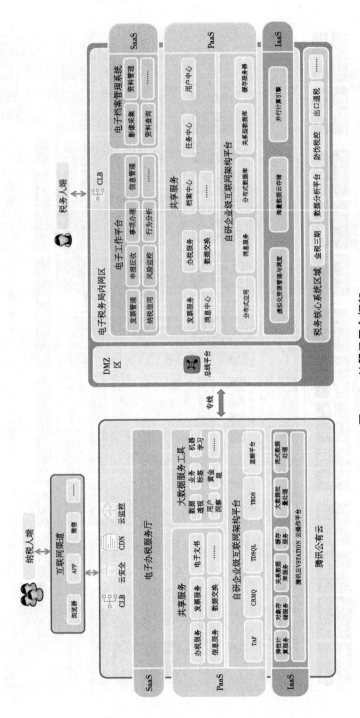

图8-17 纳服云平台框架

ETL 等进行数据同步和抽取。

纳服云平台不仅能提供云主机、高性能块存储、云数据库、云网络和负载均衡等 IaaS 层基础功能,还能提供 PB 级对象存储服务、高性能与高可用云数据库服务、自定义镜像管理、解决方案、应用市场和在线云服务等高级功能。纳服云平台除了提供传统的虚拟化(KVM,OpenStack 等)外,还支持业界最新的云计算技术发展诸如应用容器(Docker)等。因此,借助 IaaS 层技术,我们可以非常方便地完成服务器级别的云化应用,比如弹性伸缩管理功能。但是,服务器级别的云化技术还是比较重量级的,因此,纳服云平台应用了更轻量级的应用级别的 PaaS 云化技术。

二、区块链电子发票应用

2018 年 8 月 10 日,全国第一张真正意义上的区块链电子发票在深圳国贸旋转餐厅开出。区块链电子发票是由深圳市税务局实现的全国范围内首个"区块链+发票"生态体系的应用研究成果。第一张区块链电子发票的开出,宣告深圳成为全国区块链电子发票试点城市,也预示了区块链技术在中国政府行政管理领域的应用从研究、探讨正式进入了落地发展的阶段。

(一)区块链电子发票的实现

1. 业务层面

区块链电子发票采用区块链底层技术进行发票无纸化管理,以交易相关人为节点,将交易及发票相关信息实时上链,覆盖了注册、领购、开票、报销、纳税申报全流程,实现了全流程、立体化监管、注册。区块链电子发票注册分为税务局后台注册和电子税务局开放式注册两种,针对不同企业和不同阶段采取有针对性的注册方式。

领购。区块链电子发票采取按需供应的模式。在预警范围内企业可根据实际电子交易信息自动无感领用,超过预警范围的纳税人系统会自动推送风控信息到区块链电子发票管理平台,由税务人判断是否继续供给。

开票。实现开票模式简单化。纳税人完成注册后即可开具区块链电子发票,系统可以实现设置默认税率,无须商家干预消费者即可开具完成;商家也可以调整税率、开具红字发票、暂停使用区块链电子发票等操作,使原本烦琐的流程数字化。实现开票途径多样化。消费者可选择付款时开票、付款回执开票、第三方 App 开票等途径,方便快捷,满足不同场景的开票模式。实现发票存储无纸化。消费者开具区块链电子发票后,该发票自动插入到消费者卡包,消费者可以选择无纸化报销,直接将发票推送到报销企业的财务核算软件,也可以转发或打印。

报销。报销环节可分为传统打印成纸质发票报销和无纸化报销两种。针对报销企业电算化较差的企业可以选择将区块链电子发票打印成纸质版入账;针对报销企业财务核算软件接入区块链的企业,可以采取无纸化报销,只需消费者在卡包中简单操作,就可以将区块链电子发票即时推送至企业报销系统。

纳税申报。电子税务局提供开票情况统计查询功能,纳税人可根据实际交易情况(账载金额)结合开具区块链电子发票和其他发票情况进行纳税申报,同时逐步探索"支付即开票"的可能性,杜绝补开发票的时间不一致问题。

风险防控。注册环节把关严。在纳税人注册使用区块链电子发票时,系统自动对纳税人进行全面体检,将不适宜使用区块链电子发票的纳税人阻挡在门外。实时扫描防风险。系统每天自动扫描使用区块链电子发票的纳税人是否涉入了上述风险点,若存在上述任一风险点,系统会在"T+1"时效强制停供该纳税人的区块链电子发票。开票预警显问题。针对不同行业不同规模的纳税人,系统可以批量设置开票预警值,当纳税人开票超过预警值后会及时推送风险点到"区块链电子发票管理平台",税务人可视情况决定是否依职权停用。"依职权停用"有实效。当纳税人触犯了《区块链电子发票管理办法》及其他法律法规,税务机关认为需要停供发票时,可在区块链发票管理平台进行依职权停供发票等操作。

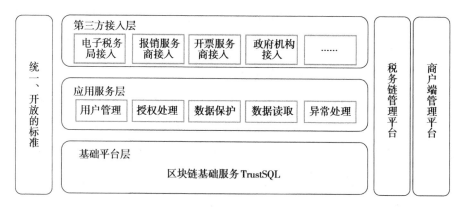

图8-18　区块链电子发票总体框架

2.技术层面

应用架构。深圳市税务局的区块链电子发票也采用联盟链型的区块链。其总体框架主要包括基础平台层、应用服务层、第三方接入层、税务链管理平台、商户端管理平台以及统一、开放的标准六部分(见图8-18)。

基础平台层。基础平台层提供底层区块链服务能力:提供权限管理、哈希运算、数字签名、对称/非对称加密等密码学算法、共识机制、通信协议、智能合约、存储机制,保证了链上数据可追溯和不可篡改。

应用服务层。应用服务层是承载区块链电子发票业务逻辑的分层。它包括用户管理、数据操作、数据保护、授权读取和异常处理五个核心模块(这些模块在功能模块的章节会进行详细描述),同时对外提供开发SDK和API接口。

第三方接入层。第三方接入层通过应用服务层提供的接口,可以方便地接入第三方服务。

税务链管理平台。税务链管理平台用于管理全网节点和链的信息,如引入新节点,或者封存、删除已有节点等操作。这一层的实现是由应用服务层提供相应的开发SDK和API接口,满足税务局发票数据分析的业务需求。

商户端管理平台。纳税人通过商户端管理平台对自己开票数据和开票方式进行管理。纳税人的法人或财务负责人通过电子税务局访问商户端管理平台,可以注册上链和维护自己的部分区块链信息,可以对发票进行真伪查验和归集统计,还可以设置自己的开票服务商和开票状态。

统一、开放的标准。税务机关制定统一、开放的技术标准和接入标准。加入区块链的企业需要按照税务局规定的统一标准进行接入。服务商为纳税人提供服务的同时应遵循税务机关开放的统一标准,为纳税人提供免费的基础服务并保护纳税人的隐私数据,所提供的第三方应用至少应通过信息安全等级保护二级认证。

技术架构。目前,基础设施提供商腾讯基于其自研的区块链技术TrustSQL 为税务局定制了税务链技术,该技术所有权将在未来完全交给税务局。基于该技术搭建的深圳区块链电子发票主要包含 5 种功能角色,分别为政府角色、税务局角色、开票角色、流转角色、报销角色(见图 8-19)。

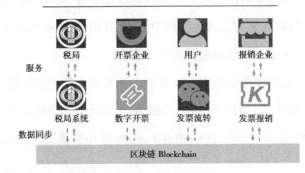

区块链:提供底层服务能力,标准的服务接口,以便各服务商开发服务能力

数字开票:基于区块链标准接口,开发服务于开票企业的完整服务能力,包括商业企业贷款服务、发票校验、基于开票企业授权的查询服务

发票流转:自身须具备实名验证的能力,基于标准服务接口,提供发票的流转服务能力,同时在链上写入流转用户身份信息

发票报销:通常为财务软件,具备财务做账等能力,基于标准服务接口,开发企业的报销服务能力,在链上写入发票的报销状态

图 8-19 业务角色

税务局角色:目前只有深圳市税务局有四个区块链的共识节点。税务链

上的所有共识网络都需要税务局参与,因此深圳市全部区块链电子发票数据都保存在深圳税务局内网。

开票角色:大型开票企业接入时,可以自建节点。自建节点的好处是开票数据在链上是物理隔离,保护隐私,同时也保证性能和稳定性。

报销角色:作为区块链上的报销节点提供区块链电子发票报销服务。

政府角色:政府机构将作为观察者节点加入区块链中,促进区块链上的数据共享和流转。

流转角色:类似微信或者支付宝这些中转服务商接入,为一般的个人消费者提供通用的发票保管服务,需要自建节点。

(二)区块链电子发票的应用

自区块链电子发票上线以来,深圳区块链电子发票系统已开票,覆盖金融保险、批发零售、酒店餐饮、停车物业、港口交通、互联网服务等上百个明细行业,近万家企业注册使用区块链电子发票系统,包括招商银行、深圳地铁、招商局、沃尔玛、万科物业等大型企业。

1.打通发票的全流程

交易即开票。区块链电子发票与线上支付平台、商家订单系统结合,系统可在支付完成后依据交易及订单信息自动生成发票,实现"交易数据即发票",有效解决开具发票填写不实、不开、少开等问题,保障税款及时、足额入库。税务机关、商家和消费者三端软件联通,商家开票无须审核,顾客获票无须排队,发票使用过程的高效便捷有利于增强普通消费者开具发票的意识,提高纳税人税收遵从度。

开票即报销。目前电子发票在记账和报销环节往往出现一票多报、真假难验等问题,企业难以辨别发票与真实交易的关系,给企业内部财务管理带来巨大隐患。区块链电子发票建立了统一的收票平台,企业财务系统可自动获取收票情况,实现了从开票、流转到报销的发票全流程线上管理,对接企业财务系统,纳税人获得的发票可立马提交至企业的财务系统进行报销流程,有效解决了企业最担心的"一票多报"和"假发票"等问题。

发票即数据。区块链电子发票系统,提供给税务机关的不仅仅是全方位的发票数据,还包括交易数据、支付数据和报销入账数据等。发票在线上的流转信息与实名用户关联,发票流转状态实时可查,便于跟踪和追溯,为税务机关提供了便利的大数据服务,有利于实现精准高效的税务管理。在未来借助跨链技术与其他部门、其他行业区块链系统相互勾连,打造"税务朋友圈",加深跨部门之间的合作,打破数据壁垒,形成高效率的信息交换制度,将更多维度、更深层次、更大范围的涉税数据服务于税务管理。

2.全方位优化营商环境

服务纳税人。对开票企业而言,使用区块链电子发票时无须限额限量审批、最大开票面额调整,领票时无须清卡抄税、验旧供新,开票时不需购买任何专用硬件设备和税控设备,只需使用手机或普通联通互联网的计算机即可实现开票,节约了企业的人力成本、时间成本;对消费者而言,无须排队申请开票,开出的区块链电子发票是以数据形式存储在消费者的手机中,通过已经接入区块链的 ERP 系统或其他收票平台,可推送报销,实现发票流链上流程全闭环,节省了发票开具、邮寄、传输的各项成本;对收票企业而言,发票电子流数据引入企业财务系统,为企业提供便捷、权威的数据源,减轻了企业的内部审核工作量,降低财务管理风险及税务违法风险,有效服务于企业内部财务管理,促进了企业会计核算电算化,成为企业乐于接受的财税一体化管理形式。

服务税务管理。发票管理制度创新,取消票种核定、超限量审批等步骤,利用电子税务局构建一站式的网络登记机制,简化相关管理流程,减少人工审核环节。继承区块链可追溯、不可篡改的优势,发票信息永久留痕,数据管理员亦无法篡改,降低了税务机关的廉政风险。实时跟踪发票开具、流转、报销全流程的状态,基于全流程链上管理建立科学的风控体系,实施事前、事中、事后三个环节的风险管理措施。在事前监管上,设置了准入门槛,系统会进行全面扫描体检,相关指标不满足条件将无法通过审核。在事中监管上,设置发票金额和发票数量的预警值,当发票用量或金额异常变化时,会触发系统预警,发送至主管税务机关,同时对高风险纳税人及时进行锁票、停票,实现发票全方位实时风险管理。在事后监管上,将区块链电子发票纳入现有风险管理体系,统一部署,统一管理,统一防控。依托基础数据分析、风险指标体系、风险模型运用,重点开展税收风险分析、识别、推送及应对工作,通过采取核查纳税人的异常发票数据、申报数据,完成补征税款等措施,形成风险管理快速反应,把牢事后风控。

回归发票本源。作为企业所得税税前扣除凭证、增值税抵扣凭证,发票是税务机关控制税源、征收税款的重要依据。长期以来,税务机关为了防控发票风险,打击虚开发票等违法犯罪行为,建立了严密的发票管理体系,进行一系列的围绕发票的"量""额"上的申请、审批、核准,耗费纳税人及税务机关大量的人力、物力及时间成本。区块链系统坚持"交易即开票"的原则,基于交易订单信息开票,确保开票需求与交易支付信息同步,真正实现发票开具与实际经营相吻合,基于此原理放开对发票用量、面额的限制,发票如"自来水"按需供应,实现纳税人自主按需开票,大幅提高用票效率。

(三)区块链电子发票的完善

1.进一步增进区块链技术和税务管理的融合度

区块链技术应用于发票场景,让税务机关与纳税人免于深陷发票管理的程序事务,切实解决了纳税人领票难、取票难、开票难的痛点。区块链技术带来的新的技术能力和手段,为当前税务管理体制改革提供了强大的技术保障和新的思路。同时,当前制度体制也需要进行一定的调整,以适应区块链这一新兴技术。

2.制定相关标准

基于在区块链税务领域丰富的实践经验,深圳市税务局正在着手制定一系列设计、技术、管理、服务等区块链税务标准。例如,深圳市税务局正在联合腾讯公司向电气和电子工程师协会(IEEE)和国际电信联盟(ITU-T)申报区块链电子发票国际标准。

3.区块链生态建设

深圳市税务局从制度规范、流程设计、风险防控三方面入手,联通税收大数据平台和电子税务局,对电子发票全生命周期进行安全管理,构建了一个全新的区块链发票生态服务体系。参与其他社会部门的区块链生态建设,不断拓展更多应用场景,融合政府链、金融链、物流链、企业链形成基于区块链的全新信用生态,为政府、企业和消费者持续创造高质量的税收服务价值。

4.加强区块链系统安全建设

安全是一个系统运转的前提和保障,系统安全是区块链电子发票系统自立项以来关注的重中之重。区块链技术当前处于快速发展期,它的安全评测标准尚未成体系的建立,尤其是对于区块链底层技术的安全评测。下一步,我们会加强在底层架构安全、数据备份和容灾、外部支撑环境安全和应用安全等方面的工作。

三、"税务云+税务链"下税收征管应用场景扩展

区块链电子发票在政务领域是国内最具示范性、规模最大的区块链应用,填补了区块链在国内外税务领域应用的空白,为国内外的税务领域以及深化财税体制改革均提供了极大的借鉴参考。

(一)税收稽查存证

税收稽查是税收征收管理工作的重要环节,也是税务机关代表国家依法对纳税人的纳税情况进行检查、监督的一种重要形式。目前,在税收稽查的选案、检查、审批和执行四个基本环节都存在各式各样的问题,如跨部门的相关信息沟通不通畅、及时性严重不足、各部门涉案数据的交换管理不统一、效率

低、取证保存措施不力,造成证件无效或遗失等问题。

深圳市税务局针对进一步加大打击虚开骗税违法犯罪案件,利用区块链防篡改、可追溯、多中心等技术特点,联合深圳市公安局、深圳海关和中国人民银行深圳市中心支行共同推进了四部门信息交换平台建设,打造了税收稽查存证可信任区块链(见图8-20)。

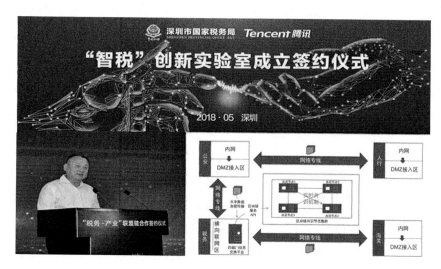

图 8-20　部门协作架构

四部门信息交换平台在业务层面上主要提供协作业务、数据交换及上链等。

1. 协作业务

协作业务包括任务管理、会议管理、信息发布、四部门联合工作平台数据统计等。

2. 数据交换

由于平台使用的部门信息化建设程度不一致,为做好数据对接,便利数据查询存储,数据交换设计两套方案以实现数据交换需求。通过线下从各分行进行数据采集,结果生产文本数据(支持 excel、txt、cvs 等格式),通过平台选定使用数据的权限后,将数据导入系统内,分享给相应部门使用;通过数据服务

API 接口,各部门在事先已约定好的可开放的数据范围的前提下,通过简单开发,生成数据查询接口,对外提供数据查询服务,免审批实时执行返回结果。

3.数据上链

将用于交换的数据或者数据文件进行摘要处理,并将摘要信息上链。在数据使用过程中,将数据与区块链上的记录进行验证,当出现不一致的情况,及时反馈给操作人员,或者做数据不可见处理,以此防止数据被意外篡改。四部门之间协作办公的功能需四部门间协作完成,且需要在部门内部进行审批,因此平台在审批过程中,将流程信息进行上链处理。在后续的审批过程中,既可以通过验证区块链上的记录,验证信息是否被篡改,也可以追溯前置流程的审批信息。

(二)税收数据资产平台

区块链技术作为数据共享的技术手段,尤其是数据共享与隐私保护相结合的能力,已经在政务信息开放共享领域进行了有效的运用。为此,将区块链技术应用于税务信息开放共享领域,打造区块链税收数据资产平台,可作为银税互动创新模式。

区块链税收数据资产平台将通过对跨链技术的研究,设计区块链间的信任机制,建立高效可靠的数据资产跨链流转方案,保障区块链税收数据资产平台与第三方银行、机构区块链平台的对接合作(见图 8-21)。

区块链税收数据资产平台主要包括五部分功能:平台区块链层、平台纳税人使用端、平台场景方使用端、平台税务局使用端以及平台与其他区块链的跨链对接。纳税人使用端实现涉税数据上链和授权使用等数据资产管理功能。场景方使用端实现场景方准入申请、授权查询等功能。税务局使用端实现场景方管理、平台运营分析等功能。平台区块链层与场景方业务节点打通,场景方直接通过业务节点访问已授权的数据资产。跨链对接功能实现数据资产平台与其他银行、其他机构的底层区块链对接,促进数据资产的流转,提升数据

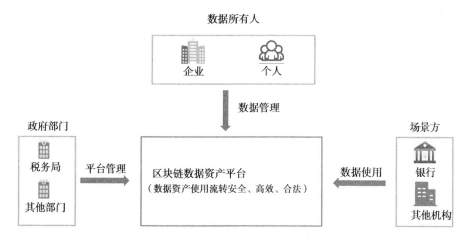

图8-21 区块链税收数据资产平台业务框架

资产价值(见图8-22)。

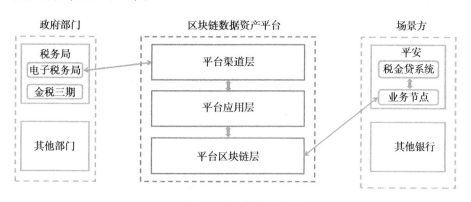

图8-22 区块链税收数据资产平台总体架构

基于区块链税收数据资产平台,建立了安全高效的税务数据"还数于民"的机制,厘清了各方在数据管理过程中的职责与权利,让纳税人作为数据所有者,成为数据持有者,行使对税务数据的控制权和使用权,为数字经济的建设及运行加入源头活水。

1. 对税务局的价值

有效降低了税务机关在纳税人税务信息开放过程中的合规压力;有效减少了税务机关在纳税人税务信息开放过程中的系统对接工作;探索银税互动

新方向,为将来其他商业机构与税务机构互动打下基础;将平台逐步向其他政府机构推广,作为政府部门间共享数据的基础设施,破解政府部门数据墙的难题。

2.对纳税人的价值

可将具有较强经济价值的税务等数据归集管理,逐步形成数据资产,为后续办理融资等业务提供极大的便利。

3.对场景方的价值

基于平台安全高效的数据资产使用流转机制,可适当降低场景方准入门槛,让更多的机构有机会在合法合规的前提下,经纳税人授权后使用税务数据。

随着区块链的火热发展,越来越多的区块链网络应运而生。每一个单独的区块链网络都是相对独立的,数据不能做到互通互联,存在信息孤岛的问题,相互之间协作难度大,极大地限制了区块链数据资产的流转。区块链税收数据资产平台将通过对跨链技术的研究,设计区块链间的信任机制,建立高效可靠的数据资产跨链流转方案,保障区块链税收数据资产平台与第三方银行、机构区块链平台的对接合作。

(三)区块链在税收领域中的应用与展望

从电子发展到数据交换,再到存证领域,区块链在国家税务总局深圳市税务局的税收征管活动中进行了多场景应用,改变了传统的征管思维和方式,取得了跨越传统征管领域的效果。

当前,在"区块链+电子发票"方面,电子发票使用范围和业务发展迅猛,计划在深圳市前海区真正实现全面的发票无纸化,切实降低纳税人经营成本,对纳税人经营纳税方式以及税务机关的税收监管会产生很大影响。在"区块链+数据交换"方面,深圳市税务局已经把区块链拓展到数据交换、数据资产化。特别是为了依法行政,实现社会的协同护税,涉税信息数据交换的法规支持,深圳市人大正在制定从四部门到十一部门数据交换的《税收保障条例》,为区块链在数据交换方面提供法律法规支持。在"区块链+存证"方面,深圳市税务局正在实施"区块链+存证"项目,正在实现把纳税人相关的证明上链、稽查现场查证的视频上链,固定有关稽查证据,为稽查办案提供保障。

区块链特点和主要功能的优势决定了区块链可深入结合税收征管和服务的需求,扩展区块链在税收征管和纳税服务中的应用。深圳市税务局目前正在着力打造"区块链+产业"的区块链联盟,把税务区块链的服务能力进一步开放,支持电子发票实体经济。比如把税务区块链对接制造业区块链,一个核心企业有几千户上下游企业,把纳税人的生产制造流程用区块链改造后数据上链,实现税务机关的开票和生产数据综合再加资金流整合,应能够很好地降低增值税虚开的风险,以实现区块链支持实体经济的价值。通过深圳市税务局对区块链应用实践,更坚定看好税务区块链的价值和前景。可以预计,区块链支持税收治理体系和治理能力现代化大有可为,应该有所作为。

第五节　"税务云+税务链"的信息化架构体系建设的前瞻性思考

从未来看,税务链一定是网状结构,不会是层次结构。税务链将来是有一条核心链再加上 N 条侧链,连接成一个链组合。而税务链通过跨链合作,又可以打通其他链,这样税务链又成为整个社会链(或国家链)的一个侧链。所以说,税务链既是联盟链,又是税务系统的私有链。区块链既是价值链,更是关系链。核心是链上数据的多方向传输,数据与数据发生碰撞,而形成的无数信息组合。区块链就是互联网的信息组合形式或者价值组合形式,数据成为资产,区块链就成为价值的生产工具。

一、坚持创新驱动发展思路,确立"税务云+税务链"核心思维

(一)增强"税务云+税务链"的认识理解

要在思想上和行动上同时注重运用新兴互联网、云计算、大数据、人工智能、区块链等技术,整合资源,破解难题,实现税收征管现代化,应全程确立以信息化新技术为支撑的思维定式,全面革新税务管理的理念意识和方式方法。首先,要补强对信息化新技术的理解和认识,用开放、包容、共享、发展的思想武装头脑,解决思想问题。其次,要加强对云计算、区块链等新信息技术基础支撑作用的认识,加快组织学习掌握建设运用,提升信息化、网络化、智能化水平,解决统筹组织问题。同时,要增强对以云计算、区块链等为代表的信息化新技术迭代发展的前瞻认识,依托科技的飞速发展,加快运用各种先进技术,提高解决具体工作问题的能力,以实现税收征管现代化。

税务云之所以成为新一代信息化架构体系的主要支柱,是因为云计算平台代表未来所有业务电子化、网络化、数字化的基础运作方式。五大动能与税务云的有机结合将会产生巨大效能,都在发挥各自作用以及互相不能替代的作用。计算机网络技术是根本,起到关键引领作用,没有互联网、移动互联网的普及应用和节点交叉融合,产生不了大数据的升华;而大数据代表最重要的战略资产,是"税务云+税务链"信息化结构体系中的生产资料,是这个体系之所以存在和运转、操作的对象;税务大数据推动云计算和云平台的衍生和发展,实现了各自的存储、整备、分类、操作和供应,同时,利用大数据和人工智能技术,通过解析大数据,挖掘其价值,供科学决策。最后推衍出无法更改的新一代分布式数据库,即区块链。这五项动能的应用托起税务现代化所需要的技术。而技术必须与业务创新联系在一起。税务链就是在税务云下综合运用五项动能实现创新业务各个环节的串联。税务链既是联盟链,又是税务系统的私有链,这是一张巨大的网状结构链,而社会链可以从各个角度切入:从立法、

执法、司法、讲法角度切入;从服务纳税人、税务人、领导人和社会综合治税群体角度切入;从电子商务税收、"一带一路"、国家税收角度切入;从税务、工商、海关、中介等生态链角度切入;等等(见图8-23)。

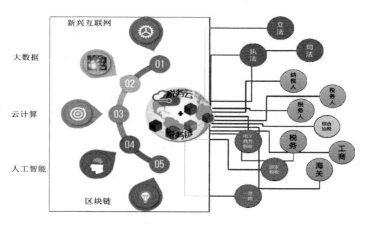

图8-23 "税务云+税务链"应用展望

(二)完善"税务云+税务链"的顶层规划

科技革命的加速推进特别是互联网、云计算、区块链的兴起,迫切要求税收治理加快由封闭管理向开放治理转变,由单向管理向协同治理转变,由被动响应向主动服务转变,由定性管理向定量管理转变,由粗放管理向精准化管理转变,由运动式管理向常态化管理转变。而实现这些转变,首要前提是完善基于"信息管税"理念的顶层规划。一是制定以信息系统为核心的云化、链化的治税总体规划。确立以税收法律法规为依据,以风险管理和信用管理理念为指引,以"税务云+税务链"平台为支撑,以纳税服务为前导,以分类分级管理为抓手,融合利用第三方涉税数据关联分析的科学决策、精准管理的税收治理工作原则,努力实现大数据支撑下的税收治理思维变革、治理手段改进、决策技术进步、风险管控能力提升、内部管理流程再造、社会协同治理进阶。二是重构科技与业务深度融合的税收管理流程。按照业务系统云化,交易数据链化,征管业务数据化的工作思路,聚焦流程和内容两大业务域,梳理税收征管交易业务和所需数据项,完善事项管理线上运行,不断扩大链化范围。按照征管业务内容和环节设置业务节点,并将数据节点与税收管理流程进行整合,实现数据与管理的高度融合和有机统一。在此基础上,重新构建税收征管原有流程,从职能化向数据化、智能化转变,实现税收管理方式的根本性变革。

加大"税务云+税务链"技术的基础理论研究,加强国际与行业标准制定,培养相关技术人才。强化"税务云+税务链"监管、共识等理论研究,探索符合中国国情的区块链技术与云计算应用模式研究,奠定区块链在税收征管业务中的应用快速落地基础。

坚持"税务云+税务链"技术与税务领域应用研发,完善"税务云+税务链"支撑技术体系,加强 P2P 网络基础设施、非对称加密、分布式数据存储、数字签名等与云计算、大数据、物联网、人工智能的融合,形成规模化、集约化运营支撑体系。选择在特定征管业务应用领域(区块链发票)、税收信息化基础较强的省市开展试点,形成以点带面、点面结合的示范推广效应。

推动"税务云+税务链"特有的监管能力的提升。税收征管要求纳税人办理各项业务,要保证其真实性,因此,必须建立对链上业务交易监管机制,包括采用对区块链节点进行追踪和可视化、主动发现与探测公有链、建立以链治链的体系结构等技术,为税务机关进行监管提供解决方案。

深入探索"税务云+税务链"在征管业务中的各项运用,积极推动"税务云+税务链"技术在税务登记、发票、纳税申报、税务稽查等业务领域的应用,为税收征管提供更加智能、更加便捷、更加优质的服务。

构建"税务云+税务链"业务生态,加快税务云、税务链、人工智能、大数据、5G、云计算等前沿信息技术的深度融合,推动纳税人经营业务与税务管理集成,技术与管理的创新和融合应用。

二、坚持云链结合,把握"税务云+税务链"关键

(一)夯实"税务云"的基础建设

云计算作为一种新的运作模式,通过优化资源分配,将计算资源以服务的方式提供给用户,实现网络可访问、弹性扩展的共享资源池的技术,用户可以随时随地使用网络连接到云端方便快捷地管理资源。具有降低计算机成本、改进运行性能、降低软件成本、灵活配置组件,提高数据可靠性、无限存储容量扩展的优点,成为当前平台服务、软件应用、数据存储、人工智能计算的主要基础性设施。"税务云"作为税务各项系统应用的基础是税收信息化发展方向。只有夯实"税务云"建设,才能为新时期税收信息化提供发展保障。建设"税务云",应采用逐步推进方式,要考虑硬软件的连续承接性,基于现有的基础性设施和信息化发展成果,将传统基础设施体系的改造与云平台的建设结合,搭建标准统一、新老兼顾、稳定可靠的税务系统内部基础设施架构,逐步形成云计算技术支撑下的基础设施管理、建设和维护的新体系。

在云服务模型方面,建设全面服务税务内部的基础设施云,通过底层资源池化实现以服务的形式提供标准化的包括计算、网络、存储以及安全、备份、容灾、监控、运维等重点内容的 IT 基础设施;建设以数据为核心服务税收管理的各类开发和应用云平台,如数据库平台、应用平台和文件协作等平台,涵盖了从数据的海量存储、处理到应用多方面的技术,包括海量分布式文件系统、并行计算框架、NoSQL 数据库、实时流数据处理以及智能分析技术,如模式识别、自然语言理解、应用知识库等各类技术服务,以满足开发和扩展应用平台的需求;建设以提供各类业务操作应用为核心的税务应用软件服务云,将满足特定税务业务的应用软件功能封装起来,由 CSP 负责管理应用软件,为税务机关进行税收征收管理服务,纳税人办理涉税时提供相应的服务,用户只需要通过 Web 浏览器、移动应用或轻量级客户端应用来访问它,从而实现高效便

捷的纵向层级流通,横向部门联络、内外业务数据交互。

在云部署模型方面,建设以税务私有云为基础,互联互通公有云,实现私有云与公有云互联的混合云。税务私有云由税务机关自己对数据的安全性和QoS实施最有效的控制,核心征管系统、决策支持系统、发票稽核管理系统、办公处理系统等内部系统部署在私有云,而公有云的可靠、方便、数据共享、无限可能的优势,可以适应数量巨大的纳税人群和持续增量的数据需求。因此,包括涉及外部业务和数据交互处理而需要通过互联网各个渠道办理的业务应用,均可部署在公有云里,形成税务核心私有云与外部服务公有云相结合的纳税服务混合云。

(二)扩展"税务链"的业务应用

区块链本质上是一种点对点网络下的不可篡改的分布式数据库。区块链以某种共识算法保障节点间数据的一致性,并以加密算法保证数据的安全性,同时通过时间戳和 Hash 值形成首尾相连的链式结构,创造了一套具有多中心、公开、透明、可验证、不可篡改、可追溯、高可用特色鲜明的技术体系。运用区块链的功能优势,对照涉税用户、涉税业务需求,扩展"税务链"的应用场景,对于巩固和发展"税务链"具有重要意义。当前基于区块链技术的应用可以划分为三类场景:一是价值转移类,数字资产在不同账户之间转移,如纳税人货币资金流通;二是存证类,将信息记录到区块链上,如无资产转移,如电子合同、电子发票;三是授权管理类,利用智能合约控制数据访问,如数据共享。

深圳市税务局率先实现了基于区块链的电子发票管理与开具,在思维理念、开票方式、管理流程等方面得到极大的改变,获得了非常好的效果,实现了技术促进理念创新、管理创新、行为创新的多重效益。因此,结合区块链的技术优点和特征,梳理纳税人、税务机关有关涉税业务,扩展"税务链"的应用场景。比如在区块链应用于电子发票的基础上,可把资金的支付有关信息加入链上,实现企业票流与资金流的统一。还可以把网络货物平台道路运输信息加入到链上,把物流信息与票流、资金流归一,彻底解决增值税发票开具的"三流"不一致的问题,有效遏制虚开发票的行为,有效提升增值税的征管水平,防止税收的流失。也可以把区块链存证、授权功能扩展到纳税申报、税款征收、税收风险管理、纳税评估、税收稽查有关业务,实现相关业务的可信、高可用需求。

(三)促进"税务云+税务链"的深度融合

在互联网下,云计算有着天然的优势,但其中心化的特点也存在数据安全及隐私保护问题,而区块链则存在无法同时满足"高效低能"、"去中心化"和"安全"这三个要求,高频次业务需求难以得到满足,共识算法能源消耗大、成本高,浪费大量全网计算力和财力等,从而制约区块链的应用。但云计算与区块链在网络架构、数据结构及运算力要求、智能合约方面存在极其类似性,两者从成本、性能、需求等方面可以进行融合发展。

区块链与云计算结合,将有效降低区块链部署成本。一方面,预配置的网络、通用的分布式账本架构、相似的身份管理、分布式商业监控系统底层逻辑、相似的节点连接逻辑等被模块化、抽象成区块链服务,向外支撑起不同客户的上层应用。用云计算快速搭建的区块链服务,可快速验证概念和模型可行性。另一方面,云计算按使用量收费,利用已有基础服务设施或根据实际需求做适应性调整,可实现应用开发流程加速,部署成本降低,满足未来"税务链"生态系统中各类纳税人、研究机构、政府部门、联盟和金融机构等对区块链应用的服务需求。

三、规划整体布局,统领"税务云+税务链"拓展进程

建设基于"税务云+税务链"的信息化体系,需要经历逐步完善、循序渐进的过程。只有准确把握信息技术发展的方向和税收征管现代化的客观规律,按照信息化发展的实现路径,才能总体把控,逐步实施。可以把基于"税务云+税

务链"信息建设实施工作分为基础建设阶段、深化应用阶段、全面推进阶段。

（一）基础建设阶段

"税务云＋税务链"信息建设基础包括了理念更新、硬件设施、软件开发、需求归纳、应用创新、工作机制方面的内容。本阶段重点是研究云计算技术、区块链技术,结合信息化、业务优化的需要,充分运用云平台,开展区块链嵌入征管业务的服务,实现内外部系统、业务、数据的统筹管理,建设"税务云＋税务链"平台,为新一代税收管理支持系统的高效稳定运行提供基础设施保障。借助"税务云＋税务链"平台的建设,对各项基础设施建设进行充分的分析和规划,统一需求,融通内外业务流程、数据交互,统一涉税数据标准,规范口径,创新系统应用形态,为后续的扩展应用范围提供统一、高效、便利的系统应用组件,为纳税人从生产经营到税款缴纳、税务机关税源管理、纳税服务、风险管理、税务稽查、内部控制、绩效管理提供各项应用服务创新支持。新平台应坚持业务领域应用试点、地区试点,先完善再推广原则,重点建设好"税务云＋税务链"的电子发票开具与管理应用、税务稽查存证应用等,为完善新一代税收信息化系统打好坚实的基础。

（二）深化应用阶段

重点实现技术与业务的深度融合,利用"税务云＋税务链"为基础的信息系统解决现有征管难点,推动业务改革,扩大税务链的业务范围,逐渐应用于税务管理工作各环节,注重开放应用生态,可以进行跨界融合,为税务征管、纳税人提供增值服务。发挥云计算、区块链的技术优势,打通系统底层数据交互。比如建立"税务云＋税务链"的税收金融应用,通过区块链的监管审计机制,交易隐私的保护,把企业的纳税信用、涉税数据与银行信贷对接,通过互联网、云计算为纳税提供优质的融资平台。也可以实现基于"税务云＋税务链"的数据共享交换应用。由区块链的中心节点和端节点组成的税务链,采用统一的交换协议,实现跨地区、跨部门之间的数据交换,为税收管理决策、风险管理、纳税服务、税收经济分析提供标准统一的数据来源。还可以通过"税务云+税务链"扩展移动办公的应用。通过区块链的身份验证机制,保证互联网的移动办公应用安全和运作效率。通过"税务云+税务链",建立一体化、数据化、自动化、可视化的决策管理工作平台,可以进一步加强基础数据管理、数据分析应用、税收风险管理,提升征管的整体效能。

（三）全面推进阶段

本阶段把"税务云+税务链"在业务上扩展到纳税人的涉税业务、税务机关各项业务和工作之中。在应用地域上由试点地区到全国全面推广应用,从根本上改变传统的征管方式。通过互联网、云计算、区块链、人工智能等新技术与税务的真正融合,实现征管业务、数据应用和管理决策的一体化、智能化。依托统一数据、统一分析和广泛应用,精准定位涉税业务运行过程中存在的问题,智能挖掘和诊断原因。对税收工作进行全过程数据管控,将工作理念、制度和要求实体化,重塑内部组织体系和工作机制,促进工作方式、观念的转变和人力资源配置的进一步优化。

四、完善环境建设,健全"税务云+税务链"保障机制

（一）建立适应"税务云+税务链"的税务组织机构

新一代基于"税务云+税务链"的信息化建设实施必须构建体系完备、科学规范的信息化建设组织体系。

一是加强顶层统一规划领导。在国家税务总局层面建立全国信息化发展规划中心,统一负责全国整体信息化发展战略规划、实施、指导等工作,并统筹负责全国新一代云化、链化信息系统和征管制度创新的规划、推进和管理工作。

二是加强云化、链化信息管理体系构建。重组税务信息系统云化、链化管理体系。建立总局、省、市三级的系统云化、链化管理职能部门,负责处理日常信息化建设事务,协调新一代信息系统建设与其他各部门工作。

三是优化信息化管理职能。省、市局信息中心对本范围内的信息化发展建设履行统筹监管职能,具体负责本系统信息化云化、链化管理,并负责向上级信息中心报告工作,并积极指导下级税务机关开展信息化发展管理工作。通过构建顺畅的云化、链化组织体系,进一步集中系统内优势硬件、软件资源,更好地贯彻落实税务信息系统云化、链化战略,同时也有助于加强与相关业务职能部门的沟通协调,实现对系统内征管业务的有效整合与深度优化,促进征管创新。

(二)形成促进"税务云+税务链"的制度管理体系

广泛借鉴发达国家或地区在探索信息系统云化和区块链应用等方面的先行经验,充分吸收金融、IT、通信网络等行业领跑者在云化、链化、数字化、智能化管理方面的工作经验,在税收管理信息化领域研究制定覆盖税收征管、信息系统、大数据管理、风险管控等方面的工作制度,理顺各级税务部门的工作职责,规范各业务领域的工作流程,统一各工作环节的操作标准,明晰各工作岗位的责任分工,形成基于信息系统云化、链化的税收征管体系,并融入持续调整、及时完善的科学发展理念,确保制度体系与前沿技术应用、先进管理理念同步配套、同步更新,为信息化发展提供制度机制保障。

一是健全信息化管理制度体系。对信息化发展需要建设涵盖战略规划、硬件管理、软件创新、新技术应用、征管与新技术互动的具体制度,对相应的工作流程和工作细则进一步规范,从而使相关制度能解决税收信息化管理工作干什么、如何干的问题,成为税收信息系统云化、链化发展创新的工作"抓手"。

二是加强制度机制整体设计。研究建立"1+N"的制度体系,以整体规划布局为核心,建立以区块链为核心的电子凭证、身份确认、数据隐私保护各项配套制度。按照"领导小组统一指挥,信息中心统筹管理,专业部门分工协作"原则,建立报告、会议和通报制度,完善统筹协作和业务衔接机制,聚焦重点突破与普遍推进扫描相结合,对过去、当前、将来的信息化建设发展实施全过程动态总结、管理和规划工作。

(三)巩固健全"税务云+税务链"的可靠安全管理

构建"税务云+税务链"的信息化架构体系,安全问题不容忽视。信息安全建设是信息系统云化、链化建设当中至关重要的一环,没有信息安全,就没有国家安全,更没有税收系统安全。安全管理要以《网络安全法》等国家法律为依据开展工作。

一是做好软硬件安全部署。对于存储数据库要做好网络安全设备和网络安全软件布防,确保安全等级符合要求。各级税务机关信息中心做好业务专网安全保障,确保每一个应用终端都做好安全部署。积极构建信息系统运维体系建设,建立互联网运维小组,升级防病毒服务器和对外网站防火墙,采用云计算和虚拟化技术整合升级硬件资源,提升信息管税平台的安全性。必要时可引入第三方机构扫描安全漏洞,加强计算机信息安全管理,减少税收征管信息安全风险和信息泄露风险。

二是做好税务链上交易的安全保障。建立网络身份证,这也是一套对用户的实名身份信息进行认证,并在联盟方中共享信息的系统。网络身份证采集的信息包括基本信息、财务信息以及行为信息,是对账户持有人的强审查,能够在保护客户隐私的情况下满足监管需求。进行授权管理,对节点与交易提供授权并审计。提供完整的权限管理机制。权限管理根据归属税务局和职级为用户授权,给节点发放证书或者授予密钥。确立证书管理,为节点加入区块链网络,获得交易身份以及参与交易提供授权。证书管理服务相应地发放三种证书,包括通信证书、身份证书和交易证书。节点加入区块链网络需要获取通信证书得到授权,节点在区块链网络中获取身份证书以获得身份授权,节点每发送一笔交易必须拥有交易证书才能执行。最后实施密钥管理,密钥管理的框架与权限管理结构相对应,不同级别的权限对应不同级别的密钥,当用户获取相应的证书后,可以在密钥管理模块申请密钥。

三是做好数据采集及应用安全保障。数据是税收征管信息化发展的核心点,数据的安全极为重要。对于要接收或者提供的共享数据,要厘清各方信息,做好权责隐私安全保障。如涉及纳税人的个人隐私信息的使用范围,部门间的信息归属权如何确定,部门间的信息交换机制如何规范等等。数据权责不清、数据归属不明、个人隐私安全等问题,是使部门间的涉税信息交换工作一直难以开展的原因,若不及时改正,则会造成部门间数据隔阂依旧存在,信息孤岛格局无法破除。所以,涉税数据采集及应用必须建立起与之对应的规章制度。税务部门可依法制定相关的部门信息采集规则等相关制度,建立对应的信息采集工作模式,用制度来明确各方关于征管数据的权利和义务,厘清各方信息权责,确定征管信息归属。此外,为了满足征管大数据建设对于涉税信息的巨大需求,也可以通过加大基层信息采集力度和采集范围,以人工方式满足系统建设需要。同时,完善规则制度不仅能保障纳税人的信息安全,明确部门数据权属和责任,促进部门间信息交换工作开展,更能规范税务机关的信息采集工作,降低税务机关涉税信息采集工作风险。由于信息交换工作涉及多个部门,因此相关制度的制定和完善工作必须联合相关部门共同进行,以求达成共识,消除误解,避免在信息化建设中出现管理区域空白。

(四)培养发展"税务云+税务链"的应用人才团队

"税务云+税务链"是实现新一代税收信息架构体系最基础的环节,也是税务机关信息化深入建设发展所面临的关键因素。税务机关拥有能否熟练掌握云计算、互联网、数据库等多数据分析技术,以及集成学习、人工神经网络等前沿技术的人才队伍,直接决定了税务机关能否在新技术条件下与时俱进,开创新型税收征管理念,建立快捷、友好、诚信、智能化的税收信息化系统,以实现征管理念、征管秩序、征管效率达到新的高度。

第一,应建立相关专业人才储备机制。在专业人才队伍的引导下,可以促进税收业务与现代信息技术深度融合,深化税收征管体系的进一步改革,优化新一代税收征管系统,有效提升税收征管效率,提升税法的遵从度。为了使专业人才辈出,必须建立起引人才、出人才、留人才的储备制度,为税收现代化发展提供充裕的人才储备。税务系统内部全面发掘并培养同时精于税务和技术统计理论的人才并建立相应团队。除引进、培养和拥有硬件技术、网络技术、云计算、区块链、数据库等计算机技术人才外,还必须培养相应会计、税政、征管实务等多项实际技能的人才。从而为实现用新技术与征管实务全面融合,在触类旁通的引导下实现思想创新和新一代税务信息化工程系统的开发创造。

第二,要优先培养具有"云、链"等新技术知识的信息化人才。以"税务云+税务链"为基础的新一代税收信息架构体系建设中,"云、链"是基础,没有云计算、区块链等相应的信息化知识,无法顺利实现新一代税收信息化成功建设。当前,新一代税收信息化建设即将启动,因此需要大量的拥有前沿信息化技术的人才队伍来支撑。因此,优先培养具有"云、链"等前沿技术的信息化技能的人员,成为当前人才培养的重要内容。

第三,需合理配置管理各类人力资源。主要从两方面考虑人力资源整合,以达到人才的合理利用,避免人才的浪费。一方面,要实现职能转变,根据集约化、专业化、精细化、科学化的管理要求,积极推进分类分级管理;另一方面,要根据新一代税收信息化建设的需要,优化人才配置,做好以云、链为主的信息技术人员团队建设,推进机构扁平化和人员矩阵式管理模式,推进信息化深入发展。税政、征管等职能业务部门转变职能,积极融入新一代信息化体系建设之中,将新一代信息化建设由原来的信息中心"独立作战"转变成税务机关各部门团队式协作攻关。针对新一代信息化建设的薄弱环节,配置相应的人才队伍进行加强,以保障建设的顺利进行。

第九章　数字化背景下电子税务局建设

第一节　电子税务局相关理论探讨

一、电子税务局的内涵界定

"互联网+"是把互联网的创新成果与经济社会各领域深度融合,推动技术进步、效率提升和组织变革,提升实体经济创新力和生产力,形成更广泛的以互联网为基础设施和创新要素的经济社会发展新形态。传统意义上的电子税务局,是将涉税业务的办理途径和咨询途径电子化,通过将纳税人在办税服务大厅办理的涉税事项或咨询移植至电子税务局办理,实现"非接触式""不见面"办税,提升纳税人办理涉税事项的便利化程度。在数字化背景下,税务机关面临如何为纳税人提供更好的服务和管理的挑战,而作为双方交互的主要渠道,电子税务局更是被赋予新的内涵。随着电子税务局建设应用加快推进,传统的实体办税厅窗口服务正在被日益完备的线上服务所取代;传统面对面的纳税人税法培训辅导方式正在被全天候的互联网纳税人学堂所取代;传统的属地管户、到户检查为主要形式的税收执法方式正在被线上数字监控、远程执法方式所取代;传统的税务机关内部多层级管理已经被端对端的扁平化管理所取代;传统的税务机关孤军奋战搞征管正在被税收社会合作共治格局所取代。数字化背景下的电子税务局,主要实现以下转变。

(一)实现电子税务局从服务型向综合型转变

现有电子税务局还停留在纳税服务层面,数字化背景下的电子税务局将统摄管理功能。通过强化服务效能监控,健全贯穿事前、事中、事后的数字化管理机制,实现服务效能的可量化。通过强化"实名办税"管理,引入"人脸识别"技术,并与全国居民身份证号码查询服务中心联网,有效维护纳税人合法权益,遏制税收违法行为。通过强化大数据管理,实现各类数据的整合分析和增值应用,为基层税收管理人员提供涉税风险预警等,推动税收征管精密智控。总而言之,未来电子税务局是一个集税务执法、服务、监管为一体的综合性数字平台。

(二)实现电子税务局从门户型向入口型转变

现有电子税务局大多为门户型,数字化背景下的电子税务局根据交易大量电子化和平台化的现状,可探索将纳税计算环节前移至各交易平台,由税务总局制定统一的纳税运算标准化模块,嵌入至各交易平台,发生交易后,交易涉税信息同步进入纳税运算标准化模块产生涉税申报数据,由纳税人确认后开具电子发票并通过电子税务局提供的接口进入税务部门,由此纳税人不进入电子税务局也可以进行纳税申报,在完成一项交易活动的同时,完成税收事项的确认。

(三)实现电子税务局从机械型向智能型转变

现有电子税务局多局限于机械类事项的集合,数字化背景下的电子税务局将推进人工智能应用,引入个性化页面、智数中心,建设纳税人画像及信息体系应用,将经营行为与税收之间的关系直观地展现在纳税人面前。同时将传统税务干部的职业判断数字化,进行智能判断,在优化服务的同时实现税收政策落实的规范统一。

数字化背景下的电子税务局,作为智慧税务生态系统的主载体,是指以数据交互为核心,面向移动互联网,利用先进信息和网络技术构建的可以优化完成传统税务局各项征管服务职能的集成式成长型智能平台,即通过电子税务局实现税务执法、服务、监管与大数据智能化应用深度融合、高效联动,进而打造以税收大数据为驱动力的智慧税务。

二、电子税务局发展演变过程

电子税务局承袭于电子税务,是电子政务在税务领域的前沿演绎,是税务信息化(电子化)的全新形态。电子税务局最初是作为"互联网+政务"在税收范畴的实践载体和落地平台被正式提出的。然而纵观当今世界,如果说互联网已成功重塑社会图景的话,那么作为数字化背景下的大数据和人工智能将重新定义未来。电子税务局所指代的有别于传统实体税务局的形态内涵其实也经历着同向变迁。

(一)发端于"税务信息化(电子化)"

我国税务信息化(电子化)起步于20世纪80年代,粗略划分,税收信息系统建设发展阶段包括:20世纪80年代,系统内部计算机操作应用的初始起步阶段;20世纪90年代前期,计算机辅助征管的初步应用阶段;20世纪90年代后期,税收征管信息系统开发投用的应用发展阶段,以金税工程为代表;20世纪90年代末到2003年,从治税和治队双向度推广综合征管系统和税务监控系统的应用控制阶段;2004年到2013年,税收管理信息系统统一建设的整合继承阶段;2014年至今,以多媒体办税门户为代表围绕数字化全息发展的数据管理阶段。概而言之,我国税务信息化(电子化)经历了从面向管理的税收管理信息化到面向管理和服务的全方位税务信息化的转变。其中,金税工程作为中国政府主导的"十二金"工程的核心工程之一,从1994年上半年到

2001 年上半年,先后经历了一期和二期建设阶段;2008 年,金税三期工程启动;2016 年,金税三期工程在全国税务系统上线;2018 年国地税合并后,原国税、地税税收征管信息系统成功实现并库。金税三期工程融合税收征管变革和技术创新,是我国电子政务实施的典型代表。近年来,税务信息化(电子化)的长足进展,实现了税务总局和省级税务机关两级集中部署和全国税收数据大集中,形成了统一的核心业务系统和操作规范体系,为全国各级税务机关实施和推进电子税务局建设奠定了重要的基础。

(二)建构于"互联网+政务"

自 1994 年中国接入国际互联网以来,互联网在重构社会链接要素、市场运行格局和资源配置形式的过程中赋予了税收管理和服务更大的空间。2015 年,根据国务院《关于积极推进"互联网+"行动的指导意见》(国发〔2015〕40号)、国家税务总局印发的《互联网+税务行动计划》(税总发〔2015〕113 号),提出要形成线上线下融合、前台后台贯通、统一规范高效的电子税务局,为税收现代化奠定坚实基础,为服务国家治理提供重要保障的行动目标并明确了"互联网+税务"五大板块、20 项行动,旨在"推动互联网创新成果与税收工作深度融合,促进纳税服务进一步便捷普惠、税收征管进一步提质增效、税收执法进一步规范透明、协作发展进一步开放包容"。该行动计划的出台标志着电子税务局建设被纳入税收发展顶层设计,成为税收现代化重要战略。2016 年 9 月,税务总局制定电子税务局规范,推进电子税务局标准化建设。

(三)升级于"大数据战略"

"大数据"时代,数据已经渗透到当今每一个行业和业务职能领域。"大数据"在改变人类基本生活和思考方式的同时,推动着社会治理模式的重新定位。税务部门拥有海量数据资源,特别是增值税发票数据更具有独特优势,能及时、全面、真实、动态反映企业生产经营活动和最小颗粒度地反映经济活动价格、规模、流向、流量等情况。党中央、国务院高度重视大数据在经济社会发展中的作用,党的十八届五中全会提出"实施国家大数据战略",国务院印发《促进大数据发展行动纲要》(国发〔2015〕50号),指出"大数据成为提升政府治理能力的新途径",提出"2017年底前形成跨部门数据资源共享共用格局""2018年底前建成国家政府数据统一开放平台"的总体目标,明确了"加快政府数据开放共享,推动资源整合,提升治理能力"的政府端战略任务。2018年印发的《深化国税地税征管体制改革方案》对"发挥税收大数据服务国家治理的作用"做出具体阐释,从底层架构上进一步充实了电子税务局的内涵要求。

(四)跃迁于"智能革命"

随着大数据产业的成熟发展,人工智能技术的应用有了足够量级的数据资源,实现了从"感知"到"认知"再到"决策"的指数升级。目前,人工智能还处于发展的初期,但是,未来的人工智能技术很可能变成一把"万能钥匙",它能够释放过去所有人类技术和工具潜能,带来前所未有的挑战和机遇。2017年,国务院制定《新一代人工智能发展规划》(国发〔2017〕35号),标志着国家层面认可并推动人工智能成为信息化未来的发展趋势。规划在"推进社会治理智能化"部分专门提出发展"智能政务",即"开发适于政府服务与决策的人工智能平台,研制面向开放环境的决策引擎,在复杂社会问题研判、政策评估、风险预警、应急处置等重大战略决策方面推广应用。加强政务信息资源整合和公共需求精准预测,畅通政府与公众的交互渠道"。2021年,中共中央办公厅、国务院办公厅印发《关于进一步深化税收征管改革的意见》(以下简称《意见》),明确提出加快推进智慧税务建设,"建成功能强大的智慧税务,形成国内一流的智能化行政应用系统,全方位提高税务执法、服务、监管能力"。在税务执法体系方面要实现"无风险不打扰、有违法要追究、全过程强智控"的精确执法;在税费服务方面要实现"线上服务不打烊、定制服务广覆盖"的精细化、智能化、个性化服务;在税务监管上要实现"以数治税"分类精准监管。至此,2015年《"互联网+税务"行动计划》中前瞻描绘的"智慧税务生态系统"得到更为清晰具象的顶层建构响应。

综上,这四个阶段一脉相承又迭代升级,信息化(电子化)大趋势下的网络化、数字化和智能化三位一体、不可分割,循次揭示出电子税务局的进化逻辑。

三、电子税务局的功能定位

建立在信息化基础上的电子税务局应该提供面向纳税人的网上服务、面向税务部门内部的网上服务、面向其他部门(机构)的网上服务。

(一)提供面向纳税人的网上服务

建立在电子政务统一平台上的电子税务局能够向社会提供以下服务:税务信息宣传(税务局的基本情况介绍、指导纳税人办税的基本流程、进行税法宣传)、税务登记、税务申报、税务查询、征纳关系调整(纳税人意见反馈、举报投诉以及其他涉税事务)等。可以看到对于传统税务局提供的服务,电子税务局都可以提供。不同之处在于,电子税务局在开展上述税收业务时拥有互联网络这个新的技术平台,可以拉近税务机关与纳税人的距离,给纳税人提供了极大的方便。一是通过电子税务局实现"非接触式"办税缴费服务,使纳税人足不出户即可完成办税缴费事务,节约纳税人申报的交通费用及时间;二是依托电子税务局,进一步强化数据采集和部门间数据共享,着力减少纳税人缴费人重复报送;三是通过信息技术实现涉税数据的自动提取、自动计算、自动预申报,进一步降低纳税人申报成本。同时,电子税务局也大大提高了税务机关的行政执法效率,通过人工智能等技术手段实现24小时在线智能咨询,通过税收大数据智能分析识别纳税人缴费人的实际体验和个性需求,提供精准服务,进而降低征税成本。

(二)提供面向税务部门内部的网上服务

从税务部门内部来看,存在着管理决策部门、业务部门、后勤保障部门等诸多机构。电子税务局应该能够为各部门工作人员提供电子化的办公条件及相应的辅助决策支持系统和税收会计系统。这无疑可以把工作人员从原有繁重的脑力、体力劳动中彻底解放出来,从而实现办公无纸化、通信网络化和决策智能化的目标。但电子税务局能够提供的服务不仅局限于此,还可以解决税务部门内部的信息共享问题,做到"一处录入,多处共用",以保证税务部门信息和实际信息的一致性,并且对这些信息的共享,根据信息保密程度的不同,制定相应的权限控制机制。这使得税务部门内部可以加强配合和协调,充分发挥内部各应用系统的规模效益。电子税务局还可以实现税务执法信息的网上录入、流转、监督和查询,对税务人员的履责情况实现全过程自控与实时评价,从而进一步地规范税务执法行为,提升税务执法内部控制和监督的有效性,对税务执法进行常态化、精准化和机制化监督。

(三)提供面向其他部门(机构)的网上服务

税务、财政、中央银行、审计、市场监管、人社、公安等作为国家重要的经济管理和监督机构,承担着为社会公众提供服务、支持经济发展的重任,相互之间的数据交换量很大。税务部门需要向财政等部门(机构)提供诸如市场监管税收收入报表、税收收入执行情况分析、财务税收汇总报表、税收工作情况以及其他综合信息资料,而税务部门需要从其他部门(机构)获得诸如国库预算收入报表、审计报告等信息。随着社会主义市场经济不断发展,税收工作对国家宏观经济调控作用越来越大,税务部门与相关部门(机构)之间的情报交换、信息交流和执法联动的需求将更加迫切。在现有情况下,税务系统和其他部门(机构),如市场监管、银行等的网络系统往往相互分离,客观上造成了

"信息孤岛"的存在。在电子政务架构下建立的电子税务局,则可以实现财政、税务、市场监管、银行等相关业务系统之间的无缝连接,不断拓展促进涉税涉费在相关部门间的信息共享。同时,在这一框架下,税收数据的规模不断扩大、类型增多,价值升高、颗粒度更细,税收数据的驱动力更为明显,使相关信息在部门(机构)之间充分共享,从而避免资源浪费,为实现税源有效监控、税收业务流程自动处理提供有力的技术支撑。

四、未来电子税务局的运行图景

数字化背景下的电子税务局将通过流程再造、跨界融合、管理创新、组织变革,可形成集约共享的技术架构、资源整合的业务布局、统一高效的应用平台、科学高效的保障体系,将成为深化"放管服"改革,规范税收执法的"主引擎";深化"最多跑一次"改革,优化纳税服务的"大平台";深化"征管方式转变",管控税收风险的"信息池",从而切实释放税制改革红利,有效营造高质量税收营商环境,挈领提升税收现代化建设品质。

(一)一体支撑,构筑统筹框架下的基础建设体系

运用逻辑集中物理分散的建设模式,统筹推进全国统一电子税务局的基础设施建设,构建"1+N"的电子税务局"互联网+"模式("1"个总局电子税务局、"N"个省局电子税务局),形成总局统筹、省局协同的集中共享分布式大数据中心。围绕核心系统,深化数据交换,搭建统一应用支撑和应用服务体系(见图9-1)。

(二)技术引领,构筑全新治理理念下的智慧税务生态

依循税收现代化建设脉络,提升税收共治能级,建立以流程为中心的跨层级、扁平化、集约化网状组织结构。更广范围、更深程度、更高层次地依托智能力量,即以云计算架构为基础,深度运用云计算的资源池化、沙箱、降耦合、分

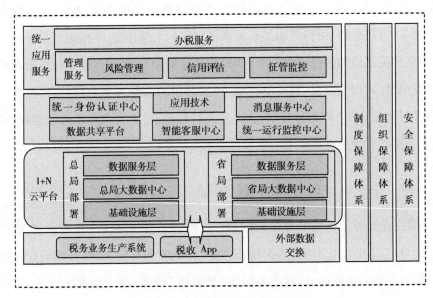

图9-1 电子税务局总体架构示意图

布式集群、高可用等技术,结合大数据处理、智能 WEB、智能消息推送、服务化架构等先进技术,将电子税务局打造成集纳税人端、税务端、社会端的高效可用平台(见图9-2)。

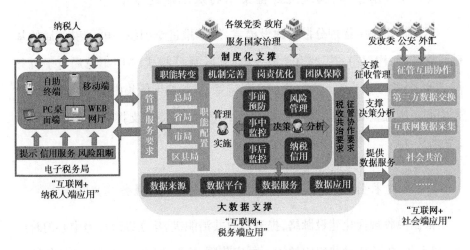

图9-2 电子税务局整体生态示意图

(三)数据制导,构筑征管方式转变下的"以数治税"格局

在电子税务局的统一平台之下,大力推行电子发票系统,尤其是将增值税专用发票纳入电子发票系统中,实现发票全领域、全环节、全要素电子化,降低制度性交易成本的同时实现对纳税人生产经营监控的全覆盖和增值税发票信息的闭环式管理。建立风险管理系统、信用评估系统和征管监控系统,深化风险监控,构建评估指标体系,打破"管理—数据—管理"的传统税收风险管理的封闭循环,探索建立以"互联网+监管"为基本手段,以"信用+风险"监管为基础的税务监管新体系,不断提升基于大数据分析的涉税风险分析应对能级,精准有效打击涉税违法行为,最大限度地释放涉税大数据的创新潜力,有力促进信息聚合和风险管理(见图9-3)。

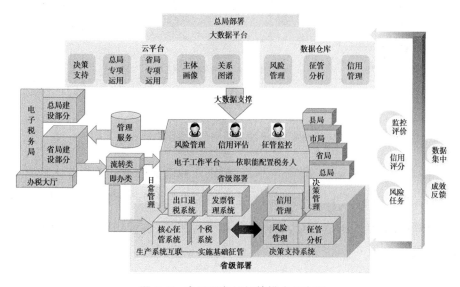

图9-3　电子税务局征管模式示意图

(四)安全开放,构筑民生导向下的新型征纳关系

结合数字证书机制,建立身份认证、通信加密和防抵赖全方位网上管理体

系;综合集成电脑、手机、自助应用,打通线上、线下等办税服务渠道;加载强大在线收付功能,支持三方协议、银联付款等多元化缴税方式,实现纳税人日常办税业务全口径电子化,税务人员常规工作流程全链条电子化。电子税务局还可通过采用先进的搜索引擎,采集互联网、税务网站、各类应用系统等用户行为信息,利用关联推荐模型挖掘用户需求,建立用户行为分析模型,形成关系图谱、黑名单、标签画像、行为视图等公共数据服务,探索推出用户账户体系,在征纳双方深度互动、涉税业务高度协同等方面取得突破性进展(见图9-4)。

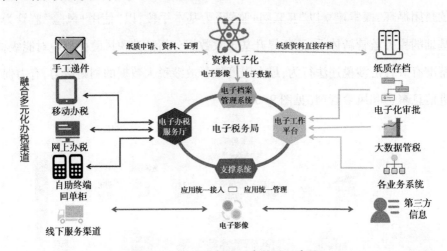

图9-4　电子税务局平台终端示意图

随着新一轮税务机构改革的推进,特别是社会保险费和非税收入征管职责划转之后,电子税务局的承载内容或将突破单纯"税收"范畴,朝着办税、缴费一体联办的模式推进,而这也将是深化平台相通、系统相融、融合相生的历史性发展契机。

五、电子税务局建设的理论支撑

电子税务局建设已经突破了单纯的电子辅助工具意义,正推动税务工作从前台到后台的全面数字化,由此产生全新电子税务行为模式,并催生系统性的税务组织流程形态革新,与之互为表里的是税收治理模式的深刻变革,这一变革内含着电子税务治理制度、技术、机制的一体变迁。

（一）制度层面

现代政府制度历经"新公共管理""新公共服务""整体政府"理论和实践的双重涤荡后，在转变政府职能、再造行政流程、提升服务绩效，以及打造具有整合力和回应力的公共机构等方面形成了全球性共识，而这些共识又与互联网渐进渗透、双向赋权、平台聚合的自带效应有着天然同构性，"有限政府""整体政府""服务政府"的治理定位与互联网普惠、民主、平等的精髓形成深层共振，共同驱动包括电子税务局在内的电子政务在制度建构层面的转型。

1. 至简税务（有限政府）

2016 年，我国政府工作报告中明确提出"大力推进'互联网+政务服务'，实现部门间数据共享，让居民和企业少跑腿，好办事、不添堵。简除烦苛，禁察非法，使人民群众有更平等的机会和更大的创造空间"，这揭示了自党的十八大以来"简政放权"之举的核心立意所在，也呼应了中华传统"大道至简"的治国理政思想。从"全能政府"向"有限政府"转变，是一场刀刃向内的自我革命，要让市场发挥对资源配置的决定性作用，形成公平竞争的市场体系，就要最大限度地减少政府干预资源配置。税收直接关系民生福祉，税务机关作为经济执法一线部门，自 2014 年以来，连续开展多年的"便民办税春风行动"，就始终把为纳税人提供从"足不出户"到"如影随形"的服务作为提升纳税人办税体验的着力点和发展方向。沉潜内嵌在经济生活中的"至简税务"应是电子税务局建设的价值追求，立足"至简税务"，高集成功能、高安全新能和高应用效能应是电子税务局的建设遵循。电子税务局建设制度应更加注重还权还责于纳税人，结合"最多跑一次"改革，对新工具、新技术、新方法加以完善利用，大力推行税务证明事项告知承诺制，扩展容缺办理，"备查制"自主申报和"预填申报"，持续扩大"自行判别、自行申报、事后监管"范围，大力推进税（费）种综合申报、依法简并征期，减少申报次数和时间，使办税过程更简便、方式更多、成本更低、体验更好,明显地降低征纳成本。

2. 共治税务(整体政府)

改革开放以来,中国社会层序结构发生了深刻改变,党的十九大报告提出"打造共建共治共享的社会治理格局"正是基于这种洞悉,是对新时代经济基础的新适应。国家治理现代化的内涵就是要实现政府、市场、社会共治,互联互通的共治导向将重塑传统税务治理的主体格局、体制机制和流程环节,降低信息不对称和社会运行成本,推动形成"整体政府"下统一的公共服务标准体系,这也正是当前中国政府体制改革的题中之义。近年来,"党政领导、税务主责、部门合作、社会协同、公众参与"的税收共治新格局持续构建完善。基于此,电子税务局建设应要更加注重标准化衔接,结合国家大数据中心建设,加快融入统一的公共数据开放平台,明确数据联通应用内容、程序、要求、时限、方式,提升跨部门、跨区域、跨层级协同治理能力。

3. 交互税务(服务政府)

从管理到服务、从以政府为中心到以服务对象为中心的行政理念转变,要求政府所提供的电子服务必须从公众的角度出发,这也是坚持人民立场,建设人民满意的服务型政府的内在要求。满足公众对政务服务从单向的信息获取转变为交互服务的需求,提高政府反应力和回应力,更加主动、更加智慧的交互式服务方式将是未来电子政务发展的方向。我国税务机关正致力于通过对电子政务用户使用及相关行为的分析研判,不仅按用户需求对电子政务平台的功能和布局进行设计、调整与优化,实现更具个性化、更为精准、更有效率的管理服务策略运用,以获得最节约的行政成本及最大化的行政收益。是以,厚植深耕于纳税人需求中的"交互税务"应是电子税务局建设的价值追求。立足"交互税务",深度互动应是电子税务局的建设遵循。电子税务局建设制度应更加注重精准化,结合新型征纳关系建立,发挥大数据独特优势,打开政府各部门间、政府与市民间的边界,探索推出个性化税务账户,落实对市场主体全生命周期的涉税关切。

这三大制度理念既各司其要又有机统一，"至简税务"突出税务治理的供给侧改革；"共治税务"突出税务治理的通道优化；"交互税务"突出税务治理的需求侧链接，三者通融于税收治理现代化进程中电子税务局建设的基本诉求。

（二）技术层面：系统工程理论

系统工程理论是从总体出发，合理规划、开发、运行、管理及保障一个大规模复杂系统所需思想、理论、方法与技术的总称。我国"两弹"元勋钱学森先生结合其在航天工程相关的理论研究和实践经验，将实际工程中应用的系统工程管理方法上升到理论层面，对系统工程理论进行了中国化的发展和创新，使系统工程理论从工程应用领域扩展到了社会科学领域。他提出系统工程是组织管理的技术。把极其复杂的研制对象称为系统，即由相互作用和相互依赖的若干组成部分结合成具有特定功能的有机整体，而且这个系统本身又是它所从属的一个更大系统的组成部分。系统工程则是组织管理这种系统的规划、研究、设计、制造、试验和使用的科学方法，是一种对所有系统都具有普遍意义的科学方法。数字化背景下的电子税务局建设是一个集先进理念和现代科技为一体的复杂系统工程。从宏观上来看，电子税务局建设是对税收这一复杂经济关系的调整和重构，涉及政治、经济和管理等社会科学领域；从微观上来讲，电子税务局建设涉及网络平台设计、构建、运行、优化，以及相关涉税信息的采集、传递和运用等具体工程技术问题。从系统工程的一般理论看，电子税务局建设在技术上需要坚持以下原则。

1. 规划施工上要突出建设"一体性"

系统工程理论强调在复杂系统管理中充分运用运筹学等思想对系统的整体运行进行规划和管理。系统工程理论认为系统具有整体性、层次性和有序性，主张以系统的观点去看整体，不能片面、孤立地看待问题。因此，在电子税务局的建设上，需要从全局考虑，在规划建设方面突出一体性，强调整个电子税务局系统的协调性。具体来看,需要区分理想状态下和限定条件下的电子税务局建设目标,科学确定短期、中期和长期的建设规划和目标,厘清系统统一集成和属地自主创新的界限,统筹好企业纳税人和自然人纳税人管理服务,加强国内典型案例分析和国外数字化税务先进经验借鉴,一体推进组织再造、业务重组,既确保"总局—省局"电子税务局网络平台建设的一致性,也确保相关税收征管职能改革各地协调推进。同时,电子税务局建设也是电子政务的重要组成部分,电子税务局建设也要与国家电子政务的建设保持一致性和一体性,使电子税务局能够与电子政务实现无缝融合,这就更强调了电子税务局在建设上面突出顶层设计、统一管理、协调推进的重要性。

2.应用运行阶段要突出数据"引领性"

系统工程理论把系统看作是借助于信息的获取、传送、加工、处理而实现其有目的性的运动,认为一切系统都是信息系统,都存在着对信息进行接收、存取和加工的过程。一个系统一定有它的特定输出功能,必须有相应的一套控制机制。因此对信息的获取、传递和运用是系统的本质。电子税务局正是一个基于涉税信息采集、传递和运用的综合系统。数据是信息的具体表现形式,数据经过加工处理之后,就成为信息;而信息需要经过数字化转变成数据才能存储和传输。因此电子税务局在应用运行阶段必须突出数据的"引领性",致力于打造规模大、类型多、价值高、颗粒度细的税收大数据,高效发挥数据要素驱动作用。首先,应强调各类涉税基础数据的采集和汇总,在相关法制推进的基础上,强化对涉税数据的规范化采集;其次,应注重涉税数据的运用,充分运用大数据、人工智能等加强对涉税数据的分析利用,同时升级优化相关组织架构和职能,使其更契合"以数治税"的要求;再次,应积极探索涉税数据的共享,在运用涉税数据完成税收征管职能的基础上,积极探索涉税数据的增值利用,不断强化税收大数据在经济运行研判和社会管理等领域的深层次运用,以涉税数据的共享促进涉税数据的采集;最后,应关注数据的安全性,海量涉税数据涉及大量商业秘密、个人隐私等敏感信息,需要完善税收大数据安全治理体系和管理制度,加强安全态势感知平台建设,确保数据全生命周期安全。

3.驱动变迁阶段要突出系统的"可扩展性"

系统工程理论认为系统具有开放性和动态相关性。钱学森指出系统本身又是它所从属的一个更大系统的组成部分。对于电子税务局这一复杂系统而言,从宏观视角看,电子税务局从属于电子政府这一更大的系统,随着国家治理体系和治理能力现代化的不断推进,目前电子政府也处在飞速的推进和变革的进程中,电子税务局必须适应和契合电子政府的发展;从中观视角看,随着经济的不断发展和税收现代化的不断推进,税收制度、税收法规乃至组织架构都处在大幅度的变革过程中,电子税务局必须要适应不断发展的经济形势和税收现代化要求;从微观视角看,5G、AI、大数据、区块链等信息技术和理念正处于大发展时期,相关应用层出不穷,电子税务局必须紧跟新技术、新理念的发展态势,加强技术运用与融合。因此,电子税务局这一系统的构建和运行必须突出"可扩展性",突出系统的可快速"迭代"能力,使系统能够实现快速变革以紧跟外部环境、先进技术的变革趋势,从而保持系统的先进性。

(三)机制层面:纳税人需求理论

1.厘清纳税服务需求边界,奠定电子税务局建设基础

纳税服务作为公共产品,应当满足纳税人合法合理需求。国家税务总局《关于加强纳税人需求管理工作的通知》将纳税人需求区分为正当和非正当两类,认为违反法律、法规、规章有关规定,超越现实资源和条件,反映事实不清的需求为非正当需求,其余为正当需求。然而在税务行政法律关系中,对税务机关而言,法无明文规定不可为。纳税人提出的不违反法律规定的需求,与依照法律规定提出的需求,两个概念并非完全重合,前者不仅覆盖后者,外延也要大得多。譬如纳税人提出一项高端涉税服务需求,专门为某特定大企业建立内部税务管理系统与电子税务局系统接口,税务机关动员行政资源可以完成。但作为公共服务的纳税服务,应当是普遍性、基础性的服务,高端涉税服务需求虽然属于"不违反法律规定的需求",也应由市场来满足。税务机关如果不按照法律规定和公共产品理论厘清纳税服务需求边界,不仅会自我扩权,增大行政成本,而且会压缩涉税中介服务的市场空间,并干扰纳税人在市场上公平竞争。按照税收征管法和其他相关法规、规章规定,纳税人为行使法定权利、履行法定义务向税务机关提出的合法合理需求,是税务机关提供纳税服务的范围。超越这一边界,则属于市场提供服务的范围。根据国家税务总局《关于纳税人权利与义务的公告》,明确纳税人享有知情权等 14 项权利,承担依法进行税务登记等 10 项义务。因此,纳税人围绕这 14 项权利和 10 项义务产生的正当需求,就是纳税服务需求的边界。电子税务局建设,就是要响应和满足纳税服务需求。纳税服务需求边界的厘清,也为电子税务局建设划清了边界。形象地说,电子税务局这座"互联网虚拟税务大楼",不是无边无际的,它的地基范围就是"保障纳税人行使 14 项法定权利、履行 10 项法定义务"。

2.降低纳税人税收遵从成本,搭建电子税务局建设框架

相较于实体办税服务厅,电子税务局可以大大降低税务部门征管成本和纳税人税收遵从成本,这不仅是各界共识,也已被实践所证明。因此,税务机关推广以电子税务局为主、自助办税为辅、办税服务厅为补的新型办税模式,得到了纳税人的认可和欢迎。同样,不断改进电子税务局本身,可以进一步降低纳税人包括货币成本、时间成本、心理成本在内的税收遵从成本。当前,电子税务局建设的重点是从税务机关角度,把各类税收业务从办税服务厅"搬迁"到电子税务局。在这一过程中,也要从纳税人的角度,关注电子税务局的功能需求度、开发迭代度和开放协作度。功能需求度,指纳税人对电子税务局各项功能的需要程度。电子税务局应当功能全面,但不同类型纳税人对各项功能的使用频率和关注程度不一。要分析研判纳税人缴费人的实际体验和个性需求,提供精准服务。如电子税务局可以根据单位纳税人、个体纳税人、自然人等不同身份的纳税人,在界面显示内容上作针对性区分,满足个性化需求。这要求电子税务局设计者和开发者具备强烈的用户感,在系统的简洁性和操作的便捷性上投入更多精力。开发迭代度,指纳税人所需的电子税务局系统更新换代的速度、灵活度和冗余度。电子税务局具有互联网平台本身的特性,单点更新或者整体迭代的速度不仅要跟上税收法律、政策的变化速度,还要跟上网络技术的发展速度。由于电子税务局使用全国统一的税务管理平台,从税务机关便于管理的角度看,电子税务局平台功能要迁就征管服务水平相对落后地区;从满足纳税人需求的角度看,落后地区应借助电子税务局平台的先进功能实现征管服务水平的跃升,并且要鼓励先进地区试点创新,形成内部竞争、不断创新的灵活机制。开放协作度,指纳税人作为法人或公民,需要电子税务局作为政府"互联网+政务服务"的一部分,实现与其他政府部门甚至银行等社会机构电子系统数据交换和协同运作,从而在更大范围和更深程度上提供公共服务。互联、互通、共治、共享是互联网的本质,电子税务局也不例外。电子税务局建设需要利用平台既有的税收大数据优势,进行横向或纵向的合作,使参与合作的各方都能获取更大收益。简言之,建成和推广电子税务局可以一次性降低纳税人税收遵从成本;从功能需求度、开发迭代度和开放协作度着手,建好和改进电子税务局可以持续降低纳税人税收遵从成本。

3. 实施纳税人需求科学管理,明晰电子税务局建设功能

在纳税人使用电子税务局依法行使纳税权利和履行纳税义务的过程中,涉及法律、政策、程序以及其他问题时,对税务机关会提出各类具体需求。同时,纳税人在通过其他途径行使权利和履行义务时,也会向税务机关提出涉及电子税务局的需求。譬如,上门办理某一事项,建议今后税务机关可以通过电子税务局实现网上办理等。纳税人需求具有多样性的特点:对同一事项,不同类型、规模、行业的纳税人之间的需求存在差别;对同一纳税人,在各个纳税环节的需求也存在差异,具有动态性的特点,而一项服务需求得到满足后,不仅会产生新的需求,各项需求的相对重要性也会产生变化。纳税需求还具有模糊性的特点:纳税人往往没有清晰、准确地描述自己的具体需求,考虑到纳税人需求的特点,税务机关可以按照卡诺模型①,将需求区分为基本型、期望型、潜在型、无关型,从重要性和满意度两个方面,制定不同的服务改进策略。而在大数据时代,及时采集、动态分析纳税人需求的最佳平台,就是电子税务局。电子税务局不仅可以将各个渠道采集的纳税人需求进行汇总,更重要的是可以通过对纳税人办税痕迹的大数据分析,掌握纳税人潜在型需求,区分无关型需求,并且在服务改进措施实施后,对纳税人满意度进行实时跟踪分析,形成需求的闭环管理,从而真正实现对纳税人需求的科学管理。

第二节　电子税务局建设的国际经验与借鉴

　　20 世纪 90 年代后期,西方发达国家的税务部门在原有征管网络建设基础上,加速推进了电子税务局建设,其主要目的是提升办税效率,降低纳税成本,强化数据采集和共享。20 世纪末,美国联邦税务局启动了纳税人税收管理改革,制定了信息化建设 15 年规划,这一规划的主要目标是在互联网基础上建立一个税收征管综合信息管理系统。经济合作与发展组织(OECD)的成员国将电子税务局建设作为政府整体建设规划的重要方面,投入大量资金用以电子纳税服务技术开发和基础设施建设,用以降低纳税成本,提高纳税遵从度。在 2007 年到 2012 年间,英国皇家税务与海关总署将提高电子纳税服务作为战略任务,投入 7 亿英镑建设在线服务系统,用来扩大服务范围、提高服务质量。各国电子税务发展历程既有相似又各具特色,对我国电子税务局建设具有一定的启示借鉴意义。

---

　　① 卡诺(KANO)模型是东京理工大学教授狩野纪昭发明的对用户需求分类和优先排序的工具,以分析用户需求对用户满意的影响为基础,体现了产品性能和用户满意之间的非线性关系。

一、强化数据采集和共享

2013 年,OECD 发布了应对 BEPS 行动计划,提出永久解决问题的唯一办法,是建立一套先进的可以在全球税务管理部门交换的信息系统。从整体政府的理念出发,各国进行了纳税人身份编码的标准化、唯一化,在企业注册时有一半左右的成员国采用了"通用注册、唯一编码"系统,从而使纳税人信息可以在政府各部门间实现共享。在瑞典,纳税人一经注册,就可以获得企业注册局、税务局和经济区域增长局的电子服务。在巴西,电子发票的应用使政府管理部门间的管控流程更加便利,也大大促进了中小企业的发展。澳大利亚税务系统不仅实现了系统内的信息资源共享,也与各经济相关部门,如保险、银行、海关实现了信息互联互通,信息的共享不仅能够及时帮助各部门进行资料审核,也能够及时进行信息反馈。经合组织成员国的普遍做法是将纳税服务融入一体化公共服务中去,通过建立政府服务网站,纳税人可以通过电话、网站、职能设备或者电邮获得几乎所有的服务。

二、完善新型涉税法规

自 1995 年以来,西方国家的数字化税务局建设取得了长足的进步,服务技术、服务方式、服务范围、服务深度都有了显著的完善,这主要是因为各国完善了相应的涉税法律法规。爱尔兰税务局以法律形式确定了纳税服务的主要目标,主要是鼓励税收遵从和建立低成本但便捷、快速的税务海关信息系统;荷兰制定相关法律将纳税服务成本降低 25%。日本政府出台政策要求将 15 种电子纳税服务包括电子纳税申报、支付认证等使用率大幅提高。澳大利亚税务部门开发了大量软件,推出电子税务申报,以法规形式规定了电子申报与纸质申报的办理时间,鼓励更多的纳税人选择电子申报。

三、防控潜在的税收风险

为应对税基侵蚀和利润转移(BEPS),世界各国开始应用税收大数据进行分析管理,从而发现税收异常,促进税收遵从。如今美国已经建成覆盖全国的电子税务网络,从税务登记、纳税申报到税收预测、税款征收的全部税收数据采集工作已经全部可以在电子税务系统进行操作,这一系统大大提高了美国地方和联邦税务部门处理分析内外部数据、收集偷逃税数据、进行税务稽查的效率。英国的电子税务部门通过大数据实施新注册纳税人精准画像,风险管理部门通过电子税务系统筛选高风险纳税人,从而进行调查,减少偷逃税行为。新加坡税务部门启动了"辅助性遵从保证行动",运用大数据对消费税流程进行管控,一旦发现纳税人有非故意的不遵从行为,立即进行辅导并免除处罚,这一行动计划使得消费税的管控更加精准,管理效果大大提升。

四、提升纳税人办税体验

电子税务局建设不仅能够拓展税务数据来源,也能提升纳税人办税体验。澳大利亚和新加坡税务部门要求纳税人积极主动参与企业申报数据管控,通过改进业务办理方式,提升纳税人办税体验,若对税务部门的数据存在异议,纳税人可主动通过互联网反映,确保数据合规正确。荷兰通过实施"水平监测"行动减少对纳税人的税收遵从检查,对纳税人的经营数据鼓励主动分析上报。从纳税人角度看,电子税务局强化了数据采集,通过大数据将纳税人的历史行为、最新动态和潜在需求进行精准描述,使管理和服务更加精准。从税务部门管理角度看,电子税务局通过税收征管数据,对不同部门、不同时空、不同人员的情况进行评价,有效提高税务部门的管理和决策水平。

五、深化有效安全防护

信息技术的发展让数据安全变得格外重要。数据安全主要包括以下几个方面的内容：一是数据的保密性。电子税务系统必须保证数据在纳税人和税务机关的传递是保密的，外界不可获得。一般来讲，数据的保密性通常通过安全套层加密技术（SSL）、散列算法或数字认证等加密协议予以保证。法国用256位高级标准安全套层加密技术（SSL AES）确保数据的保密性，也有国家开发了公共密钥基础设施（PKI）数字签名技术。二是数据的完整性。电子税务系统必须保证数据在税务机关和纳税人的传递中不会发生任何改变，土耳其采用压缩文件格式以保证数据的完整性。三是数据的真实性。电子税务系统必须保证传递的数据是真实的。数据的真实性一般可以通过大数据相关的比对进行事先验证，如数据备份、数字认证、合同条款等。澳大利亚通过数据备份和合同条款来保证数据交换的真实性。

六、加强人力资源开发

美国税务机关在涉税人才招录和培养方面既注重招录人才的专业背景，在入职之后又强化综合能力的培养，设立专门的"中基层领导者储备项目"（FLRP），为高素质人才提供发展机会。德国税务部门则是严格入门考试，安排专业培训，试用期内要经过多岗位的轮岗实践，努力使涉税人才做到理论和实践相结合，从而培养高水准的涉税专业人才。英国税务部门通过设立"毕业生项目"，吸引优秀毕业生进入税务机关，并在全国范围内建立培训中心提供免费技术培训，着力提升税务干部的专业能力和综合素质。

第三节　电子税务局有效运作的核心机制建设

电子税务局建设应当考虑历史承继性、现实可行性、未来发展性，立足国情税情，面向科技前沿，面向民生需求，面向经济主场，明确近期、中期、远期目标，遵循发展规律，分梯次、分门类、分阶段推进，边建设、边总结、边完善。围绕把握新发展阶段、贯彻新发展理念、构建新发展格局，特别要聚焦聚力当前深刻转型期和关键跨越期具有标志性、引领性、带动性的重点改革项目,完善基础设施,突破关键技术,创新应用场景,找到最佳路径,实现算法、算力和数据之间的良性循环,构筑以税收大数据为驱动力的具有高集成功能、高安全性能、高应用效能的智慧税务,实现全天候、全方位、全覆盖、全流程、全联通的智慧税务生态,助力推进精确执法、精细服务、精准监管、精诚共治。

一、强化数据共享

不断完善税收大数据云平台,加强数据资源开发利用,持续推进与有关部门的信息互联互通。结合国家大数据中心建设,主动对接"智慧城市""智慧政务",建立数据开放权限评估机制,加快融入统一的公共数据开放平台。健全涉税涉费信息对外提供机制,加大与外部数据的共享广度和深度,建立各类主题数据库,进一步拓展数据采集渠道,构建一个主题细分、区块成链、整合集成的智慧税务大数据云平台。大力推进常规信息"最多报一次",实现涉税涉费数据"一次采集、共享共用",避免同一数据的多部门重复报送。推进跨部门数据资源标准化建设,加快建立数据共享标准体系,构建一个生态开放、交互规范、持续提升的部门数据协作平台。强化数据分析应用顶层设计,创新数据分析模型,构建一个能够全面感知、态势预测、事件预警的智能数据分析平台。此外,在与外部数据连接时充分应用互联网、物联网等新兴感知技术,提高数据采集应用的完整性和时效性。

二、实现规则制衡

以进一步深化税收征管改革为契机,加快形成与互联网普惠、平等的精髓深层共振的权界清晰、权责一致、运转高效的税务机构职能体系,以及情理兼顾、张弛有度、刚柔并济的电子税务规则体系。在适应我国电子税务整体立法步伐的基础上,推动电子税务法律制定,以及税收法定进程中的电子税务法律规范工作。结合数字证书机制,建立身份认证、通信加密和防抵赖全方位网上管理体系。通过明确电子税务不同当事主体的权利、义务,规范当事人的行为,特别是不同于传统行政行为的、特殊的程序性要求,进而建立起电子税务发展所需的法治秩序与法治环境。

三、加强风险管理

建立电子税务风险管理系统、信用评估系统和征管监控系统,深化风险监控,构建评估指标体系,打破"管理—数据—管理"的传统税收风险管理的封闭循环,探索建立基于互联网的"数据—管理—数据"的税收风险管理新模式,最大限度地释放涉税大数据的创新潜力,有力促进信息聚合。发挥税收大数据云平台高性能、高并发计算能力及海量存储等优势,形成关系图谱、黑名单、标签画像、行为视图等公共数据服务,探索推出个性化税务账户,落实市场主体的涉税需求。依托云技术,构建数据整合挖掘新型生态机制;善用区块链新兴技术,实现自动审批全息化和监管实时化;引入人工智能技术,融入智能社会传感网,实现税收征管事前审核为主向事中事后监管为主全过程智控转变,"以票管税"向"以数治税"分类精准监管转变,固定管户向分类分级管户转变,无差别管理向风险管理转变,经验管理向大数据管理转变。

四、优化用户体验

坚持以纳税人缴费人为中心,结合"最多跑一次"改革,对新工具、新技术、新方法加以完善利用,将专业性税收业务处理嵌入亲和自洽的电子功能板块,搭建丰富智能应用场景,切实满足纳税人的使用偏好和移动办税需求,吸引纳税人无忧便捷办理。现阶段,重点做好新版电子税务局推广应用工作,运用税收大数据对电子税务用户使用及相关行为进行智能分析,识别纳税人缴费人的实际体验和个性需求,按用户需求对电子政务平台的功能和布局进行设计、调整与优化,更为精准地提供个性化服务。综合集成电脑、手机、自助应用,打通线上、线下等办税服务渠道;加载强大在线收付功能,支持三方协议、银联付款等多元化缴税方式,实现纳税人日常办税业务全口径电子化,税务人员常规工作流程全链条电子化。完善电子税务体验区,实施电子税务功能体验调查;提升系统间数据同步效率,降低系统切换升级体验震荡,节约征税成本。

五、确保系统安全

完善税收大数据安全治理体系和管理制度,加快构建关键信息基础设施安全保障体系,建立统一高效的网络安全风险报告机制、情报共享机制、分析处置机制,落实网络安全责任制,制定网络安全标准,明确保护对象、保护层级、保护措施,完善身份体系和高水平访问控制,持续提升安全保卫能级。加快基础设施改造,将传统基础设施体系改造与云平台建设相结合,构建标准统一、稳定可靠的系统架构,逐步建立以云技术为支撑的电子税务局建设、运行和维护新体系。广泛应用防火墙、漏洞扫描、入侵监测、Web 防篡改、网络防病毒、基于 PKI 技术的 CA 认证、密码密钥管理等信息安全技术,同时常态化开展数据安全风险评估和检查,健全监测预警和应急处置机制,确保数据安全,有效降低电子税务局安全风险。健全纳税人缴费人个人信息保护等制度,规范涉税涉费信息的查询、传递、使用和存储,严格保护涉税涉费信息,严防纳税人信息和涉税数据的泄露和滥用。

六、完善人才智库

以设立"电子税务处理岗"等尝试为契机,加大人力资源向风险管理、大数据应用等领域倾斜力度,尽快实施电子税务人才培养育林工程,通盘科学谋划,注重基层导向,积极搭梯建台。侧重源头引进人才,从招录环节出发,增加计算机、信息管理、软件工程、信息安全等专业人才招录比例。着重全面培养人才,从初任培训到后续培训,在原有业务培训的基础上增加信息技术知识,尤其注重对年轻干部的培养。注重打造适用人才,重点培养如网络安全、数据分析利用、技术运维等领域的税务领军人才和各层次业务骨干,建立完善电子税务人才的进阶培养方案,定期开展知识更新,定期开展定级考评,确保电子税务人才素质不断提升。

第四节　电子税务局建设实践应用

——以浙江省税务局为例

当前,我国电子税务局建设已进入高速发展期和集中攻坚期。为更为生动地描摹其实践印记,特选取在税务机构改革前一度承担原国地税电子税务局试点整合任务的浙江省电子税务局作为实证案例。

浙江税务部门依托当地电子政务发展坚实基础,发挥以省会杭州为代表的信息技术集聚优势,打造了电子税务局独特落地范式,以深化放管服改革和"最多跑一次"改革,推进政府数字化转型为契机,为全省纳税人提供全新网上办税系统,并与浙江省政务服务网相对接,成功打造办税事项一体化服务平台。

一、便捷高效的涉税服务平台

（一）采用"网页版",实现用户使用零门槛、零负担

浙江省电子税务局推行轻应用架构,全部采用"网页版"方式,纳税人无须下载安装任何客户端软件即可使用,上手零门槛,系统升级也不用进行额外维护,运行零负担。

（二）实行"松耦合",首创高效独立运行新模式

为避免系统间交叉影响,浙江省电子税务局与全国统一版的金税三期税收征管系统采用互备模式建设,与内部系统间实行"松耦合化",通过信息共享、业务协同、数据交互的协同机制与容错机制,创建不受系统间效能影响、高

效独立运行的平台。当全国统一版的金税三期税收征管系统出现性能问题时,浙江省电子税务局仍可较好地为纳税人提供办税服务。

(三)覆盖"全业务",实现线上线下服务同步

一是覆盖所有办税事项。通过梳理比对税收征管规范、纳税服务规范,全面覆盖140项"最多跑一次"事项,除申报、发票、行政许可、优惠办理等事项外,还实现了车购税、出口退税、代开发票等功能的互联网办理。二是覆盖所有纳税人。全面覆盖企业、个体工商户、自然人和行政事业单位,行政事业单位也可通过浙江省电子税务局缴纳社保费和代扣代缴个人所得税。三是覆盖所有城乡居民缴费人。通过建设全省集中版城乡居民两费征缴系统,打通"城乡两费征缴""信息孤岛",实现征缴业务全覆盖、缴费渠道多样化、缴费证明数字化、缴费协议"零次跑"、退费申请零上门等多项特色功能。通过搭建税务、人社、医保、银行、支付宝(微信)等部门间的信息共享交换平台,充分发挥税银平台优势,打通部门间信息互通共享、实时交互的渠道,从而实现全省3200万城乡居民和500万灵活缴费人员办理参保登记、缴费和享受社保待遇的实时无缝衔接,走上两费征缴办理"信息快速通道"。

(四)打造"智能化",有效提升用户体验感

推出业务集成办理套餐服务。将纳税人需要办理的多个涉税事项归类集成,纳税人只要一次递交一张表格,系统后台"一条龙"处理,即可完成多个涉税事项的办理,提升了办税效率。试点期间,共完成了新办纳税人、跨区域涉税事项综合管理、清税注销税(费)申报及缴纳、小规模纳税人转一般纳税人集成、个体转企业集成、发票变更及领购集成等7个套餐。实现实时智能审验功能。在办税流程中设置数据驱动的接口化、服务化校验审核规则和智能审核节点,对47项业务实现智能审核,部分业务实现全部人工智能审核,有效防范涉税风险。

(五)畅通"多渠道",提高网上办税便捷性

一是办税多渠道。浙江省电子税务局通过"一云多端",全面覆盖 PC 端、移动端、自助端等各种办税渠道,基本实现了纳税人"一次也不用跑"。仅以移动端为例,在浙里办 App、浙江税务 App、支付宝城市服务、微信小程序等平台都增添了电子税务局模块,可满足大部分纳税人的便利化办税需求。浙江省电子税务局还和浙江省政务服务网实时对接,通过政务服务网可以无缝衔接办理所有涉税事项。目前,为进一步推进"掌上办税",着重开发和推广浙江税务 App,使浙江税务 App 承载越来越多的电子税务局功能,方便纳税人缴费人轻松实现移动办税。二是缴税多渠道。浙江省电子税务局引入第三方支付的互联网支付手段,在代开发票、税款缴纳及跨区域涉税事项等业务的办理中得到成功的应用。通过网上签署缴款三方协议扣款,支付宝、微信扫码支付等缴税渠道有效压缩了纳税人缴纳税款时长。

(六)实现"无纸化",倡导节能环保理念

结合浙江省法人数字证书、上线 CA 签名和签章功能,纳税人通过浙江省电子税务局申请办理依申请事项时,可利用移动端拍照上传相关辅助材料、填报经 CA 签名的电子申请资料,无须再报送纸质资料,审核通过后,系统会生成图像化或数字化的电子档案,实现办税无纸化。

二、安全可靠的运维防护体系

(一)高等级安全防护

实现安全管家服务,拥有固定的专家团队,提供方案咨询、产品部署、安全评估、安全加固、策略优化、安全运维、7×24 小时监控、应急处置、安全报告等服务。除了常规的网络安全措施,还进一步采取以下措施:一是启用高防产

品,将域名接入高防,具备弹性 300G 的抗 DDOS 能力;二是启用 WAF,将域名接入 WAF,具备防御各种主流 WEB 攻击的能力;三是检查 SLB 配置,增加 SLB 白名单设置,防止攻击者绕过 WAF 和高防进行访问,保护源站;四是对后端服务器进行安全加固,在主机段精细化设定防火墙规则,只开放了 22/ssh、8080/web、65000/接口三个端口;五是定期进行应用漏洞扫描,及时修补安全漏洞,确保系统安全。

(二)高度重视数据安全

业务数据严格按照总局规范,存放在内网,设置 DMZ 区进行内外网数据交换。数据读写通过接口方式进行,避免直接接触后台数据库。同时按照业务需求制定最小访问策略,保障数据的安全。

(三)利用 CA 签名和签章功能保障用户安全

纳税人通过电子税务局申请办理涉税事项,可选择 CA 登录,提供 CA 签名和签章功能,无须再报送纸质资料,通过填报经 CA 签名的电子申请资料,审核通过后,生成图像化或数字化的电子档案,防篡改、防抵赖。

(四)多层次运维监控

依靠云平台自带的监控工具,能够对平台总体情况、安全、应用带宽、应用的 CPU 内存、健康度、响应时间等进行实时监控和分析。同时,建立三级业务运维体系:一是面向纳税人的技术支持热线及在线服务体系;二是省局现场运维服务体系;三是市县区局技术支持服务体系。

三、数字化转型的有效载体

(一)优化营商环境,实现"一次都不用跑"

浙江省电子税务局已纳入了 430 余项涉税服务功能,同时还为纳税人提供政策咨询、信息查询、纳税辅导等功能;缩短了纳税人办税时的应用操作时长、填写准备时长、业务办理时长、缴纳税款时长等,提高办税效率,提升纳税人的办税体验。真正让纳税人办税"跑网路,少跑马路",实现了纳税人从"最多跑一次"到"全程网上办",基本实现办税"一次都不用跑"。目前,全省网上综合办税率已达到98%以上。

(二)数据驱动推出预填制,切实方便纳税人

浙江省电子税务局充分运用了预填制免填单方式,按业务报表项数据或系统间业务协同所需数据,预先分类分项加工、聚合存放,为纳税人提供预填制免填表服务。通过整合处理征管系统基础数据、开票数据等信息,对纳税人申报表进行预填,纳税人只需"确认""修改""补充"即可轻松完成申报业务,享受优惠减免。目前,已实现增值税报表项全部数据聚合、所得税报表项50%以上数据聚合,同时涉税文书和申请表单实现业务集成及数据信息读取与聚合。据统计,99%的小规模纳税人和一般纳税人在增值税申报时,基本无须填写报表项内容,只需对应用系统自动生成并聚合的报表进行确认即可。

(三)助力减税降费,实现应享尽享

一是受理环节实现"3个无须"。浙江省电子税务局通过系统前台校验,只要是符合条件的纳税人,在办理相关业务时均无须任何审批流程、无须任何核查手续、无须任何证明资料就能享受减税降费,如在办理申报业务时,纳税人只需要如实填写纳税申报表即可实现"申报即享受"。二是办理环节实现"3个自动"。浙江省电子税务局通过系统智能判断,只要纳税人正确完整填写相关项目,系统就可以快速自动计算校验,自动识别纳税人是否可享受相关税收优惠并自动计算纳税人的可减免税金额,帮助纳税人及时准确享受到税收优惠,同时自动生成纳税申报表。

（四）建设征纳沟通平台，助推税收政策精准推送

浙江省各级税务机关充分依托电子税务局征纳沟通平台，智能识别和定位不同纳税人群体，向全省纳税人宣传辅导推送政策、与纳税人实现互动沟通。一是搭建群组夯实精准宣传基础。区别于其他私人化、零散化的建群模式，平台可以根据企业不同行业、性质、特点及税收政策影响大小等因素建立多个专项群组，税务人员采集金税三期核心征管数据，按照事先制定的建群规则，采用后台管理员一键建群的方式搭建不同的群组。二是智能化自动触发消息精准催报催缴。平台以精准识别和准确推送为主要设计思路，由税务机关至纳税人，进行事前、事中、事后全方面单向性提醒提示。三是自定义消息推送精准送达政策。平台设置了自定义消息推送功能，实现了涵盖消息通知、税收宣传、政策辅导、操作指引等各方面的精准推送，极大地满足了纳税人对税收政策消息的个性化需求。四是"云课堂"分类培训加力精准辅导。通过平台"云课堂"栏目陆续推出"电子税务局操作""深化增值税改革新政解读"等视频和 PPT 及其他形式的培训资料，推送给特定纳税人或供纳税人自主下载学习。平台提供群直播功能可供各级税务机关开展时效性强、针对性强的直播培训。讲课人只需一台连接网络的电脑，点开群组直播功能，即可开始授课。纳税人可随时在群组中参与互动，也可在直播结束后回看培训录像。该功能可满足多个交流群同步直播，克服了传统培训的时空限制以及场地限制。

（五）银税互动，助力缓解中小企业贷款难

2019 年 12 月 1 日，浙江银税互动服务平台正式上线，通过"数据直连、网上申请、实时授权、智能分析、在线审批、自动反馈"云上互动模式开展银税线上互动，构建"银税超市"生态系统，实现小微企业纳税信用贷款一站办理、一键触达。浙江省税务局已与 37 家省级银行业金融机构签订"银税互动"合作

协议,其中28家银行业金融机构已开展线上合作。通过健全合作机制、完善合作平台、加强信息共享,切实将企业的纳税信用与融资信用贯通结合,有效破解小微企业融资难题,初步形成企业、银行、税务三方共赢的局面。

第十章 "非接触式"办税缴费的
调查与思考

第一节 "非接触式"办税缴费
服务的创新实践

"非接触式"办税缴费服务,是新冠疫情防控期税务部门落实全力做好疫情防控和优化纳税服务的必要手段,也是落实好党中央、国务院深化"放管服"改革,优化税收营商环境的现实要求,充分彰显出数字技术赋能纳税义务有效履行的作用成效,目前已成为推动优质便捷税费服务体系建设的常态化举措。本书以国家税务总局泉州市税务局实施"非接触式"办税缴费的具体实践为例,在针对"非接触式"办税缴费服务开展的问卷调查总结分析的基础上,深入探讨"非接触式"办税缴费服务的现状和业务需求点,并从自然人端、企业法人端和税务端三个方面对拓展"非接触式"办税缴费服务提出了设想。

2020年以来,新冠疫情给我国经济社会发展带来了巨大的影响和冲击。税务部门深入贯彻落实习近平总书记关于疫情防控的一系列重要指示精神,聚焦优惠政策落实要给力、"非接触式"办税要添力、数据服务大局要尽力、疫情防控工作要加力的"四力"要求,着眼于便民利民,切实做好各项工作,给广大纳税人、缴费人带来了更多获得感。国家税务总局泉州市税务局在全力落实践行"非接触式"办税缴费服务的同时,通过开展一线调研和系统分析,积极探寻"非接触式"办税缴费服务的突破点,为建设优质便捷的税费服务体系提供了思路和方法。

一、"非接触式"办税缴费服务是税收现代化的应有之义

党的十九届四中全会强调:"深入推进简政放权、放管结合、优化服务,深化行政审批制度改革,改善营商环境,激发各类市场主体活力。"加快推进"放管服"改革,构建优质便捷的服务体系是税收治理现代化的重要内容,可以更好地发挥税收在国家治理中的基础性、支柱性和保障性作用。税收现代化,是税收征管和纳税服务方式方法不断变革的善治之路。为贯彻落实党的十九届四中全会精神,推进新时代税收现代化建设全面提质增效,结合信息化高度发展、纳税人办税需求日益增长、纳税人社会行为方式发生变化等税收工作新形势、新要求,在2020年1月召开的全国税务工作会议上,国家税务总局局长王军提出了税收现代化新"六大体系",并强调要着力提升"六大能力",不断把制度优势转化为治理效能。其中,建设优质便捷的税费服务体系,旨在健全民本化、智慧化、便利化的办税缴费服务,推动税收营商环境进一步优化。在税收现代化新"六大体系"总体设计、总体框架统筹下,拓展推进"非接触式"办税缴费服务是建设优质便捷的税费服务体系的良策,其将成为实现新旧纳税服务模式转换的重要路径,是匹配全方位提升纳税服务质效的有效方法和手段,更是助力税收现代化的应有之义。

"非接触式"办税缴费服务,关键在于最大限度减少纳税人、缴费人与税务人员见面的次数和时间,最大限度推进电子税务局和智慧税务的建设和普及运用,让纳税人、缴费人能够选择最方便、最智能的方式办理日常的涉税事项和获取税务咨询等服务。税务部门推进"非接触式"办税缴费服务的进程由来已久,积累了丰富的实践和经验。这些实践和经验顺应了信息化发展趋

势为纳税服务带来的巨大变革,有利于和谐税收征纳关系,符合未来税收征管
改革的发展要求,是探索新时代建设优质便捷的税费服务体系的重要实践基
础,更为进一步探索优化升级"非接触式"办税缴费服务厚植了土壤,是税务
部门提出的"非接触式"办税要添力的"力"之所在。"非接触式"办税缴费服
务并非是税务部门应对新冠疫情的临时举措,而是持续巩固拓展服务质量的
长效之举。在新冠疫情影响下,维护社会公共卫生安全是疫情防控的重中
之重,税务部门优化服务的当下之责便是进一步推行和升级"非接触式"办
税缴费服务,努力寻求维护社会公共卫生安全和保障国家税收权益的契合
点,落实防控责任,筑牢抗疫防线,扎实做好疫情防控期间办税缴费服务
保障。

二、"非接触式"办税缴费服务的实践和业务需求点

"优质便捷"和"减少接触"是提升办税体验的工作核心。特别是近年来
税务部门连续开展的"便民办税春风行动",更是把优化网上办税作为提升纳
税人办税体验的着力点和发展方向。2017 年,税务部门推广网上办税为主、
自助和其他社会办税为辅、实体办税服务厅兜底的办税模式,让纳税人多走
"网路"、少走"马路"。2018 年,税务部门加快电子税务局建设,对接互联网
多渠道缴税方式、多渠道便捷提醒方式,实现网上开具税收完税证明,对能确
切掌握纳税人信息的纳税申报事项,采用"主动网上推送办税信息+纳税人确
认"和"纳税人申请+预填表+自动审核"的新型办税模式。2019 年,税务部门
改善"线上"服务渠道,在拓展 PC 端、手机端、自助端等多种办税渠道的同时,
完善电子税务局与相关应用系统数据互通、一体运行,实现税收信息系统整合
优化,提高业务系统的稳定性,提升纳税人的办税体验。2020 年,为打赢新冠
肺炎防疫攻坚战,税务部门把"非接触式"办税业务拓展推上发展的快车道,
多措并举拓展"非接触式"办税缴费服务:一是坚持"延时办",先后两次延迟
2020 年 2 月份申报纳税期限,随后又延迟 3 月份纳税申报期限;二是坚持"网

上办",公布185项网上办税缴费事项清单;三是坚持"线上办",通过"12366"纳税服务热线、微信等渠道解答纳税人、缴费人的个性化问题和需求;四是坚持"预约办",在做好安全防护的同时,为纳税人、缴费人提供预约服务,错期错峰安排服务。同时,在以"战疫情促发展、服务全面小康"为主题的第7个年度的"便民办税春风行动"中,税务部门更是推出发票"非接触式"领用比例从50%提升到70%,并加快在推进增值税专用发票电子化上取得实质性进展等一系列"硬举措","非接触式"办税缴费服务在新冠疫情防控时期加码升级。

(一)"非接触式"办税缴费服务的泉州实践

作为"晋江经验"的发源地,泉州是福建三大中心城市之一,民营经济发达,中小企业、自然人、缴费人数量巨大,疫情防控、纳税服务的任务繁重。国家税务总局泉州市税务局严格落实国家税务总局关于"非接触式"办税缴费服务的相关部署,主动探索,统筹集成"网上办税""一趟不用跑"以及电子税务局等发展成果,迅速推出《防疫期间泉州税务提供十二项"非接触式"服务举措》,强化"非接触式"服务支撑,最大限度降低交叉感染的风险。除了多渠道、多方式、多平台实现一般事项"网上办"、发票真伪"线上查"、涉税通知"掌上看"、现场服务"预约办",以及涉税疑难"电话问""远程教"之外,国家税务总局泉州市税务局还推出系列"非接触式"办税缴费服务的特色举措,例如:对一类、二类和三类出口企业,实现出口退税申报、证明办理、核准、退库等业务全流程"网上办理";在福建省首创纳税信用动态提醒,系统自动识别纳税人信用扣分事项,通过微信智能提醒纳税人自行修复;与住建、国土等相关部门实现数据共享并联办理,形成"一套材料、一口收件、联审联办、内部流转、一并领件",结合手机微信缴税和EMS快递,实现二手房交易的"非接触办税";对于涉税信息查询申请、定期定额户定额调整等纳税人确需到办税服务厅办理的业务,拓展"线上对线下"(OTO)办税模式,窗口人员容缺或者通过微信等网络工具收取资料后确认办理,相关涉税文书通过邮政等快递渠道送到纳税人手中等。这些措施创新了"掌上载体",畅通了"网上渠道",补齐了"非接触式"办税缴费服务短板。这些务实见效的基层实践,既筑起了无形的疫情防控"防火墙",也是税收治理体制、治理方式、治理技术创新在基层的新实践。

(二)"非接触式"办税缴费服务的业务需求点

为更加准确地掌握当前"非接触式"办税缴费服务的一般情况和可拓展的方向,国家税务总局泉州市税务局在基层调研的基础上,选择从覆盖面、接触面、高频点、需求点四个方面展开调查分析,即从电子税务局线上办税率初步考察"非接触式"办税缴费服务的基本覆盖面;抽样调查办税服务厅现场办税的业务量,考察办税接触面;分析筛选办税高频业务,考察"非接触式"办税的项目难点;开展问卷调查,进一步了解纳税人、缴费人到办税服务厅现场"接触办税"的具体需求点。调查分析结果如下:

1.在电子税务局覆盖面上

通过泉州市电子税务局网上申报率和其他涉税事项(非申报类)办理情况进行统计,发现泉州网上申报率稳定在95%—97%之间,网上申报已经成为税费申报的最主要渠道。但其他涉税事项的网上办理情况却不够理想。在推行"非接触式"办税工作中,进一步完善电子税务局功能、加快功能点的开发应用、优化电子税务局操作、大幅提升电子税务局的推广应用,还大有可为。通过比对目前金税三期业务系统已有功能模块而福建省电子税务局未实现的功能项目,这些功能项目至少包括跨区域涉税事项报验、城镇土地使用税和房产税往期税源信息变更、抵缴欠税、涉税信息查询申请、D类纳税人领取专票预缴税款、税费种认定、定期定额户定额调整、终止定期定额征收方式等。

2.在现场办税的接触面上

通过对2019年泉州市纳税人到办税服务厅办理业务情况进行统计分析,

发现全市 53 万多户的纳税人(不含自然人纳税人)中,平均每户纳税人每年到办税服务厅现场办理涉税业务 3.7 次,其中,窗口办税 2.2 次、自助辅导办税 1.2 次、咨询 0.2 次。而其中许多自助辅导办税项目完全可以通过线上完成却选择现场"接触办税"。可见,"非接触式"办税缴费服务在电子税务局等线上系统功能开发以外的拓展空间仍然巨大,税收宣传、线上辅导等智能手段的推广应用,特别是简明快捷、定制需求、在线智能的办税辅导亟待大力推广。

3. 在现场办税的高频点上

通过统计整理国家税务总局泉州市税务局 2019 年的非申报类主要涉税业务项目受理数量,并筛选其中高频业务,发现税务登记变更(全年办理 547016 件,占窗口办理业务的 28.44%)、代开发票(全年办理 368250 件,占窗口办理业务的 19.15%)、退税办理(全年办理 339273 件,占窗口办理业务的 17.64%)、票种核定(全年办理 210996 件,占窗口办理业务的 10.97%)、税务登记(全年办理 69454 件,占窗口办理业务的 3.61%)、跨区域涉税事项报验(全年办理 35790 件,占窗口办理业务的 1.86%)、跨区域涉税事项反馈(全年办理 31360 件,占窗口办理业务的 1.63%)、简易处罚(全年办理 21294 件,占窗口办理业务的 1.11%),是纳税人办理的高频业务事项。另外,其他现场办理的申报类业务和非高频业务占窗口办理业务的 15.59%。优先优化解决这些高频业务事项的线上办理功能,是提升"非接触式"办税率的一个重要渠道。

4. 在现场"接触办税"的具体需求点上

通过对企业办税员、财务管理员、法人代表和自然人进行问卷调查(每人在 12 个需求点中选择 1—3 条最主要的原因),共收集有效调查问卷 3000 份,结果表明:选"各类电子税务局等线上系统的应用问题"的,占 43.68%,具体包括"电子税务局和自助机出现故障或受限权限而办理不了""在电子税务局(微电子税务局)找不到该项功能""系统不好用或线上办理慢,现场办理更快""个税软件无法实现多家企业在同一台电脑同时使用""不知道、不懂得怎么用电子税务局或自助机办理"等 5 个项目。选"业务流程要求资料报送和取得"的,占 34.55%,具体包括"需要现场报送提交相关材料""需要现场取得相关涉税文书""D 级纳税人需现场领票,需刷卡缴税,并打印完税凭证"等 3 个项目。选"业务咨询辅导需求问题"的,占 15.99%,具体包括"可以线上办理,需要现场辅导""只是到现场咨询业务""认为办税就是要到税务局,不知道线上办理途径"等 3 个项目。属于纳税人设备原因的,占 5.78%。

三、大力拓展"非接触式"办税缴费服务的几点设想

在加快推进国家治理体系和治理能力现代化的背景下,信息化显得尤为重要。我们需要运用好信息化这一新兴生产工具和提升治理的有效手段,才能更好地掌握社会态势、畅通沟通渠道、支持科学决策。信息化的高速发展使互联网、大数据、云平台以及各类 App 深入融合到人们的日常生活中,深刻影响着人们的生活质量和社会行为方式。拓展"非接触式"办税缴费服务,需要顺应非接触、网络办公等人们在信息化时代对纳税服务提出的新诉求,才能契合纳税人、缴费人在信息化时代的社会行为方式。在对国家税务总局泉州市税务局针对"非接触式"办税缴费服务进行调研、问卷调查和数据分析的基础上,深入探讨"非接触式"办税缴费服务的现状和业务需求点,以问题为导向,力图寻找"非接触式"办税缴费服务的突破点。例如,完善线上系统功能并提高其稳定性、优化其操作模式;拓展资料文书的传递方式;提供个性化的税收宣传和业务辅导;等等。以这些需求点为基础,我们从自然人端、企业法人端和税务端等方面对拓展"非接触式"办税缴费服务大体作以下设想。

(一)集成自然人端

1. 自然人业务办理"掌上化""指尖化"

针对自然人数量众多,所涉业务具有类比性、复用性的特点,力争将自然人办税业务全部借助税务 App、微信税务小程序、微电子税务局等多种渠道,

统一操作界面和功能模块,同一账号登录全部税务线上服务渠道,实现移动办税。同时,在办理业务时应用语音识别技术,实现"一说即通、一查即有"。对于一般性业务"非异常,不打扰;无变化,不提醒",比如年度综合所得汇算清缴、个人社保缴纳等,更多依赖系统自动数据分析与排查;对于特殊业务实现"手机办理,限时办结,自选出件,记录复用";对于涉税风险采取"智能风控,流程保障",应用大数据分析区分纳税人类别,健全事前保障机制,对低风险纳税人,减少人工干预,对高风险纳税人,加强数据监控,必要时转交人工核查。

2. 自然人沟通辅导"网上推""语音讲"

自然人的庞大数量和非专业性也意味着将出现更多税务人员和智能软件分析都无法预料的问题,所需要的指导更加基础、更加细致。一是对于各类涉及纳税人利益的优惠政策,要第一时间推送到微信、App 等移动端各渠道。二是对于"12366"被提问的热点问题、移动端被搜寻的高频问题,要定期整合并制作专题讲解,在移动端各渠道高亮置顶,同时,在微信和 App 实现自动弹窗通知。三是对于各种操作流程,要制作相应的教学辅导视频进行线上讲解。此外,如果纳税人遇到办税指南中没有提到的问题可以通过移动端快捷方式调用语音通话,与税务后台服务人员取得联系,获取远程辅导。

(二)精细企业法人端

1. 企业法人业务办理依托电子税务局

企业法人涉税事项较自然人要多,也更为复杂,为纳税人提供一个功能强大的电子税务局是最为迫切的短期目标。应积极拓宽电子税务局办税功能和范围,消除现有的功能盲区。在此基础上,下一阶段:一是要对现有的自然人业务和企业法人业务的全部线上资源进行整合,实现简单事项一键办理、一般事项复用办理、复杂事项容缺办理、资料提交多方并行、多种操作方式并行、多点监控涉税风险;二是要优化线上系统的操作应用,提升系统的稳定性,增强高并发响应处理能力;三是要提升操作的便捷性和界面的友好性;四是要加大自助设备的投放和升级,逐步以智能化的自助办税设备取代传统的实体化办税大厅的部分功能。

2.企业法人沟通辅导"层级化""网课化"

一是远程辅导分层定制。要根据纳税人的应用需求层次,提供相应的层级化、个性化的在线辅导,变"接触式辅导"为"非接触式咨询"。二是疑问政策热点推送。要定期对各行业、各类别纳税人适用政策、"12366"热点问题进行梳理、整合,推送至对应类型的纳税人的电子税务局、微电子税务局各渠道,包括微信和 App,特殊时期的特殊政策采用短信群发推送。三是网课化纳税人学堂。要整合线上线下资源,将税收宣传、集中培训、纳税人学堂、现场答疑等零散资源整合成一个供新进办税员学习、方便熟练办税员查补的集中式、一站式资源库,通过全面的宣传辅导,帮助纳税人及时了解税收政策变化。

(三)优化税务端

涉税业务也不单单限于依申请业务,由税务机关主动发起的依职权业务也应该置于"非接触式"办税缴费服务模式的思考之中。作为"非接触式"办税缴费服务的提供方,同时也是涉税业务的监督方和管理方,税务机关在构建"非接触式"办税缴费服务整体框架时,不应仅仅局限于输出服务,也要关注需要自我改善的地方。一是更加注重便利化。要在优化流程、简化资料报送上下功夫,大力推行纳税人"承诺制"容缺办理、"备查制"自主申报,让不急于报送和归档的资料,可以在下次现场办税时合并报送,减少纳税人非必要的到办税服务厅的办理次数。二是更加注重标准化。在明确纳税服务边界的基础上,还应明确纳税服务的内容、程序、要求、时限、方式,形成标准、持续执行,让"非接触式"办税缴费服务成为纳税服务标准化的一部分,推动纳税服务由职业道德要求向法定行为规范转变。三是更加注重还权还责于纳税人。要树立"纳税人非必要可以不到厅,税务人非必要应该不入户"的理念,严格遵照有关法律法规和风险管理流程要求,除了纳税人确需现场办理的流程之外,不得要求纳税人到现场办理;对于税务人员实地核实等业务,必须严格按照规范的业务流程执行,非依法履职的必要,税务人员不得入户核查。

(四)整合业务端

"非接触式"的核心是便捷。按照"尽可能网上办"的原则,建议加强顶层设计,对有关征管流程进行改革、重组、优化,为"非接触式"办税提供管理支撑。对现有税收征管流程进行整合,该合并的合并,不必要的程序要求予以废止或大力缩减,充分利用现代信息技术重组税收征管流程,非必要不见面,助推网上申报。具体地,要依托智能化技术革新优势,通过线上线下紧密融合,前台后台相互结合,使纳税人的服务体验链条更加完整。比如,在"非接触式"办税中嵌入税法宣传模块,加大对税收法律法规的宣传解读;嵌入政务公开模块,及时分类提供税收政策信息、办税信息;嵌入好差评模块,接受纳税人对办税结果的评价,保障纳税人税收监督权。

(五)增强科技端

1. 加快"制度+科技"有机融合

一是重点把"科技兴税"理念、大数据技术等落实到以税收征管法律体系、行政管理体系、合作共治体系为主要内容的制度体系建设中,切实提升税收制度的科技含量。二是要完善"实名办税+源泉扣缴+涉税信息共享+动态信用管理+风险全流程防控"闭环税收管理服务模式。

2. 加快"业务+平台"有机融合

一是要完成现行税费业务"征、管、查"的信息化技术提升改造,提高税费业务的数字化、网络化、虚拟化治理水平,全面覆盖、不留"盲区"。二是要基于5G技术支撑,全面加强电子税务局平台数据资源的开发利用,持续推进"线上"办税事项优先化、最大化。三是要加速推进税务部门内部管理的网络化改造与提升,使"网上办""移动办""实时办"常态化,大幅度提升管理效能、降低行政成本。

此外,区块链电子普通发票具有自助开票、方便管理、不需领票和数据安全可控的优势,若区块链电子普通发票得到充分运用,将有效减少甚至取消纸质发票的开具,这无疑将实现发票领用"非接触"。5G背景下,区块链技术在税收治理领域的应用具有广阔的空间和可能,将成为解决电子发票管理难点和痛点的突破口。应用区块链技术,可以拓展相关征管流程,解决信息不对称问题,从而进一步减少纳税人与税务机关双方的接触。同时,区块链技术不仅可以在税务部门内部应用,还可以通过连接"政府链""银行链""企业链""物流链"等形成区块链信息闭环,甚至可以改变会计、审计的现有格局,使得财务信息更加透明,真正实现信息管税。

第二节　"非接触式"办税缴费情况的问卷调查分析

一、调查问卷基本情况

(一)问卷情况

新冠疫情发生后,为让纳税人及时享受国家税收优惠政策扶持,税务总局提出了"四力"要求,即"聚焦优惠政策落实要给力,'非接触式'办税要添力,数据服务大局要尽力,疫情防控工作要加力"。各级税务机关积极贯彻落实税务总局要求,发挥税收职能作用,利用"便民办税春风行动"、税收宣传月等活动,在抗击疫情中服务经济社会发展,让广大纳税人有实实在在的获得感。本次调查主要针对"非接触式"办税缴费服务发展情况,设计了22个相关问题,面向全国纳税人发放问卷20512份,共收回有效答卷20130份。

（二）样本情况

从纳税人类型来看，一般纳税人 13984，占比 69.47%，小规模纳税人 5244，占比 26.05%，个体工商户 902，占比 4.48%。从纳税人身份来看，以办税人员为主，占比 59.75%，财务负责人占 26.53%，企业负责人占 6.23%，其他人员占 7.49%。

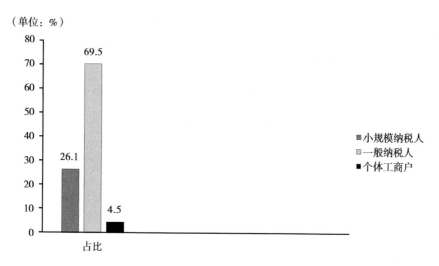

（单位：%）

图 10-1 纳税人类型占比

二、"非接触式"办税缴费成效分析

（一）"非接触式"办税缴费服务推广成效显著

纳税人对"非接触式"办税缴费方式接受程度较高。在对纳税人办税方式倾向的调查中，假设可以通过一种渠道办理全部涉税事项，86.6%的纳税人均选择通过"非接触式"办税渠道办理涉税事项，其中，选择通过电子税务局办税的纳税人最多，占比 77.9%。

纳税人对电子税务局的整体评价较好。调查显示，有 14190 人次的纳税

（单位：%）

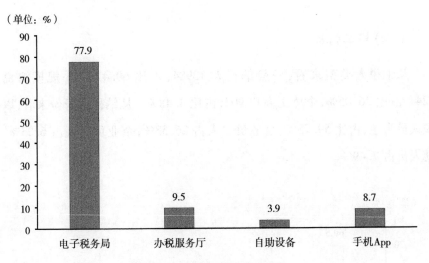

图 10-2　纳税人办税方式占比

人对电子税务局整体评价为满意，占比 70.5%，4968 人次的纳税人较为满意，占比 24.7%。

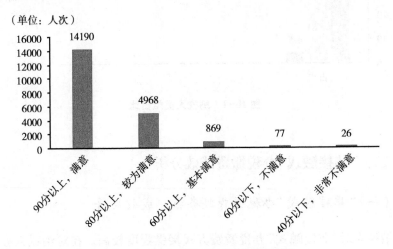

图 10-3　纳税人对电子税务局整体评分

（二）"非接触式"办税减少到办税厅频率，节约办税成本

"非接触式"办税推广之前，有 52.9% 的纳税人表示到办税厅频率为一个

月一到两次,38.2%的纳税人每季度一到两次,还有8.9%的纳税人每周都需要到办税厅。通过"非接触式"办税后,大部分纳税人前往办税服务厅的次数有所减少,占比96.4%。

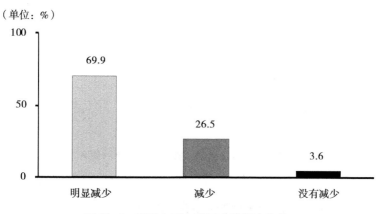

（单位：%）

图10-4 纳税人到办税厅办税频次变化

（三）"非接触式"办税缴费提高了便利性

调查显示,"非接触式"办税缴费服务在不同方面为纳税人带来了便利。超过三分之二的纳税人认为,"非接触式"办税打破了时间和空间的限制,实现随时随地办税。发票网上申领,快递邮寄的办税服务节省了纳税人到办税大厅申领发票的时间。同时,网上办税缴费辅导服务能够有效解决部分纳税人办税缴费问题,办税过程更加顺畅。

（四）电子税务局办税平台系统稳定性、安全性较高

从问卷数据可以看出,纳税人对电子税务局系统的稳定性和安全性认可度都较高。84%的纳税人认为电子税务局系统稳定,办税体验感良好,仅有1.2%的纳税人因为系统畅通,选择到办税厅。85.1%的纳税人表示通过电子税务局办税非常安全,登录人员和登录权限的管理保障了企业信息的安全性。

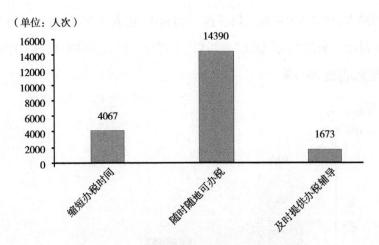

（单位：人次）

图 10-5　"非接触式"办税缴费带来的便利

三、"非接触式"办税缴费存在的问题

（一）"非接触式"办税缴费事项覆盖面有待拓展

电子税务局需要进一步拓展全程网上办税事项和功能,将到办税厅办理事项尽量迁移到网上办理。分析纳税人未通过电子税务局办税的原因,最主要的是功能不全,有的业务必须到办税大厅办理。

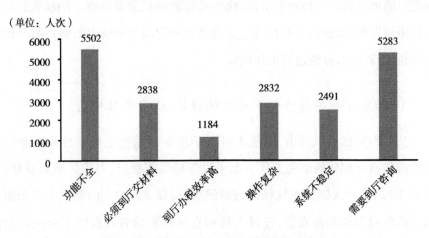

（单位：人次）

图 10-6　纳税人未通过电子税务局办税原因

（二）"非接触式"办税缴费咨询服务有待加强

"非接触式"办税缴费咨询服务的时效性和实用性需要加强。现阶段"非接触式"办税咨询服务不足以满足纳税人需求。调查显示,37.8%的纳税人反映"非接触式"办税操作中遇到的最大困难为咨询回复不及时或者通过咨询并不能解决实际问题。

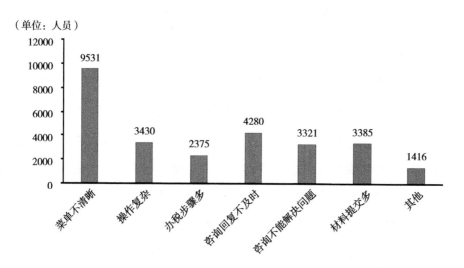

（单位：人员）

图10-7 纳税人"非接触式"办税中的最大困难

（三）多元化"非接触式"办税缴费渠道有待提高

一是自助办税终端使用率不高。纳税人对税务大厅窗口办税有路径依赖。调查显示,11.8%的纳税人线下办税时选择到窗口办理,很少使用自助办税终端。二是多种办税渠道的办税功能和纳税人认可程度不均衡,电子税务局以外的"非接触式"办税缴费渠道功能有很多待开发空间。

（四）电子税务局系统有待优化

电子税务局界面设置和办税流程需要进一步优化。从纳税人在"非接触式"办税中遇到的困难来看,76.2%的纳税人遇到操作问题,认为界面菜单不够明确,不容易找到对应的办税事项,操作比较复杂(见图10-7)。同时,数据显示,当纳税人使用电子税务局遇到问题如何解决时,有相当一部分纳税人选择前往办税服务厅办税,造成办税服务厅回流,削弱了"非接触式"办税质效。

四、优化"非接触式"办税缴费服务建议

(一)提升"非接触式"办税缴费智能化

借助税收大数据、人工智能等技术手段,推行"非接触式"办税缴费智能化建设,能够助力提高税费服务便捷性,减轻纳税人涉税负担,更是加快推进智慧税务建设,顺应进一步深化税收征管改革工作要求的应有之义。一是提供智能办税缴费提醒服务,完善预填报功能。根据纳税人希望电子税务局增加的办税功能调查显示,前三项均为对电子税务局智能化的需求,分别是希望增加申报纳税提醒、智能填报功能和欠税提醒功能。二是推行智能咨询服务,提高咨询质效。丰富通过识别关键词自动回复纳税人问题的范围,发挥智能化优势。三是完善智能填报功能。例如,根据发票数据、财务报表和应纳税信息自动识别所需数据进行预填报。

(二)强化电子税务局平台建设

一是优化软件设计,增强系统稳定性。升级系统运维机制,通过模拟自测主动发现系统问题,强化系统风险预警提示,减少系统不稳定等问题发生的概率,尤其是征期过程中,保持系统畅通。二是增加操作指引,优化电子税务局界面布局。明确界面菜单分类,使办税事项入口更清晰,降低操作难度。三是简化操作流程。简并需要上传的材料,对于相关联、数据信息重复等业务,合并或简化申报、办税缴费流程,加快审核、办结速度。

（三）优化"非接触式"办税缴费流程

一是简并报送材料，升级申报模式。调查显示，纳税人对"非接触式"办税的期望值很高，96.4%的纳税人希望最终能实现通过网络上传全部办税材料。二是减压办税频率和时间。数据显示，仍有6%的纳税人表示到厅办税效率更快，从而放弃使用电子税务局，对于纳税人希望"非接触式"办税完善的服务调查中，10%的纳税人希望缩短办理时限。三是完善办税缴费咨询服务。加大力量研发"12366"咨询平台智能咨询功能，以智能客服识别关键词回复、分类反馈、人工推送等方式，加强纳税人与税务机关双向性即时互动交流。

（四）推进新技术在"非接触式"办税缴费融合应用

加快人工智能、大数据、区块链等新兴技术与"非接触式"办税缴费的融合。一是发挥大数据优势。一方面，利用先进的数据分析处理技术，便于掌握更为快速准确的税收经济运行状态，提高便民服务效率；另一方面，开发建立全国统一的涉税信息管理平台，逐步实现跨部门、跨层级、跨省市的涉税信息共享。二是创新办税缴费服务举措。例如，依托云端，开发安全稳定的涉税文件"云"传输及储存系统，真正实现办税材料无须到厅提交，加速推进"无纸化"办税；借助第三方应用程序，将办税缴费服务功能嵌入企业管理系统中，按照企业发生应税业务、社保、代扣代缴税款等涉税活动信息自动生成申报材料，管理涉税数据信息，简化税款征收流程，提高税收征管效率。

（五）创新"非接触式"办税缴费宣传方式

坚持做好对"非接触式"办税缴费的宣传工作，能够帮助纳税人克服畏难情绪，增强对"非接触式"办税缴费的了解、认可和信任。一是丰富宣传形式，扩大宣传影响力。例如，发挥各类媒体的社会影响力，与当地财税相关微信公众号、微博运营者联系合作,帮助转发推广特定的宣传内容,深入社区、企业,开展"非接触式"办税缴费宣讲会、座谈会,面对面详细宣传。二是细分宣传内容,加强宣传全面性、系统性。对于税收政策、办税流程、操作方法等,按照纳税人主体类型、税种、办税平台等进行分类分期宣传,方便纳税人对需要关注的税收问题对号入座,对于已经发布的信息可以进行分类汇总,通过制作目录等方法便于纳税人检索。

参 考 文 献

一、图书类

蔡磊主编:《电子发票的理论与实践:电子商务税收征管新思维》,中国财政经济出版社 2014 年版。

大连市国家税务局编:《互联网+大数据税收深度融合研究》,中国税务出版社 2016 年版。

国家税务总局税收科学研究所编:《拥抱互联网 共圆税务梦:"互联网+税收治理现代化"专题征文获奖文集》,中国财政经济出版社 2017 年版。

胡怡建、马志远:《税收征管体制国际比较》,中国税务出版社 2018 年版。

贾绍华:《税收治理论》,中国财政经济出版社 2019 年版。

焦瑞进:《大数据治税》,中国财政经济出版社 2018 年版。

李万甫、孙红梅主编:《〈税收征收管理法〉修订若干制度研究》,法律出版社 2017 年版。

李万甫主编:《"互联网+"赋能税收征管模式转型研究》,中国税务出版社 2021 年版。

李万甫主编:《"互联网+税收治理创新"问题研究》,中国税务出版社 2018 年版。

李晓曼:《大数据税收风险管理及应用案例》,金城出版社 2021 年版。

尚可文主编:《税收征管模式改革与创新》,重庆大学出版社 2020 年版。

涂子沛:《大数据:正在到来的数据革命,以及它如何改变政府、商业与我们的生活》,广西师范大学出版社 2012 年版。

《新中国税收 70 年》编写组编:《新中国税收 70 年》,中国税务出版社 2020 年版。

张健:《区块链》,机械工业出版社 2016 年版。

赵刚:《数据要素:全球经济社会发展的新动力》,人民邮电出版社 2021 年版。

中国国际税收研究会编著:《中国开放型经济税收发展研究报告(2018 年度)——国际税收征管合作问题研究》,中国税务出版社 2018 年版。

中国国际税收研究会编著:《中国开放型经济税收发展研究报告(2019—2020 年度)——数字经济下的跨境税收问题研究》,中国税务出版社 2020 年版。

中国税务学会编:《大数据技术与税收应用——基于税收征收管理与纳税服务的视角》,中国税务出版社 2018 年版。

中国税务杂志社、腾讯公司编:《变革与融合:"互联网+"为税收现代化赋能》,中国税务出版社 2019 年版。

中国税务杂志社、腾讯公司编:《融合与发展 科技赋能税收治理 2019 年度"互联网+税务"征文获奖作品选编》,中国税务出版社 2020 年版。

中国税务杂志社、腾讯公司编:《数字经济与税收治理 2020》,中国税务出版社 2021 年版。

中国税务杂志社编:《国家治理视角下的〈税收征管法〉修订探究》,中国税务出版社 2021 年版。

朱大旗、胡明等:《〈税收征收管理法〉修订问题研究》,法律出版社 2018 年版。

朱晓明:《走向数字经济》,上海交通大学出版社 2018 年版。

[澳]迈克·兰、[比]伊内·勒琼主编:《全球数字经济的增值税研究》,国家税务总局税收科学研究所译,经济科学出版社 2017 年版。

二、期刊报纸类

蔡登明、许建国:《浅析税务机关推进"互联网+税务"的路径选择》,《税务研究》2016 年第 7 期。

曹阳:《"互联网+"背景下我国税收征管制度改革的现存短板与具体应对》,《税收经济研究》2021 年第 8 期。

曹阳:《大数据背景下的纳税人信息权及其构建研究》,《法治研究》2020 年第 8 期。

曹阳、黎远松:《构建以纳税人为中心的税收法治理念及其实践路径》,《税务研究》2021 年第 9 期。

常晓素:《大数据在税收风险管理中的应用探析》,《税务研究》2019 年第 6 期。

陈兵、程前:《分享经济对税收治理现代化的挑战与应对》,《东北大学学报(社会科学版)》2018 年第 5 期。

邓力平、陈丽:《中国特色税收治理现代化之国际侧面研究》,《国际税收》2020 年第 12 期。

董志学、张义军、宋涛:《基于区块链技术的税务管控路径研究》,《税务研究》2018 年第 4 期。

樊勇、席晓宇、赵玉亭:《增值税纳税遵从管理:一个分析框架与实证检验》,《税务研究》2018 年第 9 期。

高金平:《"以数治税"背景下加强税收风险管理的若干建议》,《税务研究》2021 年第 10 期。

高金平、李哲:《互联网经济的税收政策与管理初探》,《税务研究》2019 年第 1 期。

高跃、冀云阳、吴莉昀:《企业纳税信用影响因素研究——基于征纳双方特征的实证分析》,《税务研究》2019 年第 8 期。

葛玉御、宫映华:《借势人工智能,实现税收现代化》,《税务研究》2018 年第 6 期。

龚振中、冯伟、李波:《我国跨行政区划税务组织机构设置的构想——动因及路径》,《税务研究》2019 年第 10 期。

国家税务总局深圳市税务局课题组:《建立基于"税务云+税务链"的信息化架构体系研究——兼论"金税四期"的技术与业务架构》,《财经智库》2021 年第 6 期。

国家税务总局深圳市税务局课题组:《税收风险管理数字化转型研究》,《税务研究》2020 年第 10 期。

国家税务总局深圳市税务局课题组:《新时代税收管理现代化问题研究》,《税务研究》2020 年第 7 期。

"'互联网+'背景下的税收征管风险管理研究"课题组:《利用区块链技术提升我国税收管理水平研究》,《财政研究》2019 年第 12 期。

韩晓琴:《企业纳税人纳税遵从影响因素的实证分析——基于广东某市税收征管与调查数据的实证研究》,《税务与经济》2018 年第 4 期。

何振华等:《英国:未来 10 年打造数字化税收管理系统》,《中国税务报》2021 年 2 月 9 日。

胡立文:《深化以数治税应用 强化税收风险防控》,《税务研究》2021 年第 6 期。

胡云松、荆玮、程默:《税收风险应对工作存在的问题与对策》,《税务研究》2016 年第 5 期。

黄英:《基于数字化视角推进税费服务现代化的思考》,《税务研究》2021 年第 7 期。

贾宜正、章荛今:《区块链技术在税收治理中的机遇与挑战》,《会计之友》2018 年第4期。

江武峰:《大数据背景下税收管理改革的实践与思考》,《税务研究》2018年第1期。

焦瑞进:《大数据时代深化税收改革的系列思考》,《财政经济评论》2016年第1期。

李平:《数字经济下新商业模式的税收治理探析》,《国际税收》2018年第5期。

李荣辉:《区块链电子发票的实践之路》,《中国税务》2019年第6期。

李万甫:《法治是通向税收现代化的必由之路》,《中国税务报》2014年11月19日。

李万甫、黄立新:《构建"互联网+税收大数据应用"机制的思考》,《税务研究》2016年第7期。

李万甫、赖勤学、张民:《拓展"非接触式"办税缴费服务的思考——以泉州市税务局为例》,《税务研究》2020年第5期。

李万甫、刘和祥、邓学飞:《应用区块链技术推动我国纳税缴费信用管理研究》,《税务研究》2018年第12期。

李万甫、刘同洲:《深化税收数据增值能力研究》,《税务研究》2021年第1期。

李为人、李斌:《在税收风险分析中引入人工智能技术的思考》,《税务研究》2018年第6期。

李伟:《新技术、新业态与税收征管》,《国际税收》2018年第5期。

李新凯:《中荷两国税收征管及信息化实践比较研究》,《税务研究》2018年第4期。

刘峰:《数字时代税收治理的机理、要素与优化路径》,《税收经济研究》2020年第5期。

刘昊:《人工智能在税收风险管理中的应用探析》,《税务研究》2020年第5期。

刘和祥、温西湖:《"'互联网+'背景下的税收征管模式研究"课题研讨会顺利举行》,《税务研究》2019年第5期。

刘和祥、赵妤婕:《"互联网+"背景下的税收治理模式研究观点综述》,《税务研究》2020年第6期。

刘建:《大数据背景下税收治理中的隐私权保护问题》,《重庆社会科学》2019年第12期。

刘尚希、孙静、王亚军:《大数据思维在纳税评估选案建模中的应用》,《税务研究》2015年第10期。

刘小瑜、温有栋、江炳官:《"互联网+"背景下高新技术企业的税收风险预警——基于智能优化算法的研究》,《税务研究》2018 年第 6 期。

柳光强、周易思弘:《大数据驱动税收治理的内在机理和对策建议》,《税务研究》2019 年第 4 期。

鲁钰锋:《互联网+智慧税务:趋势、规律和建议》,《国际税收》2017 年第 4 期。

吕敏、信广松、孙维鹏:《大数据背景下我国税收信用体系建设研究》,《国际税收》2021 年第 1 期。

罗格研究院"互联网+税务"课题组:《生命周期动态模拟技术及其在税收领域应用初探》,《税务研究》2018 年第 10 期。

罗格研究院人工智能课题组:《人工智能技术在税收征管中的应用》,《国际税收》2018 年第 5 期。

马蔡琛、赵笛:《"互联网+"背景下的税收征管模式变革》,《财政科学》2018 年第 9 期。

莫观华:《关于"互联网+"时代推进税收治理现代化的探讨》,《经济研究参考》2016 年第 5 期。

欧舸、金晓茜:《浅谈税收大数据时代的金税三期工程》,《中国管理信息化》2017 年第 1 期。

乔游:《浅析"互联网+"背景下的税收风险管理》,《税务研究》2016 年第 5 期。

任国哲:《大数据时代完善税收征管制度体系的思考》,《税务研究》2019 年第 9 期。

任志杰、李东涛、张学义:《探索以数治税　提升税收征管质效》,《中国税务》2020 年第 12 期。

四川省国际税收研究会课题组:《运用大数据推进税收征管现代化的研究》,《税收经济研究》2020 年第 2 期。

单晓宇:《"十四五"税务科技发展十大猜想》,《中国税务报》2021 年 8 月 25 日。

谭荣华、焦瑞进:《关于大数据在税收工作中应用的几点认识》,《税务研究》2014 年第 9 期。

汤晓冬、周河山:《基于区块链技术的税收治理框架构建》,《税务研究》2018 年第 11 期。

王爱清:《升级"互联网+税务"助推税收治理现代化探析》,《税收经济研究》2018 年第 6 期。

王柳德:《"互联网+"背景下税收治理能力现代化的机遇与挑战》,《经济研究参考》2016 年第 11 期。

王玺、刘萌:《"互联网+"背景下税收遵从的提高:挑战与对策》,《税务研究》2020
年第 7 期。

翁武耀、倪淑萍:《人工智能促进税收征管现代化的方式和影响》,《税务研究》
2018 年第 6 期。

夏智灵:《税收风险管理的理论和实践》,《税务研究》2017 年第 1 期。

肖玉峰:《大数据在税收风险管理中的实践探析》,《税务研究》2018 年第 5 期。

谢波峰:《智慧税务建设的若干理论问题:兼谈对深化税收征管改革的认识》,《税
务研究》2021 年第 9 期。

徐夫田、汤荣志、董旸:《基于区块链技术的税收信息化研究》,《税收经济研究》
2018 年第 23 期。

杨金亮、孔维斌、孙青:《人工智能对税收治理的影响分析》,《税务研究》2018 年第
6 期。

杨雷鸣、朱波、苏宇:《关于应用区块链技术提升税收风险管理的思考》,《税务研
究》2019 年第 4 期。

杨杨、杜剑、罗翔丹:《区块链技术对税收征纳双方的影响探析》,《税务研究》2019
年第 2 期。

杨志勇:《人工智能、税收政策与税收理论》,《税务研究》2018 年第 6 期。

姚键:《税收风险评测指标体系的构建与应用》,《税务研究》2018 年第 12 期。

于子胜:《变革税务执法、服务、监管理念 提升税收治理能力》,《税务研究》2021
年第 6 期。

袁祥、黄树民:《论遵从度衡量在税收遵从风险管理中的实用性》,《税务研究》
2013 年第 5 期。

翟继光、付伯颖、李森焱、臧建文、阮静:《以数治税:税收征管制度再迎新变革》,
《财政监督》2021 年第 8 期。

张国钧:《关于"互联网+税务"的几点认识》,《税务研究》2017 年第 3 期。

张学诞、赵妤婕:《整体政府视角下税收治理的经验与启示》,《税务研究》2020 年
第 12 期。

赵惠敏:《税收治理现代化的逻辑与演进》,《当代经济研究》2018 年第 1 期。

郑升尉:《"互联网+"背景下我国电子发票应用研究》,《中国总会计师》2018 年第
8 期。

周仕雅:《"互联网+"背景下的电子税务局应用探索:以浙江省电子税务局建设为

例》,《税收经济研究》2018 年第 10 期。

周仕雅:《"互联网+"背景下电子税务局建设法制体系探讨》,《税务研究》2019 年第 7 期。

周仕雅:《电子税务局建设:问题、借鉴及对策》,《税务研究》2020 年第 4 期。

周仕雅:《基于纳税人需求视角的电子税务局建设路径研究》,《财政科学》2019 年第 8 期。

周仕雅:《基于信息贯通视角的电子税务局建设研究》,《税收经济研究》2019 年第 10 期。

朱大旗、曹阳:《大数据背景下我国纳税人信息权的法律保护研究》,《中国人民大学学报》2020 年第 11 期。

朱大旗、曹阳:《大数据背景下我国纳税人信息权与相关权力的冲突与协调》,《学术研究》2021 年第 2 期。

朱大旗、曹阳:《个人信息保护制度在税收领域的适用与完善——以〈民法典〉中的相关规定为切入点》,《税务研究》2021 年第 1 期。

朱杰、陆倩、张宝来:《人工智能在纳税服务中的应用》,《税务研究》2018 年第 5 期。

三、外文类

Cohen, J., Dolan, B., Dunlap, M., et. al, "MAD Skills: New Analysis Practices for Big Data", *Proceedings of the VLDB Endowment*, 2009(2):1481–1492.

Inasius, F., "Factors Influencing SME Tax Compliance: Evidence from Indonesia", *International Journal of Public Administration*, Vol.42, No.5, 2019.

Khwaja, M. S., Awasthi, R., & Loeprick, J., *Risk-based Tax Audits: Approaches and Country Experiences*, World Bank, 2011.

McLeod, R., "Managing Tax Risks", *Chartered Accountants Journal of New Zealand*, Vol.77, No.3, 1998.

Nolan Richard L., "Managing the Computer Resource: A Stage Hypothesis", *Communications of the Association for Computing Machinery*, 1973(7):399–405.

OECD, *Supporting the Digitalisation of Developing Country Tax Administrations*, 2021.

OECD, *Tax Administration 3.0: The Digital Transformation of Tax Administration*, 2020.

Schwanke, A., "Bridging the Digital: How Tax Fits into Cryptocurrencies and

Blockchain Development", *Internatioanal Tax Review*, Vol.10, No.4, 2017.

Van, B.M., "Tax Risk Management", *Bulletin for International Taxation*, Vol.59, No.7, 2005.

Vladimir, G., Andrey, K., & Svetlana, S.P., "Tax Administration in Russia", *Social Science Electronic Publishing*, Vol.18, No.56, 2017.

责任编辑：刘志江

封面设计：石笑梦

版式设计：胡欣欣

图书在版编目（CIP）数据

税收征管数字化治理与转型研究/李万甫 等 著. —北京：人民出版社，
2023.9（2024.12 重印）

ISBN 978－7－01－025922－2

Ⅰ.①税… Ⅱ.①李… Ⅲ.①数字化-应用-税收管理-研究-中国

Ⅳ.①F812.423-39

中国国家版本馆 CIP 数据核字（2023）第 170426 号

税收征管数字化治理与转型研究

SHUISHOU ZHENGGUAN SHUZIHUA ZHILI YU ZHUANXING YANJIU

李万甫 等 著

人民出版社 出版发行

（100706 北京市东城区隆福寺街 99 号）

北京九州迅驰传媒文化有限公司印刷 新华书店经销

2023 年 9 月第 1 版 2024 年 12 月北京第 2 次印刷

开本：710 毫米×1000 毫米 1/16 印张：23.75

字数：327 千字

ISBN 978－7－01－025922－2 定价：88.00 元

邮购地址 100706 北京市东城区隆福寺街 99 号

人民东方图书销售中心 电话 （010）65250042 65289539